Viersen – Beiträge zu einer Stadt 46

Gert Holtmeyer

VIERSEN SCHRIEB KULTURGESCHICHTE

Europäische Musik- und Theaterprominenz
nach 1945 in der Festhalle

* * *

VIERSEN MAKES CULTURAL HISTORY

Celebrity in European Music and Theater
after 1945 in the Festival Hall

Verein für Heimatpflege e. V. Viersen

gefördert durch / supported by

FÖRDERVEREIN FESTHALLE VIERSEN e.V.

und / and

Kunstkreis Viersen
In Erinnerung an die verstorbenen Mitglieder / In memory of deceased members:
Werner Holthausen, Theo Höflich, Günter Lettermann und Folker N. Thomas

Impressum:
Herausgeber: Verein für Heimatpflege e. V. Viersen
Arbeitskreis für stadtgeschichtliche Publikationen
Leitung / Director: Albert Pauly
Redaktion / Editors: Gert Holtmeyer, Rüdiger Kennemann, Albert Pauly
Gestaltung / Design: Barbara Düsselberg
Englische Übersetzung / English translation: Dan Farrelly, Una Farrelly
Redaktionelle Bearbeitung / Editing: Düsselbergdruck
Druck / Printing: Druckerei Hölters, Viersen
Verlag: Verein für Heimatpflege e. V. Viersen
Copyright 2020 by Verein für Heimatpflege e. V. Viersen
und den Autoren / and the authors
Titel / Title: siehe Seite / see page 68
Rückseite / Back cover: siehe Seite / see page 150
ISBN 978-3-9818417-5-6

Inhaltsverzeichnis / **Contents**

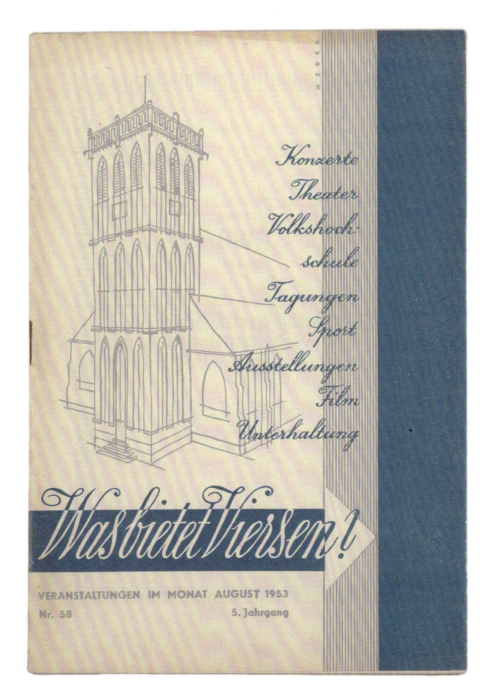

Konzerte
Theater
Volkshoch-
schule
Tagungen
Sport
Ausstellungen
Film
Unterhaltung

Was bietet Viersen?

VERANSTALTUNGEN IM MONAT AUGUST 1953
Nr. 58   5. Jahrgang

Seiten 4, 6, 7, 8, 10: monatliche Broschüren „Was bietet Viersen" - „Die Kulturstadt im Grenzland", herausgegeben vom Kulturamt der Stadt Viersen, Titelbilder, Programm, Vorverkaufsstellen und Bestuhlungsplan.

Pages 4, 6, 7, 8, 10 monthly brochures "What Viersen has to offer" - "The cultural Town in the Borderland", published by the Cultural Office of the Town of Viersen, frontpages, programme (events), salespoints, seating chart

Vorwort

Im März 2006 hat der Verein für Heimatpflege e. V. Viersen eine erste Dokumentation mit dem Titel „Musik und Theater in Viersen von 1848 bis 1945" als Band 30 der Schriftenreihe „Viersen – Beiträge zu einer Stadt" herausgegeben, die von Professor Hans Herbert Jöris erstellt und von Jutta Pitzen redaktionell bearbeitet und ergänzt worden war. Hieran schließt zeitlich der vorliegende Band 46 der Schriftenreihe für die Zeit von 1945 bis 1970 an. Das Jahr 1970 wurde als End-Zeitpunkt gewählt, weil die Stadt Viersen im Rahmen der kommunalen Neugliederung dann mit den bis dahin selbständigen Städten Dülken und Süchteln sowie mit der Landgemeinde Boisheim vereinigt worden ist.

In der Zeit unmittelbar nach dem 2. Weltkrieg, den „goldenen Jahren" der Viersener Festhalle, war auf deren Bühne die europäische Prominenz der Orchester, Dirigenten, Kammermusiker, Schauspieler und Regisseure zu Gast. Der Verfasser, Dr. Gert Holtmeyer, untersucht, welche Voraussetzungen in der damaligen historischen Situation die Möglichkeit geschaffen haben, die Berliner Philharmoniker und das Royal Philharmonic Orchestra London, Wilhelm Furtwängler und Herbert von Karajan, Ferenc Fricsay und Sir Thomas Beecham, Monique Haas und Hermann Prey, Gustaf Gründgens und Karl Stroux, Ernst Deutsch und Will Quadflieg, Tilla Durieux und Maria Wimmer nach Viersen zu holen.

Das Buch, das erstmals 2011 herausgegeben wurde, gliederte sich damals in einen Text- und einen Dokumentationsteil. Der Textteil beginnt mit der Situation des zerstörten Viersen nach dem zweiten Weltkrieg, beschreibt die ersten kulturellen Initiativen und die Umstände der ersten Aufführungen. Berichtet und erläutert wird wei-

Preface

In March 2006 the Verein für Heimatpflege e.V. Viersen published a first documentation under the title "Music and Theatre in Viersen from 1848 to 1945" as volume 30 of the series "Viersen – Contributions to a Town". It was prepared by Professor Hans Herbert Jöris and edited and expanded by Jutta Pitzen. The present volume 46 adds to the series, covering the period from 1945 to 1970. The year 1970 was chosen as the final date because the town of Viersen, in the context of administrative restructuring, was incorporated with the until then independent towns of Dülken and Süchteln as well as with the rural community Boisheim.

In the years immediately following World War II, the "golden years" of the Viersen Festival Hall, its stage featured prominent European orchestras, conductors, chamber musicians, actors and directors. The author, Doctor Gert Holtmeyer, investigates what circumstances in that historical period made it possible to bring to Viersen the Berlin Philharmonic and the Royal Philharmonic Orchestra London, Wilhelm Furtwängler and Herbert von Karajan, Ferenc Fricsay and Sir Thomas Beecham, Monique Haas and Hermann Prey, Gustaf Gründgens and Karl Stroux, Ernst Deutsch and Will Quadflieg, Tilla Durieux and Maria Wimmer.

The book, first published in 2011, was divided into two parts: text and documentation. The text section begins with the destruction in Viersen as things stood after World War II. It describes the first cultural initiatives and the circumstances surrounding the first performances. There is further reporting and explanation of the conditions under which, as early as 1947, the Berlin Philharmonic gave guest performances in the Festival Hall un-

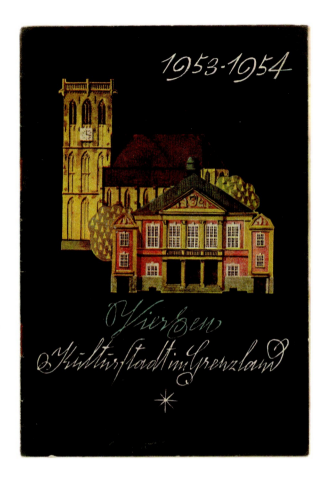

ter, unter welchen Umständen schon 1947 die Berliner Philharmoniker unter Sergiu Celibidache in der Festhalle gastierten, schon 1949 Gustaf Gründgens, Marianne Hoppe, Horst Caspar und Peter Esser mit den Städt. Bühnen Düsseldorf Goethes Torquato Tasso aufführten.

Es ist u. a. festzustellen, dass die Gründe hierfür nicht nur darin lagen, dass die Viersener Festhalle über eine weltweit anerkannte Akustik verfügte und nach dem 2. Weltkrieg zu den wenigen Hallen gehörte, die nahezu unbeschädigt geblieben waren, sondern dass in allen Parteien ein äußerst

der the baton of Sergiu Celibadache, and in 1949 Gustaf Gründgens, Marianne Hoppe, Horst Caspar and Peter Esser produced Goethe's Torquato Tasso in collaboration with the municipal theatres of Düsseldorf.

It should be made clear that the reasons for this lay not only in the fact that the Viersen Festival Hall was famous worldwide for its acoustical excellence and after World War II was one of the few halls that was almost completely undamaged; in addition, there was a very rare and significant consensus amongst all parties that, de-

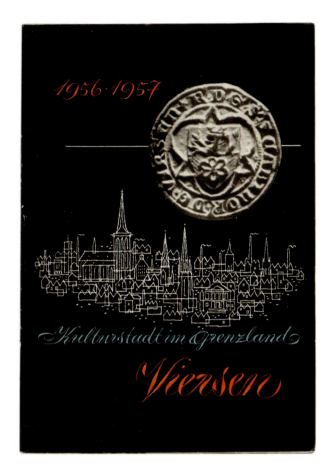

seltener und bemerkenswerter Konsens darin bestand, dass trotz oder gerade wegen der existentiellen Versorgungs-Not Kunst und Kultur im selben Maße gefördert werden mussten, weswegen sich die Stadt wegen ihrer Nähe zu den Niederlanden auch den Namen „Die Kulturstadt im Grenzland" zulegte. Deswegen wurde auch zur damaligen Zeit schon ein Vorverkauf in Venlo eingerichtet, womit absolutes Neuland betreten wurde und weswegen sich sehr bald auch zahlreiche Besucher aus den Niederlanden einfanden, was bis heute Tradition hat.

spite – or precisely because of – the existential need for providing general support, art and culture equally needed to be supported. For this reason, the town, because of its proximity to the Netherlands, adopted the title of "The Cultural Town in the Borderland". For this reason, advance booking was introduced in Venlo at this early stage. This was completely groundbreaking and accounted for the fact that very soon numerous visitors were coming from the Netherlands – a tradition continuing to the present day.

Hiermit bekommt die Veröffentlichung auch einen aktuellen Bezug zu unserer Zeit, in der auf Grund von Wirtschaftskrisen und kommunaler Nothaushalte allzu oft Kunst und Kultur den Sparmaßnahmen zum Opfer fallen. Die Tatsache, dass in dieser Zeit „die europäische Prominenz" in einer Kleinstadt wie Viersen zu Gast war, sprengt auch den kommunalen Rahmen.

Skizziert werden die Sinfonie- und Kammerkonzerte sowie die Aufführungen von Schauspiel und Musiktheater, ebenso die Reaktionen der Presse wie auch die kommunalpolitischen Hintergründe. Als interessantes Stück Zeitgeschichte wurde ein Briefwechsel zwischen Gustaf Gründgens und dem damaligen Stadtdirektor Dr. Carl

This means that the publication also has significance for our current era, in which, because of economic crises and municipal emergency budgets, art and culture all too often fall victim to financial cuts. The fact that in this period "eminent European performers" appeared on its small town stage means that the issue with Viersen is not merely a municipal one.

The book contains an outline of symphony and chamber concerts as well as theatre and musical theatre performances, along with press reviews and details about the municipal and political background.

Schaub aufgenommen. Hinweise auf die guten Kontakte zum WDR finden sich und auch auf die Tatsache, dass das Kulturkonzept außerhalb Viersens nicht nur Freunde fand. Zahlreiche historische Fotos und Programme runden die Publikation ab.

Nachdem das Buch als Band 37 der Schriftenreihe vergriffen ist, verzichtet die Neu-Auflage auf den Dokumentationsteil und wird stattdessen ergänzt durch eine Übersetzung in englischer Sprache, womit es für die internationalen Gäste der Festhalle und insbesondere auch für die Künstler aus der ganzen Welt, die in der Festhalle auftreten, lesbarer geworden ist.

Der Autor, Dr. Gert Holtmeyer, ist heute als freier Feuilleton-Mitarbeiter für die Rheinische Post tätig. Mit einer Dissertation zur Geschichte der Musikpädagogik promovierte er 1975 zum Dr. phil. Von 1977 bis 2005 war er Fachbereichsleiter für Erziehungs- und Geisteswissenschaften sowie kulturelle Bildung an der Volkshochschule Mönchengladbach. Lehraufträge für Erziehungswissenschaft und Musikpädagogik nahm er an der Hochschule Niederrhein und der Universität Frankfurt/M. wahr.

Dem Autor gilt der besondere Dank für eine Vollständigkeit beanspruchende wissenschaftliche Studie, die Ursachen und Wirkungen dieser „goldenen Jahre" der Festhalle faszinierend und beispielhaft beschreibt. Nicht zuletzt aber sei gedankt den Sponsoren, dem „Kunstkreis Viersen" und dem „Förderverein Festhalle Viersen e.V.", ohne deren Unterstützung die Studie nicht erneut hätte publiziert werden können.

Viersen, im Oktober 2020

Dr. Albert Pauly
Vorsitzender des Vereins für Heimatpflege e. V. Viersen

An historically interesting facet of the book is the correspondence between Gustav Gründgens and the then City Director, Dr Carl Schaub. There are references to the good contact with the WDR and to the fact that the concept of culture did not only find friends outside of Viersen. Numerous historical photos and programmes round off the publication.

Now that the book as volume 37 of the series is out of print, the new edition does not include the documentary section and instead includes an English translation, so that it is more accessible to international guests of the Festival Hall and particularly to international artists who perform there.

The author, Dr Gert Holtmeyer is at present engaged as Cultural Editor of the Rheinische Post. In 1975 he did his Dr. Phil. From 1977 to 2005 he was Sectional Director for Education and Arts as well as for Cultural Education at the Volkshochschule Mönchengladbach. He took on teaching posts for Education and for Music Pedagogy at the Hochschule Niederrhein and at the University of Frankfurt/Main.

Special thanks are due to the author for his complete and meticulous study describing the "Golden Years" of the Festival Hall in a fascinating and exemplary way. Thanks are due not least to the sponsors, the "Kunstkreis Viersen" and the "Förderverein Festhalle Viersen e.V.", without whose support the study could not have been republished.

Viersen, October 2020

Dr Albert Pauly
President of the Verein für Heimatpflege e. V. Viersen.

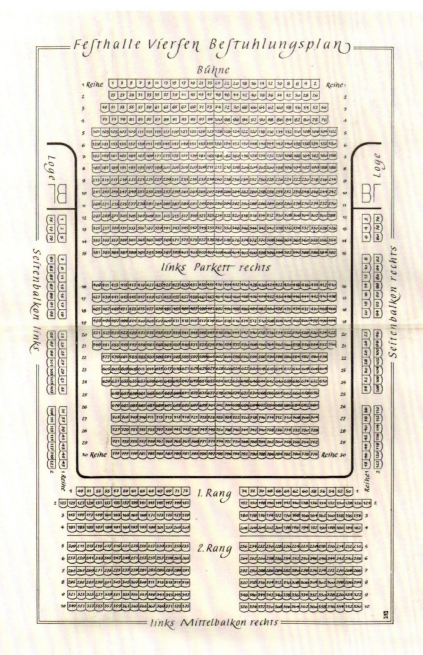

Festhalle Viersen Bestuhlungsplan

Bühne

links Parkett rechts

1. Rang

2. Rang

links Mittelbalkon rechts

Einleitung

Wer in der Viersener Festhalle die Konzerte und Theateraufführungen der 1950er und 1960er Jahre miterlebt hat, gerät noch heute leicht ins Schwärmen über die Qualität der damaligen Gastveranstaltungen. Dabei geht es nicht um die generelle Beschönigung vergangener Zeiten. Eine gute alte Zeit hat es nie gegeben, und ganz gewiss kann die deutsche Nachkriegszeit nicht als solche eingestuft werden. Aber dass in Viersen kulturelle Maßstäbe gesetzt wurden, steht außer Zweifel.

Günter Ochs, Kulturamtsleiter von 1964 bis 1970, dürfte 1966 im Namen der meisten Viersener Kulturfreunde gesprochen haben, als er zum Thema Veranstaltungen in der Festhalle resümierte:

„… die ganze Welt zu Gast? Es sind erlauchte Namen, die die vielen großformatigen Seiten des Gästebuches füllen und mehr als jede andere Bekundung Zeugnis ablegen für das, was sich seit nunmehr einundzwanzig Jahren in diesem Hause ereignet hat. Furtwängler dirigierte hier die Berliner Philharmoniker; nach ihm kamen Herbert von Karajan, Karl Böhm und noch zuletzt Eugen Jochum. Zu Gast waren die Orchester Europas. Sie kamen aus Wien, Paris, London, Amsterdam und Rom ebenso wie aus Warschau, Prag und Budapest. Für die Nachwelt festgehalten erscheinen die Namen der großen Toten: Sir Thomas Beecham, Hans Knappertsbusch, Günther Ramin, Eduard von Beinum. Seite für Seite andere Namen, erinnerungsschwer und gewichtig: Hermann Prey und Peter Anders, Monique Haas und Carl Seemann, Joseph Keilberth und Wolfgang Sawallisch. Daneben die lange Reihe der Ensembles, die die Kammermusikabende bestritten.
Sodann die Eintragungen der Großen des deutschen Theaters. Gustaf Gründgens hat hier gespielt – die erste Eintragung stammt aus dem Jahre 1949 – und zugleich

Introduction

Those who experienced the concerts and theatrical performances in the Festival Hall in Viersen in the 1950s and 1960s become rapturous even today about the quality of guest performances of that era. In this case it is not about nostalgia. There never was a good past, and certainly the German post-war era cannot be classed as such. But there is no doubt that in Viersen cultural milestones were set.

Günter Ochs, head of the Cultural Office from 1964 until 1970, spoke in the name of most of Viersen's culture enthusiasts in 1966 when, on the topic of events held in the festival hall, he said the following:

"The whole world as guests? They are illustrious names which fill the large-size pages of the visitors' book and, more than every other manifestation, bear testimony to what happened in this house for more than thirty-one years. Furtwängler directed the Berlin Philharmonic here; after him came Herbert von Karajan, Karl Böhm and lastly Eugen Jochum. The orchestras of Europe were here as guests. They came from Vienna, Paris, London, Amsterdam and Rome as well as from Warsaw, Prague and Budapest. Recorded for posterity were the names of the very famous deceased: Sir Thomas Beecham, Hans Knappertsbusch, Günther Ramin, Eduard von Beinum. Page for page other names, remarkable and momentous: Hermann Prey and Peter Anders, Monique Haas and Carl Seemann, Joseph Keilberth and Wolfgang Sawallisch. In addition, a long list of ensembles which took part in the chamber music evenings.
Then the entry of the big names of German Theatre. Gustaf Gründgens played here – the first entry was in the year 1949 – and at the same time introduced the collabora-

die bis auf den heutigen Tag andauernde Zusammenarbeit mit dem von ihm gegründeten Düsseldorfer Schauspielhaus eingeleitet. Wir finden die Namen von Werner Krauss und Ewald Balser, von Rudolf Forster und Bernhard Minetti, von Quadflieg, Schellow und Lüders. Auf der Bühne der Festhalle standen die Dorsch und die Gold, die Hoppe und die Flickenschildt. Die große Tilla Durieux spielte hier die Rolle ihres Lebens in Giraudouxs ,Die Irre von Chaillot'. Ernst Deutsch war Nathan und König Philipp, Maria Wimmer schließlich die Medea des Euripides".[1]

In der Tat: In den ersten 25 Jahren nach dem Zweiten Weltkrieg findet sich auf der Festhallenbühne die europäische Prominenz der Orchester, Dirigenten, Kammermusiker, Schauspieler und Regisseure ein.

Wie war es möglich, sie nach Viersen zu holen? Wie und in welcher historischen Situation wurden die Voraussetzungen hierfür geschaffen? Und: wie und unter welchen Umständen fing es 1945 an?

Weil sich die Untersuchung auf Alt-Viersen beschränkt, endet sie mit dem Jahr 1970. Mit dem Gesetz zur Neugliederung des Kreises Kempen-Krefeld und der kreisfreien Stadt Viersen vom 18. Dezember 1969, das am 1. Januar 1970 in Kraft trat, wurde Viersen mit den Städten Süchteln und Dülken (einschließlich Boisheim, das 1968 in Dülken eingemeindet wurde) zur Stadt Viersen zusammengeschlossen.

Bei Zitaten aus Korrespondenz, Akten, Verlautbarungen und Presseartikeln wird auf die korrekte Wiedergabe des Wortlautes Wert gelegt. Offensichtliche Schreibfehler wurden korrigiert, die Rechtschreibung den heute geltenden Regeln angepasst.
Die Schreibweise von Komponisten-Namen richtet sich im Kapitel 7 nach der zweiten, heute aktuellen Auflage

tion with the Düsseldorf Schauspielhaus which lasted up until now. We find the names of Werner Krauss and Ewald Balser, of Rudolf Forster and Bernhard Minetti, of Quadflieg, Schellow and Lüders. On the stage of the Festival hall stood Dorsch and Gold, Hopp and Flickenschildt. The famous Tilla Durieux played the role of her life here in Giraudoux's, 'The Mad Woman from Chaillot'. Ernst Deutsch was Nathan and König Philipp, and lastly Maria Wimmer was Euripides' Medea.[1]

In fact: in the first 25 years after World War II, the most notable European professionals –from orchestras, conductors, chamber musicians, actors and directors – found their way to the stage of the Festival Hall.

How was it possible to get them to come to Viersen? How and in what historical situation were the necessary conditions created? And how and in what circumstances did it start in 1945?

Because this investigation is limited to Alt-Viersen, it ends in the year 1970. With the law restructuring the Kempen-Krefeld district and the independent town Viersen from 18 December 1969, which came into force on 1 January 1970, Viersen was joined with the cities of Süchteln and Dülken (including Boisheim, which was incorporated into Dülken in 1968) to be called town of Viersen.

In quotations from correspondence, records, statements and press articles, importance is placed on the correct use of the wording. Obvious spelling mistakes were corrected and adapted to the modern orthography.
The manner of spelling composers' names in Chapter 7 conforms to the second and current edition of MGG.[2] It is based on the standardized titles data (EST) of the German music archives and follows the international

von MGG[2]. Sie beruht auf der Einheitssachtiteldatei (EST) des Deutschen Musikarchivs und folgt damit der international einheitlichen wissenschaftlichen Transliteration, also z. B. *Čajkovskij* statt Tschaikowski, *Šostakovič* statt Schostakowitsch. Entsprechend wird bei Schriftstellern mit Namen aus Sprachen mit nichtlateinischer Schrift verfahren, beispielsweise *Čechov* statt Tschechow oder *Dostoevskij* statt Dostojewski[3]. Um Zitate möglichst genau wiederzugeben, wird in den Kapiteln 1–6 bei Eigennamen des öfteren die damals übliche Schreibweise verwendet.

Für die Viersener Stadtverwaltung hat Dr. Axel Greuvers eine EDV-Übersicht aller Viersener Kulturveranstaltungen seit 1947 hergestellt[4]. Die meisten herangezogenen gedruckten Quellen befinden sich im Stadtarchiv (heute Kreisarchiv Viersen). Axel Greuvers und der Leiter des Stadtarchivs Marcus Ewers waren beide stets auskunftsfreudig und hilfsbereit, wofür ich ihnen ausdrücklich danken möchte. Ebenso danke ich Frau Linda Godry von der Bildstelle des Stadtarchivs für das Aufsuchen und Bereitstellen geeigneter Bilder.

standardized academic transliteration, so for example, *Čajkovskij* instead of Tschaikowski, *Šostakovič* instead of Schostakowitsch. Correspondingly, names of authors whose names are in languages with a non-Latin script are handled as follows: *Čechov* instead of Tschechow or *Dostoevskij* instead of Dostojewski[3]. In order to reproduce quotations in an exact manner, the usual spelling of that time is used for the personal names in Chapters 1-6.

Dr Axel Greuvers established for the Viersen town administration an IT overview of all the Viersen cultural events from 1947 onward[4]. The majority of used printed sources are located in the municipal archive (today district archive Viersen). Axel Greuvers and the head of the town archive Markus Ewers were both always forthcoming and helpful with information, for which I particularly want to thank them. I also thank Mrs Linda Godry from the photographic service of the city archive for searching for suitable pictures and making them available.

1. Rahmenbedingungen nach dem Zweiten Weltkrieg

1.1 Viersen 1945 – 1948

Am 8. Mai 1945 war der von Hitler-Deutschland entfesselte Zweite Weltkrieg vorbei. Die Kampfhandlungen endeten allerdings nicht gleichzeitig. Was Viersen betrifft, so rückten am 1. März 1945 amerikanische Panzer und motorisierte Infanterie über Hardt und Bockert ein. Die letzten Kampfhandlungen fanden auf der Hardter Straße im Hoser statt; gegen 17.00 Uhr war für Viersen der Zweite Weltkrieg beendet.[5] Die Kriegsfolgen waren wie überall entsetzlich. 2.263 Viersener – 6,7 % der Bevölkerung von 1939 – hatten den Krieg nicht überlebt, darunter 1.066 Soldaten. Bei Luftangriffen waren 355 Menschen ums Leben gekommen. 757 Soldaten wurden vermisst. 63 % der Wohnungen waren zerstört. Die Schäden an öffentlichen Gebäuden waren ebenfalls beträchtlich.

In den frühen Nachmittagsstunden des 24. Februar 1945 hatten neun Bomberverbände Spreng- und Brandbomben über Viersen abgeworfen und fast die gesamte nördliche Innenstadt in Schutt und Asche gelegt. Um 15.00 Uhr stürzte an diesem Samstag das Gebälk des 600 Jahre alten Turms der Remigiuskirche in sich zusammen. Völlig zerstört wurden die Stadthäuser II und III, das Mädchengymnasium, zwei Volksschulen, das Amtsgericht, die Sparkasse und das Polizeigebäude.[6] Von den stadteigenen Gebäuden waren 45 % zerstört, von den Verwaltungsgebäuden sogar 75 %. Bei den Schulen wurde ein „Schadensgrad" von ca. 30 % konstatiert.

In den damaligen Stadtgrenzen (ohne Boisheim, Dülken, Süchteln) betrug die Einwohnerzahl vor Beginn des Krieges, am 1. August 1939, 34.184, bei Kriegsende war sie auf 20.000 abgesunken.[7]

Conditions after World War II

1.1 Viersen 1945 – 1948

On 8 May 1945 World War II which had been unleashed by Hitler's Germany was over. However, the conflict did not end at the same time everywhere. Regarding Viersen, American panzers and motorized infantry moved in on 1 March 1945 via Hardt and Bockert. The last of the fighting took place on Hardter Street in Hoser; at approximately 17.00 hours, World War II had ended in Viersen.[5] The consequences of the war were, like everywhere, appalling. In Viersen 2,263 – 6.7% of the population of 1939 – had not survived the war. Among the casualties were 1,066 soldiers. 355 people died as a result of air strikes. 757 soldiers were missing. 63% of homes were destroyed. The damage to public buildings was equally significant.

In the early afternoon of 24 February 1945, nine bomber squadrons had dropped explosive and incendiary bombs over Viersen, and almost the whole of the northern inner town was reduced to dust and ashes. At 15.00 on that Saturday, the beams of the 600-year-old tower of Remigius Church collapsed. The Council Office Buildings II and III, the girls' secondary school, two primary schools, the district court, the "Sparkasse" [a bank], and the police station were completely destroyed.[6] 45% of the municipal buildings were destroyed, and as much as 75% of the administration buildings. With regard to the schools the degree of damage was estimated at 30%.

The number of inhabitants at the beginning of the war within the town borders of the time (without Boisheim, Dülken, Süchteln) was 34,184 on 1 August 1939, but by the end of the war it had sunk to 20,000.[7]

Sechs Jahre nach Kriegsende rief der damalige Oberbürgermeister Hermann Hülser das Ausmaß der Zerstörung in Erinnerung. Am 27. Juni 1951, anlässlich der Einweihung des neuen Rathauses, führte er aus:

„Als am ersten Märztage des Jahres 1945 Viersen von den Alliierten besetzt wurde, waren von den im Jahre 1938 bestehenden 4.930 Häusern mit 10.400 Wohnungen und 40.200 Räumen rund 610 Häuser oder 12,4 % vollkommen zerstört, rund 620 oder 12,6 % schwer beschädigt, 1.860 Häuser oder 37,7 % leicht beschädigt und nur 1.840 Häuser, also 37,3 % unzerstört geblieben".[8]

Die Wohnungsnot war groß und wuchs. Nach Kriegsende kamen die Evakuierten in die zerstörte Stadt zurück. Die Besatzungsmächte beschlagnahmten Wohnraum für sich. Zusätzlich waren Flüchtlinge und Vertriebene unterzubringen, laut Volkszählung 1946 immerhin 13,1 % der Gesamtbevölkerung[9]. Der Anteil stieg in den folgenden Jahren noch an. Bis zum 1. Juli 1955 waren in Viersen 4.120 Vertriebene aus den verlorenen deutschen Gebieten ostwärts der Oder-Neiße-Linie sowie 1.717 Flüchtlinge aus Berlin, der sowjetischen Besatzungszone und dem Saargebiet aufzunehmen – zusammen 17,07 % der Bevölkerung von 1939[10].

Die Ernährungslage der Bevölkerung war katastrophal; sie war nach dem Krieg noch schlimmer als im Krieg. Am schlimmsten war sie im Jahr 1946.[11]

Wie groß die materielle Not war, lässt sich auch an überlieferten Dokumenten festmachen. So dankt Oberbürgermeister Schaub im November 1945 für die große Beteiligung bei der „Kleider- und Wäschesammlung". Man habe „den armen, völlig mittellosen deutschen Flüchtlingen, die aus dem Osten kommen", ein wenig helfen können".[12]

Six years after the end of the war the Lord Mayor of the time, Hermann Hülser, remembered the extent of the destruction. On 27 June 1951, on the occasion of the opening of the new Town Hall, he said:

"When Viersen was occupied by the Allies in the first days of March 1945, of the 4,930 houses with 10,400 apartments and 40,200 rooms which existed in the year 1938 a total of 610 houses or 12.4% were completely destroyed, a total of 620 or 12.6% badly damaged, 1,860 houses or 37.7% lightly damaged, and only 1,840 houses or 37.3% undamaged."[8]

There was a great housing shortage and it got worse. After the end of the war the evacuees returned to the destroyed town. The occupying forces commandeered living space for themselves. In addition, there were refugees and displaced persons who needed accommodation: according to the 1946 census at least 13.1% of the total population.[9] The percentage increased further in the following years. By 1955 there were 4,120 displaced persons from the lost German regions to the east of the Oder-Neiße-Line and 1,717 refugees from Berlin, the Soviet Occupation Zone, and the Saar Area who had to be absorbed – altogether 17.07% of the population of 1939.[10]

The nutritional situation of the population was catastrophic; it was even worse after the war than during the war. It was at its worst in 1946.[11]

The extent of material need can be confirmed through contemporary documentation. Lord Mayor Schaub thanked the public in 1945 for its generous participation in the "clothing and laundry collection". They have been able to give some aid to "the poor, completely destitute German refugees coming from the East".[12]

Trotz des Mangels an Kleidung gibt es allerdings doch Ansätze einer Kleiderordnung. Auf derselben Seite findet sich eine Anordnung, mit der eindeutig das „Tragen militärischer Mützen verboten" wird:

„Militärische Schirmmützen dürfen von Zivilpersonen nicht mehr getragen werden."

Das Verbot leuchtet ein, vor allem, wenn es sich um Nazi-Symbole handelte. Aber es geht noch weiter:

„Skimützen dürfen getragen werden, jedoch nicht in den Farben schwarz, khaki, feldgrau und dunkelblau".[13]

Als Beispiel für typisch deutsche Regulierungswut ist diese Vorschrift allerdings ungeeignet; verantwortlich war die Militär-Regierung.

Dass in dieser schlimmen Zeit Diebstahl und Plünderung gängige Praxis sind, verwundert kaum. „Der Oberbürgermeister als Ortspolizeibehörde" formuliert es so:

„Leider muss auch heute noch festgestellt werden, dass die Begriffsverwechslung in Eigentumsverhältnissen weiter anhält, trotz aller Mahnungen noch nicht die notwendigen Unterschiede zwischen ‚Mein' und ‚Dein' gemacht werden. Tag für Tag ereignen sich neue Vorfälle. Der Krieg mit der Abwanderung Hunderttausender, die ihre Wohnungseinrichtungen und ihren Haushalt vielfach zurücklassen mussten, hat die Rechtsauffassung merklich gelockert …

Es handelt sich in der Hauptsache um Teile von Wohnungseinrichtungen oder sogar ganze Einrichtungen, um Hausrat, Musikinstrumente, Kleidungsstücke, die Evakuierten widerrechtlich fortgenommen sind von Leuten, die sich in deren Wohnungen sesshaft gemacht hatten oder auch für kurze Zeit hier untergebracht waren …

Ein anderes übles Kapitel stellen die Einbruchs-Diebstähle dar … Ein weiteres begehrtes Diebstahlsgut sind die Fahrrä-

In spite of the lack of clothing there are, however, the beginnings of dress regulations. On the same page there is an order making explicit that the 'wearing of military caps is forbidden': *"Military peaked caps are no longer allowed to be worn by civilians."*

The ban became obviously justified particularly when Nazi symbols were involved. But it goes further: *"Ski hats may be worn, not, however, black, khaki, field grey and dark blue ones."*[13]

This requirement is not an example of a typically German craze for regulation. The military government was responsible for it.

It is hardly surprising that during this very bad time theft and plundering were common practice. "The Lord Mayor, as the local police authority", formulated as follows: *"Unfortunately, we are still faced with the fact that the confusion of concepts regarding property still continues, despite all the warnings the essential differences between 'mine' and 'yours' are not yet being made. Every day there are new incidents. The war, with the migration of hundreds of thousands of people, who had to leave behind their furnishings and households, has loosened the notion of rights.*

At issue are parts of furnishings, household contents, musical instruments, articles of clothing, which were illegally taken from evacuees by people who had moved into their apartments or were also accommodated there for a short time.

The break-ins and thefts represent another ugly chapter… A further sought-after object of theft is bicycles which normally, when lost, can never be recovered … A difficult problem is also the loss of ration cards …"[14]

der, die nach ihrem Verlust meist nicht mehr herbeizuschaf-
fen sind … Ein schwieriges Problem ist auch der Verlust der
Lebensmittelkarten …“[14]

Von der materiellen Not künden auch die Tauschanzeigen:
Herrenfahrrad gegen Akkordeon, Bettstelle gegen Schreib-
maschine, Schaukelpferd gegen dunkelblaue oder schwarze Seide, Plüschsofa gegen Brandholz.[15]

Es passt ins Bild, wenn von einem falschen Gepäckträger
gewarnt wird, einem „Schwindler, der mit dem Gepäck,
das ihm übergeben wurde, verschwunden ist“.[16]

Darüber, wer diese schrecklichen Verhältnisse verschuldet
hatte, schien keineswegs Konsens zu herrschen. Nicht wenige machten die Verantwortlichen der Nachkriegszeit für
den Scherbenhaufen verantwortlich, den die Nazis hinterlassen hatten. In den „Viersener Mitteilungen“ wird aus
dem Düsseldorfer Amtsblatt vom 1. März 1946 zitiert:
„Als Adolf Hitler seine Frau und sich selbst erschoss, als
Goebbels und Himmler sich vergifteten, … hinterließen
sie (uns) den größten Trümmerhaufen aller Zeiten und die
Sorge, damit fertig zu werden; und bei allen Schwierigkeiten, die jetzt auftreten, bei allem, was fehlt oder nicht
klappt, wer ist da eigentlich der Schuldige? Jene, die uns in
den Abgrund stießen oder jene, die sich jetzt bemühen, uns
hinauszu-helfen? Die Öffentlichkeit neigt dazu, sich an das
Greifbare zu halten. Sie scheint vergessen zu haben, dass die
heutigen Zustände notwendige Folgen früherer Ursachen
sind. Gegen diese Umkehrung der Verantwortlichkeiten sei
einmal klar Stellung bezogen“.[17]

Die britische Militärbehörde hält auch eine Aufklärung
darüber für wichtig, dass selbst die knappe Ernährung nur
mit Opfern anderer überhaupt möglich ist:
„Während der letzten sechs Monate wurden mehr als 50 %
des Brot- und Mehlverbrauchs der britischen Zone durch

The exchange advertisements are further evidence of the
material need: a men's bicycle for an accordion, a bed-
stead for a typewriter, a rocking horse for some dark blue
or black silk, a plush sofa for firewood.[15]

It fits the picture when there is a warning about a false
porter, a "swindler who had disappeared with the lug-
gage which had been given to him".[16]

There did not seem to be a consensus at all about who
was to blame for these dreadful circumstances. Quite a
few made those in charge of the post war period responsible for the ruins which the Nazis had left behind. In
the "Viersener Mitteilungen" there is a quotation from
the Düsseldorf official journal of 1 March 1946:
"When Adolf Hitler shot himself and his wife, when Goebbels and Himmler poisoned themselves, … they left us
the biggest shambles of all time and the worry of sorting
it out; and in all the difficulties which occur now, with
everything that is missing or does not function, who are
the guilty ones? Those who pushed us into the abyss or
those who now try to help us out of it? The public tends to
focus on the concrete circumstances. They seem to have
forgotten that these are necessary consequences of earlier causes. We should take a stand against this reversal of
responsibilities."[17]

The British Military authority deems it to be important
to make clear that even the scant nutrition provided was
only possible by sacrifices on the part of others:
"During the last six months more than 50% of the bread
and flour consumption of the British Zone was provided
by importation into the Zone… During the same period of
time the distribution of food in England was reduced."[18]

The fact that the performance of cultural events became an important preoccupation during this bad pe-

Einfuhr in die Zone gedeckt … Während derselben Zeitspanne wurde die Lebensmittelzuteilung in England gekürzt".[18]

Dass in dieser schlimmen Situation die Durchführung kultureller Veranstaltungen früh zu einem wichtigen Thema wurde, mag aus heutiger Sicht verwundern. Umso erstaunlicher ist die Tatsache, dass 1946 nicht nur der Kulturausschuss der Stadt mit Elan an die Planung und Durchführung von Konzerten und Theateraufführungen geht. So wendet sich am 13. Dezember 1946 „das Katholische Kulturwerk Viersen" – im Sommer desselben Jahres gegründet – an den Oberbürgermeister Hermann Hülser mit der Bereitschaft, „mit den verantwortlichen Leitern des städtischen Kulturwesens Hand in Hand zu arbeiten." Unterschrieben und wohl auch verfasst ist der Brief vom Notar Dr. Hermann-Josef Dumoulin, der zu diesem Zeitpunkt bereits auf „den Erfolg unserer bisherigen Veranstaltungen" hinweist. Konkret: Rund 300 Zuhörer kamen sowohl zu einem Rezitationsabend „Der Tod in der Dichtung" als auch zu einer Feierstunde für die Dichterin Gertrud von le Fort (beide Veranstaltungen in Kaiser's Tonhalle).[19]

Dumoulins Angebot wurde angenommen. Am 23. März 1947 brachte das „Kulturamt der Stadt Viersen in Verbindung mit dem Katholischen Kulturwerk Viersen" Bachs Johannes-Passion in der Festhalle zur Aufführung".[20]

Verpflichtet wurden Chor und Orchester des Bachvereins (ohne Ortsangabe, wahrscheinlich Düsseldorf) unter der Leitung von Joseph Neyses und die Solisten Ellen Bosenius (Sopran), Anni Bernards (Alt), Walter Stumm (Tenor), Helmuth Fehn (Bass/Christus) und Hans Kunz (Bass/Pilatus, Petrus).

„Aufbau des Kulturlebens in Viersen" ist ein vom Musikstudienrat Theo Zart verfasster Artikel in den „Viersener Mitteilungen" überschrieben, in dem sowohl der Charak-

rid seems surprising in hindsight. Still more surprising is the fact that in 1946 it was not only the Culture Committee who worked with élan on the planning and performance of concerts and theatre performances. The "Katholische Kulturwerk Viersen" [Catholic Cultural Society], which had just been formed in the summer of 1946, approached the Lord Mayor Hermann Hülser on 13 December of the same year expressing willingness "to work hand in glove with the municipal Cultural Institution". The letter was signed and probably also composed by the notary Dr Hermann-Josef Dumoulin, who at this time refers to "the success of our events up until now". In fact, around 300 listeners attended both an evening of recitations – "Death in Poetry" – and an evening to celebrate the poet Gertrud von le Fort (both events were held in Kaiser's Concert Hall).[19]

Dumoulin's offer was accepted. On 23 March 1947 the "Cultural Office of the town of Viersen, in collaboration with the Catholic Cultural Body of Viersen", presented a performance of Bach's Saint John Passion in the Festival Hall".[20]

Engaged were the choir and orchestra of the Bach Society (no place name given, probably Düsseldorf) under the direction of Joseph Neyses and the soloists Ellen Bosenius (Soprano), Anni Bernards (Alto), Walter Stumm (Tenor), Helmuth Fehn (Bass/Jesus Christ) and Hans Kunz (Bass/Pilatus, Petrus). "The Development of Cultural Life in Viersen" is an article written in the "Viersener Mitteilungen" by Theo Zart, Music Teacher, in which both the character of the new construction and the success of the efforts so far are highlighted:

When in September last year it was attempted to reintroduce art to town life, it had to be built up from nothing, as with much else … Within three months (January

ter des Neuaufbaus wie der Erfolg der bisherigen Bemühungen herausgestellt werden:

„Als im September vorigen Jahres versucht wurde, die Kunst im städtischen Leben wiedererstehen zu lassen, musste wie in vielem anderen sozusagen auf dem Nichts aufgebaut werden … Es war innerhalb dreier Monate (Januar bis Anfang April) ein reichhaltiges Programm, das aus allen Schichten der Bevölkerung regen Zuspruch fand und dem geistigen Leben der Stadt viel anregenden Stoff und Auftrieb gab".[21]

Erst kommt das Fressen, könnte man frei nach Brecht vermuten, und dann kommen zu einem späteren Zeitpunkt Konzerte und Theateraufführungen. Doch so war es nicht. „Allgemein regte sich früh nach Kriegsende in Deutschland ein Interesse an Kultur, nicht zuletzt an all dem, was in den zurückliegenden Jahren verboten war".[22]

Am Ende des Jahres 1945 teilt der Viersener Oberbürgermeister mit, dass „die Einrichtung des Kulturamtes wieder ein eigenständiges Kulturleben in Gang" gebracht habe. Unter der Überschrift „Die Theatertradition lebt wieder auf" gibt er einen „Überblick über das kulturelle Leben in unserer Stadt":

v„Wie überall, so ist man auch in unserer Stadt bemüht, aus den verbliebenen Trümmern neues kulturelles Leben entstehen zu lassen. Viersen ist ja in der glücklichen Lage, seine Festhalle noch zu besitzen. So liegt es in erster Linie nahe, die Theatertradition, die ja immer ein freudiges Publikum fand, weiterzuführen … Leider müssen wir die anspruchsvolle Oper in nächster Zukunft entbehren … Auch die in der Vergangenheit wertvollen Kammermusikkonzerte sollen bekannte Solisten nach Viersen bringen … Da für die Höhe des Kulturlebens einer Stadt die Sinfoniekonzerte sehr ausschlaggebend sind, soll ihnen besonders Rechnung getragen werden. … Daneben sollen wie in den letzten Wochen in

until the beginning of April) there was an extensive programme, which was very well received in all levels of society and contributed much stimulating material and a lift to the intellectual life of the town".[21]

One could expect, as Brecht had said, that food comes first, and then at a later stage concerts and theatrical performances. However, it was not like that. "Generally, an interest in culture was generated very quickly in post-war Germany, not least in all the things which had been forbidden in previous years".[22]

At the end of 1945, the Viersen Lord Mayor states that "the establishment of the Cultural Office brought about an independent cultural life". Under the title "The Theatre Tradition is Revived" he gives an "Overview of the Cultural Life in Our Town":

"As everywhere, people are making an effort to build a cultural life in our town from the remaining ruins. Viersen is already in the fortunate position of still having its Festival Hall. Hence the theatre tradition, which has always had a joyful audience, suggests itself in the first instance as something which must continue … Unfortunately, we must do without the opera and its demands for the foreseeable future… Also, the fine chamber music concerts will bring well known soloists to Viersen … Since the symphony concerts are decisive for the level of cultural life of a town, they should be given special consideration … In addition, the soloist concerts of the artists of Viersen and surrounding areas should continue in the smaller setting of the concert hall, as in recent weeks, following the principle that due place should be granted to the cultivation of local music."[23]

kleinerem Rahmen in der Tonhalle die Solistenkonzerte von Künstlern Viersens und der Umgebung fortgesetzt werden, getreu dem Grundsatz, dass der heimatlichen Musikpflege der entsprechende Platz eingeräumt wird".[23]

Am 29. November 1945 heißt es in den „Viersener Mitteilungen" unter der Überschrift „6 Konzerte im Winter 1945/46 – die Abonnementsliste liegt auf":
„Das Kulturamt der Stadt Viersen legt für den Konzertwinter 1945/46 ein Abonnement auf, das 3 Sinfonie- und 3 Meisterkonzerte umfassen soll. Die Sinfoniekonzerte werden vom Städt. Orchester Krefeld unter verschiedenen Gastdirigenten mit Solisten bestritten".[24]

Ebenso gibt es für die Saison 1945/46 ein Theater-Abonnement für acht Aufführungen; die Preise für eine „Ringkarte", also für acht Veranstaltungen sind gestaffelt über 10, 18, 25 und 30 Reichsmark".[25] Bis zur Währungsreform dauerte es noch 1½ Jahre.

Die Stadtbücherei ist seit dem 15. Oktober 1945 wieder geöffnet",[26] die Eröffnung der Volkshochschule, geleitet von Dr. Ernst Klusen, wird für den Winter 1947 geplant.[27] „Sie steht allen offen, die sich in der Notzeit unseres Volkes auf den Wert des Geistigen und Ideellen besinnen wollen".[28] Das alles fällt in eine Zeit, in der offiziell bekannt gemacht wird, dass sich gegen Abgabe bestimmter Zuteilungsmarken, genauer: der „Seifenkarten M und F", eine einzige „Schachtel Zündhölzer" erwerben lässt".[29]

Für die Arbeit der Volkshochschule hofft ihr Leiter Dr. Ernst Klusen, dass sie sich nach den „kritischen Wochen der Währungsreform … als krisenfest und damit als notwendiger Bestandteil des Viersener Kulturlebens erweist".[30] Die Hoffnung erfüllte sich. Anlässlich des zehnjährigen Bestehens durfte Klusen resümieren:

On 29 November 1945 the "Viersener Mitteilungen" states, under the heading "Six concerts in the winter of 1945/46 – the subscription list is available":
"The cultural office of the town of Viersen invites subscriptions for the winter concerts of 1945/46, comprising three symphony concerts and three master concerts. The symphony concerts will feature the municipal orchestra of Krefeld under various guest conductors with soloists."[24]

There is also a theatre subscription for the season 1945/46 for eight performances; the prices for a "ring ticket" – for eight events – are staggered over 10, 18, 25 and 30 Reichsmark".[25] At this stage it is still one and a half years before the currency reform.

"The town library has been reopened since 15 October 1945",[26] the opening of the Adult Education Centre, headed by Dr Ernst Klusen, is planned for winter 1947.[27] "It is open to all who in the time of need of our people want to reflect on the value of the spiritual and the non-material."[28] All this happens in a time in which notice is officially given that if you hand in certain ration cards, or more exactly, "soap cards M and F", you can exchange them for "a box of matches".[29]

For the work of the Adult Education Centre, its head Dr Ernst Klusen hopes that after the "critical weeks of the Currency Reform … it will prove itself to be a stable and necessary component of Viersen cultural life".[30] This hope was fulfilled. Celebrating ten years of its existence, Klusen summed up:
"The Adult Education Centre has its location in the midst of the people, and it is neither the centre point of the educated middle class nor of the 'workers' or other sociological classes … It is very important to state that the Viersener Adult Education Centre is the only place where all circles

„Die Volkshochschule hat ihren Standort inmitten der Gesamt-bevölkerung und ist weder Mittelpunkt des gebildeten Bürger-tums noch der ‚Arbeiter' oder anderer soziologischer Schichten … Es ist sehr wichtig festzustellen, dass die Viersener Volkshoch-schule der einzige Ort ist, wo sich alle Kreise der Bevölkerung begegnen, um die Welt und das Leben in ihrer ganzen Vielge-staltigkeit, in ihren Spannungen kennenzulernen".[31]

Zurück zum Jahr 1947. Am 7. Februar 1947 findet eine Sitzung des Ausschusses für Kultur statt, an der außer den neun Ausschussmitgliedern Oberstadtdirektor Schaub und der Musiklehrer des Mädchengymnasiums Theo Zart teilnehmen. Zart berichtet in dieser Sitzung vom gu-ten Besuch der Theater- und Konzertveranstaltungen im Winter 1946/47. Man bekommt einen Eindruck von den mannigfachen Problemen dieser Zeit, wenn Zart darauf hinweist, dass die Festhalle im Januar 1947 wegen fehlen-der Brennstoffe nicht beheizt werden konnte und deshalb mit einer Ausnahme alle geplanten Veranstaltungen aus-fallen mussten.[32]

Gewiss standen für Verwaltung und Politik unter dem Dach der Militärregierung die existentiellen Fragen der Wohnungsnot und der schwierigen Ernährungslage der Bevölkerung im Vordergrund. Für Viersen erwies es sich als Glücksfall, dass die Firma Kaiser's Kaffeegeschäft „bedeutende Nährmittelmengen für die Ernährung der Viersener Bevölkerung zur Verfügung gestellt hat".[33] Die Trümmer der Innenstadt wurden bis 1948 beseitigt. Der Schutt wurde mit einer Lorenbahn über die Bismarckstra-ße zum Hohen Busch gefahren und schuf die Basis für die damals dort entstehende, heute noch existierende Sport-anlage".[34]

In bezug auf Wohnungsnot, Ernährungsprobleme und Mangel dürfte die Viersener Situation mit der anderer

of the population meet in order to get to know the world and life in all its facets and tensions."[31]

Back to the year 1947. On 7 February 1947 there is a meeting of the Committee for Culture, at which, be-sides the nine committee members, the Town Manager Schaub and Theo Zart, the music teacher at the second-ary school, are present. At this meeting Zart reports on the good attendance at theatre and concert events in the winter of 1946/47. One gets the impression of the manifold problems of this time when Zart indicates that in January 1947 the Festival Hall could not be heated because of a lack of fuel and that as a result all planned events except one had to be cancelled.[32]

Certainly, for those in administration and politics under the umbrella of the military government the existential questions of housing shortage and the difficult food sit-uation of the population were in the foreground. It was lucky for Viersen that Kaiser's coffee shop "made availa-ble a significant amount of food for the nutrition of the Viersen population".[33] The ruins of the inner town were cleared by 1948. The rubble was driven by light rail via Bismarckstraße to the Hoher Busch. Thus the base was created for the building of a sports facility which still ex-ists today".[34]

When it comes to the housing shortage and food prob-lems, the Viersen situation was comparable with that of other towns. However, with regard to the municipal maintenance of culture to which great importance was given so quickly, Viersen in one respect was in a much better position than many other towns. While in the town centre "not much more than an expanse of rub-ble remained",[35] the Festival Hall had remained stand-ing, though not without some damage. After the war the

Städte vergleichbar gewesen sein. Was aber die städtische Kulturpflege anbelangt, auf die so früh großer Wert gelegt wurde, stand Viersen in einer Beziehung doch deutlich besser da als viele andere Städte. Blieb auch von der Innenstadt „nicht viel mehr als ein großes Trümmerfeld übrig",[35] so hatte die Festhalle den Krieg zwar nicht ganz ohne Beschädigungen überstanden, aber sie war stehen geblieben. Nach dem Krieg wurde die Halle durch Diebstähle und Vandalismus in Mitleidenschaft gezogen, doch waren die Schäden reparabel. Am 28. Juli 1945 ordnete die englische Militärregierung an, dass die Halle umgehend wieder instandgesetzt werden müsse.[36]

Die Viersener Festhalle, vom damaligen Stadtbaumeister Eugen Frielingsdorf entworfen, wurde am 7. Dezember 1913 als Turnhalle eingeweiht, die gelegentlich auch für kulturelle und gesellschaftliche Veranstaltungen genutzt werden sollte. 1915 wurde die Konzertorgel an der Rückwand des Bühnenraumes aufgestellt.[37]

130.000 Mark hatte Kommerzienrat Josef Kaiser gespendet. Den gleichen Betrag gab die Stadt dazu – „als Ehrengabe zum Jubelfeste der 25-jährigen Regierungszeit seiner Majestät des Kaisers und Königs Wilhelm II", wie auf der Gedenktafel in der Festhalle zu lesen ist. Obwohl bei Planung und Bau die Frage der Konzert-Akustik wahrschein-

Der Festhallenvorplatz am Tage – Markt in der Nachkriegszeit
In front of the Festival Hall on Market Day after the war

Hall was subject to robbery and vandalism; however, the damage was repairable. On 28 July 1945 the English military government decreed that the Hall was immediately to be refurbished.[36]

The Viersen Festival Hall, which was designed by the then Town Architect Eugen Frielingsdorf, was opened as a sports hall on 7 December 1913 which was intended to be used occasionally for cultural and social events. In 1915 the concert organ was set up on the back wall of the stage area.[37]

The "Kommerzienrat" [Counsellor of Commerce] Josef Kaiser had donated 130,000 Marks. The town contributed the same amount – "as testimonial to the jubilee celebrations of 25 years of the reign of his Majesty the Emperor and King Wilhelm II", as can be read on the commemorative plaque in the Festival Hall. Although the question of concert acoustics may not have played a significant role in the planning and building, it soon became clear that here, more or less by chance, a hall had emerged which satisfied the highest acoustical standards. Even before World War II, the Gewandhaus Quartet from Leipzig had expressed praise for the acoustics in the Festival Hall.[38]

Der Festhallensaal nach dem Krieg

Interior of teh Festival Hall after the war

lich keine nennenswerte Rolle gespielt haben dürfte, stellte sich bald heraus, dass hier mehr oder weniger zufällig ein Saal entstanden war, der höchsten akustischen Ansprüchen genügte. Schon vor dem Zweiten Weltkrieg hatte das Gewandhaus-Quartett aus Leipzig sich lobend über die Festhallen-Akustik geäußert.[38]

In einer 1955 veröffentlichten Befragung von über zwanzig bekannten Dirigenten wurde neben dem Großen Glockensaal in Bremen und der Oetkerhalle in Bielefeld die Viersener Festhalle als deutscher Konzertsaal mit einer besonders guten Akustik genannt.[39] Wilhelm Furtwängler nannte „die akustischen Verhältnisse erstaunlich gut" und fügte hinzu: „Ich muss da nur manchmal meine Bläser brem-

In a survey of more than twenty well known conductors published in 1955, the Festival Hall in Viersen was named alongside the Großer Glockensaal in Bremen and the Oetkerhalle in Bielefeld as a German Concert Hall with a particularly good acoustic.[39] Wilhelm Furtwängler called "the acoustical conditions amazingly good" and added: "I just sometimes have to put the brakes on my wind players".[40] Herbert von Karajan, Sergiu Celibidache and Ferenc Fricsay said similar things.[41] The contemporary narrative, that Furtwängler considered the Viersen Festival Hall as amongst the ten best Halls in the world from an acoustical point of view, has not reliably been established.[42]

sen".[40] Ähnlich äußerten sich Herbert von Karajan, Sergiu Celibidache und Ferenc Fricsay.[41] Dass, wie damals gern kolportiert wurde, Furtwängler die Viersener Festhalle unter akustischem Aspekt zu den zehn besten Sälen der Welt gezählt haben soll, ist allerdings „nirgendwo verbrieft".[42]

Umbauten von 1978 haben leider zu einer partiellen Verschlechterung der insgesamt immer noch sehr guten Festhallen-Akustik geführt. Um die technischen Bedingungen für Tourneetheater zu verbessern, wurde die Orgel ausgebaut und die Bühnenfläche vergrößert.[43] Wahrscheinlich ist diese Veränderung der Grund dafür, dass heute in einigen vorderen Reihen bei Sinfoniekonzerten in der Regel die Holzbläser zu schwach zu hören sind.

Die räumlichen Probleme, die zum Ausbau der Bühne führten, waren noch Jahrzehnte später dem Nachfolger Schaubs als Oberstadtdirektor, Dr. Karl-Heinz van Kaldenkerken, sehr deutlich bewusst:
„Gern erinnere ich mich an Begegnungen mit Dirigenten, Solisten oder Schauspielern nach den Veranstaltungen in der Künstlergarderobe oder gelegentlich auch beim Abendessen in einem Restaurant.
Die räumliche Enge der Bühne nahmen die Künstler mit professioneller Gelassenheit und auch Humor. So erinnere ich mich an eine Aufführung der Oper ‚Oberon' von C.M. von Weber, bei der das Orchester fast bis vor die Füße des Publikums vorrücken musste. Ich sehe in der Erinnerung noch das Grinsen der vor mir platzierten Musiker, mit dem sie freundlich zum Ausdruck brachten: ‚Guckt ’mal, ist es nicht toll, was wir zustande bringen'".[44]

Konzerte durften kurz nach Kriegsende nur mit Genehmigung der Militärregierung durchgeführt werden. Nachdem Oberbürgermeister Dr. Schaub diese erwirkt hatte, konnte das erste Konzert in der Festhalle am 15. Oktober

The renovations of 1978 have unfortunately led to a partial worsening of the Festival Hall acoustics, although they are still very good. In order to improve the technical conditions for travelling theatres, the organ was removed and the stage area enlarged.[43] Probably this change is the reason for the fact that when there are symphony concerts today, in some of the front rows the woodwind instruments are difficult to hear.

The problems of space, which led to the expansion of the stage, were still well known – even decades later – to Dr Karl-Heinz van Kaldenkerken, who was Schaub's successor as Town Manager:
"I enjoy thinking back to meetings with conductors, soloists or actors after the events in the artists' changing rooms or occasionally at the evening meal in a restaurant. The artists reacted, in a professional, relaxed way and with humour, to the lack of space in the stage area. I remember a performance of the opera Oberon by C.M. von Weber, at which the orchestra had to push forward to just in front of the feet of the audience. I can still see the grin of the musicians sitting opposite me, saying in a friendly way: 'Look, isn't it great what we achieved'."[44]

Shortly after the war, concerts were only carried out with permission of the Military Government. After Lord Mayor Dr Schaub had obtained permission, the first concert could be held in the Festival Hall on 15 October 1945. In an organ concert with Hans Jöris (organ) and his son Hans Herbert Jöris (cello and organ) works by Bach, Handel and Mendelssohn were heard. Only a short time later, on 19 October 1945, the Quartet Society performed. The soloist was Georg Nillius from Düsseldorf Opera, and the organ was played by Wilhelm Kaiser.[45] Then in December 1945 there was a Christmas concert with the contralto Ruth Siewert-Schnaudt accompanied

1945 stattfinden. In einem Orgelkonzert mit Hans Jöris (Orgel) und seinem Sohn Hans Herbert Jöris (Cello und Orgel) erklangen Werke von Bach, Händel und Mendelssohn. Nur wenig später, am 19. Oktober 1945, trat der Quartettverein auf. Solist war Georg Nillius von der Düsseldorfer Oper, die Orgel spielte Wilhelm Kaiser.[45] Im Dezember 1945 gab es dann noch ein Weihnachtskonzert mit der von Hans Jöris an der Orgel begleiteten Viersener Altistin Ruth Siewert-Schnaudt am 23. Dezember und zum Jahresausklang am 28. Dezember einen „Volkskunstabend" mit Melodien von Johann Strauß und aus Otto Nicolais Oper „Die lustigen Weiber von Windsor".[46]

1948 stellte sich die finanzielle Situation der Stadt bedrohlich dar. Nach der am 21. Juni durchgeführten Währungsreform wurden zwar die Schulden der Stadt im Verhältnis 1:10 abgewertet. Aber es verblieb in neuer Währung der Stadt eine damals sehr schmerzhafte Lücke von mehr als einer Million DM für den „zweiten Abschnitt des Rechnungsjahres 1948 (1. Juli 1948–31. März 1949)":

Ausgaben:	4.750.000 DM
Einnahmen:	3.630.000 DM
„ungedeckter Fehlbetrag":	1.120.000 DM

Die vordringlichen Aufgaben wie Trümmerbeseitigung und Wohnraumbeschaffung waren in dieser Berechnung noch nicht berücksichtigt. Hierfür müssten, so Oberbürgermeister Hülser, „unter allen Umständen Mittel und Wege gefunden werden".[47]

Was die damaligen Hoffnungen auf qualitätvolle Theater- und Konzertveranstaltungen anbelangt, so sollten sie sich innerhalb weniger Jahre nicht nur erfüllen. Die tatsächliche Entwicklung übertraf schon nach wenigen Jahren die kühnsten Träume.

by Hans Jöris on 23 December, and at the end of the year on 28 December there was a "folk art evening" with melodies by Johann Strauß and from Otto Nicholai's opera "The Merry Wives of Windsor".[46]

In 1948 the financial situation in the town posed a problem. After the currency reform which took place on 21 June, the town debts were devalued in a proportion of 1:10. However, for the towns budget there remained a very painful gap of more than a million DM in the new currency for the "second part of the financial year 1948 (1 July 1948 to 31 March 1949)":

Outgoings	4,750,000 DM
Income	3,630,000 DM
Shortfall not covered	1,120,000 DM

The urgent tasks such as the removal of ruins and the creation of living space were not yet included in this calculation. According to Lord Mayor Hülser, for these tasks "ways and means must be found, no matter what".[47]

As far as the hopes for fine theatre and concert events are concerned, even after just a few years the actual development surpassed the most ambitious dreams.

1.2 Kulturelle Initiativen in Politik und Verwaltung

Trotz der drückenden materiellen Probleme wurde der Aufbau einer städtischen Kultur auf hohem Niveau schon früh nach dem Krieg als wichtige Aufgabe gesehen. Nach Begründungen wurde – jedenfalls unter Kulturpolitikern – nicht weiter gesucht; man war sich offenbar einig, dass der Mensch nicht vom Brot allein lebt. Das war keine Viersener Besonderheit. Joachim Kaiser, anerkannter Musik-, Theater- und Literaturkritiker, der als 20-Jähriger die Nachkriegszeit erlebte, erinnerte anlässlich seines 80. Geburtstages im Dezember 2008 an die kulturelle Aufbruchsstimmung nach dem Zweiten Weltkrieg: „Man kann sich heute gar nicht mehr vorstellen, mit welcher Emphase die Kultur nach dem Krieg wieder angefangen hat".[48]

Wie anderswo war auch in Viersen unbestritten, dass die Kultur einen wesentlichen Teil kommunaler Daseinsvorsorge darstellt. Davon zeugen die Sitzungsniederschriften des Viersener Kulturausschusses aus den Jahren 1947 und 1948. Die „Kulturangelegenheiten" wurden in ihrer Vielfalt gesehen. Am 20. März 1947 berät der Ausschuss über Erwachsenenbildung, Stadtbücherei, Museum und Volksliedarchiv. Die lokale Musikpflege auf Amateurniveau soll gefördert werden, hierzu werden 2.500 Reichsmark für die städtische Orchestergesellschaft und den städtischen Gesangverein bereitgestellt. Darüber hinaus werden Sinfoniekonzerte mit professionellen Orchestern geplant, zunächst mit dem Berufsorchester der Nachbarstadt Mönchengladbach, die damals noch M. Gladbach hieß.[49] Auch Theatervorstellungen aus Mönchengladbach sollen in Viersen stattfinden, wie aus einem Brief des Oberstadtdirektors Schaub vom 13. August 1947 an den Oberbürgermeister Hülser zu entnehmen ist.[50] Zunächst wurde der Kooperation mit der Nachbarstadt große Bedeutung zugemessen:

1.2 Cultural initiatives in politics and administration

Despite the pressing material problems, the development of a municipal culture of a high level was already soon after the war seen as an important task. Justifications were no longer sought – at least not among culture politicians; there seemed to be agreement that one did not live from bread alone. This was not peculiar to Viersen. Joachim Kaiser, a well-known music, theatre and literature critic, who experienced the post-war period as a 20-year-old, remembered, on the occasion of his 80th birthday in December 2008, the cultural optimistic mood after World War II: "It is hard to imagine today how emphasis was placed on culture again after the war."[48]

As elsewhere, it was undisputed in Viersen that culture represented a significant part of communal public service. The minutes of meetings of the Viersen Committee for Culture from the years 1947 and 1948 attest to this. The "cultural concerns" were looked at in their multiplicity. On 20 March 1947 the Committee advised on adult education, the town library, the museum and the folksong archive. The local cultivation of music at amateur level was to be encouraged: for this purpose, 2,500 Reichsmark were made available for the municipal orchestra society and the municipal singing society. Furthermore, symphony concerts with professional orchestras were planned, firstly with the professional orchestra of the neighbouring town of Mönchengladbach which was at that time still called M. Gladbach.[49] Theatre performances from Mönchengladbach were also to take place in Viersen, as can be seen in a letter of the Upper Town Director Schaub of 13 August 1947 to the Lord Mayor Hülser.[50] First of all, cooperation with the neighbouring town was seen in a very positive light:

„Im Interesse des Viersener Kulturlebens und einer klaren Spielplanlinie für die Theatervorstellungen hat die Stadtverwaltung Viersen soeben mit dem Generalintendanten der Städt. Bühnen M. Gladbach und Rheydt ein Abkommen getroffen, nach dem die M. Gladbach-Rheydter Bühnen im kommenden Winter, von gelegentlichen Sondergastspielen anderer Bühnen abgesehen, die ausschließliche Bespielung der Festhalle übernehmen".[51]

Für das Schauspiel wird die Konzeption des M. Gladbach-Rheydter Theaters offen gelegt. Neben der Absicht, „das klassische Fundament weiter auszubauen", wird beabsichtigt, „vor allem das deutsche Zeitdrama und die uns in den vergangenen anderthalb Jahrzehnten verschlossen gebliebene Dramatik im westabendländischen Kulturraum, also das französische, englische und amerikanische Drama der Moderne zu erschließen"[52]

Vorgesehen sind „40 Gastspiele in zwei Abonnementsserien". Die Kassenpreise in Reichsmark lassen sich heute nur schwer einordnen, zumal man auch mit Geld längst nicht alles kaufen konnte: „Oper, Operette und Tanzabende 2 bis 6, im Schauspiel RM 1 bis 4". Und es gibt Ermäßigung:
„Der reiferen Jugend werden, wie bisher, in beschränkter Zahl verbilligte Karten für die Aufführungen zur Verfügung gestellt, die einen bildenden und erzieherischen Wert für die Jugend haben".[53]

Am 5. September 1947 teilt der Oberstadtdirektor dem Kulturausschuss konkrete Ergebnisse der Verhandlungen mit den Städtischen Bühnen M. Gladbach-Rheydt mit. Bis zur Spielzeit 1948/49 wurden, mit Ausnahme der Kammerkonzerte, fast alle Veranstaltungen von den benachbarten Bühnen M. Gladbach und Rheydt übernommen, sowohl die Sinfoniekonzerte als auch die Theater-

"In the interest of Viersen Cultural Life and of a clear course of programmes for theatre performances, the town administration of Viersen has reached an agreement with the General Artistic Director of the municipal stages of M. Gladbach and Rheydt, in which the M. Gladbach-Rheydter stages in the coming winter, apart from occasional guest visits of other theatres, account for the main activities of the Festival Hall."[51]

For drama, the concept of the M. Gladbach-Rheydter Theatre was unveiled. Besides the intention "of building on the classical foundation", it was planned "particularly to open up contemporary German drama and that of Western countries, i.e. French, English and American Modern Drama, which has been locked away from us for the past one and a half decades".[52]

It is planned to have "40 guest performances in two subscription series". The cash prices in Reichsmark are difficult to classify today, given that there were so many things that could not be purchased: "Opera, operetta and dance evenings 2 until 6, in the drama RM 1 to 4". And there is a reduction:
"As heretofore, for more mature young people cheaper tickets in limited numbers will be made available for performances which have a formative and educational value for them."[53]

On 5 September 1947 the Town Manager informed the Culture Committee about the concrete results of their dealings with the Town Theatres of M. Gladbach-Rheydt. Up until the 1948/49 season, with the exception of chamber concerts, almost all events were taken from the neighbouring theatres of M. Gladbach and Rheydt – both the symphony concerts and the theatre productions. At that time, M. Gladbach and Rheydt were inde-

aufführungen. Damals waren M. Gladbach und Rheydt selbständige Städte, heute ist Rheydt ein Stadtteil von Mönchengladbach. Auf die noch immer spürbare Rivalität zwischen beiden Gemeinden musste sich auch Viersens Oberstadtdirektor einstellen. Dr. Schaub berichtete dem Viersener Kulturausschuss am 8. März 1950, dass „mit M. Gladbach-Rheydt … infolge der Meinungsverschiedenheiten zwischen diesen Städten abschließende Verhandlungen noch nicht möglich" seien.[54]

Die Akzeptanz der Viersener Bevölkerung war von Anfang an groß. Schaub berichtete in der Sitzung am 5. September 1947, dass in der Sparte Theater „zwei Abonnementreihen mit je 10 Vorstellungen" geplant seien und dass fünf Sinfoniekonzerte stattfinden würden.[55]

Während in der Kulturausschuss-Sitzung am 5. September 1947 das Theaterprogramm „allseitig gebilligt" wurde, entzündete sich um die Sinfoniekonzerte eine interessante konzeptionelle Diskussion. Oberstadtdirektor Schaub berichtete dem Ausschuss, „dass in M. Gladbach sieben Sinfoniekonzerte stattfinden, von denen in Viersen fünf übernommen werden." Von diesen fünf Konzerten sollte eins „nur moderne Musik" enthalten. Bemerkenswerterweise kam Widerspruch dagegen nicht von einem Ausschussmitglied, sondern vom Musikstudienrat Theo Zart, der als sachkundiger Bürger hinzugezogen worden war. Zart meinte, „dass ein Konzert, das nur moderne Musik enthalte, für die Stadt Viersen nicht angebracht sei."

Schaub widersprach dieser Auffassung; ein Konzert mit ausschließlich moderner Musik „sei durchaus angebracht". Bedenkt man, wie kurz erst die Nazizeit mit ihrer Diskriminierung der künstlerischen Moderne als „entartet" zurücklag, dann ist schon bemerkenswert, dass sich die Ausschussmitglieder einstimmig der Auffassung Schaubs

pendent cities. Today Rheydt is a district of Mönchengladbach. The Viersen Town Manager had to deal with the rivalries between both communities which are still perceptible to this day. Dr Schaub reported to the Viersen Culture Committee on 8 March 1950 that "with M. Gladbach-Rheydt … as a result of the differences of opinion between these cities, concluding negotiations were not yet possible".[54]

The acceptance of the Viersen population was significant from the beginning. Schaub reported at the meeting of 5 September 1947, that in the Sparte Theatre "two subscription series with ten performances each" were planned and that there would be five symphony concerts.[55]

While in the Culture Committee meeting on 5 September 1947 the theatre programme was "unanimously approved", an interesting conceptual discussion was ignited with regard to the symphony concerts. The Town Manager Schaub reported to the Committee, "that in M. Gladbach seven symphony concerts are taking place, of which five will be taken on in Viersen." Of these five concerts, one was to include "only modern music". It is worth noting, that the objection to this did not come from a Committee Member, but from the Music Teacher Theo Zart, who had been brought in as an expert. Zart felt "that a concert, which only consisted of modern music was not appropriate for the town of Viersen".

Schaub contradicted this view: a concert with exclusively modern music "was absolutely suitable". When you consider how recently the Nazis had discriminated against artistic modernism as 'degenerate', it is remarkable that the Committee members were in agreement with Schaub's view. Whether Zart spoke out against a

anschlossen. Ob sich Zart gegen ein Konzert mit ausschließlich zeitgenössischer Musik aussprach, weil er das Viersener Publikum damit überfordert sah, oder ob aus Gründen des persönlichen Geschmacks, geht aus der Niederschrift nicht hervor.[56]

Davon, dass zeitgenössische Musik auf Widerstand stieß und die Viersener Kulturverantwortlichen nicht einfach nachgeben wollten, kündet ein mit „K" gezeichneter humorvoller Beitrag in den „Viersener Mitteilungen" im Zusammenhang mit den Aufführungen von Carl Orffs „Die Kluge" und Werner Egks Ballett „Joan von Zarissa":
„Wir Viersener lassen uns nicht so schnell beeinflussen, wenn einer mal ‚dagegenmeckert'. ‚Tiefland', so meinte einer meiner Freunde, ‚Butterfly' und die ‚Verkaufte Braut', das waren famose Aufführungen. Jetzt aber, mit der ‚Klugen' und dem ‚Joan' … ? Nun, ich habe ihn beruhigt und ich möchte noch andere Zweifler beruhigen. Ich fand die Aufführungen … ganz ausgezeichnet … Aber schließlich mache ich's wie die kluge Bauerntochter: ich habe nur meinen gesunden Menschenverstand und mein aufgeschlossenes, für Heiterkeit und Fröhlichkeit wie für Ernst und Tragik gleich empfindsames Herz. Indessen: ich schäme mich dessen nicht".[57]

In künstlerischen Dingen ließ sich der Oberstadtdirektor, wie er am 5. September 1947 dem Ausschuss mitteilte,[58] von Walter Berten beraten, einem in Viersen wohnenden Lektor des Düsseldorfer Schwann-Verlages, „Aufnahmeleiter der Deutschen Grammophon und später Dozent der Musikhochschule Köln".[59] Als „fachkundiger Berater von Anfang an" wurde weiter der Musikstudienrat des Viersener städtischen humanistischen Gymnasiums und spätere Professor der Pädagogischen Hochschule Neuss (Berufung 1961) Dr. Ernst Klusen hinzugezogen.[60]

concert with exclusively contemporary music because he felt that the Viersen audience would be overwhelmed, or whether for reasons of personal taste, does not emerge from the minutes of the meeting.[56]

The fact that contemporary music met with resistance and that those responsible for culture in Viersen did not simply want to give in, heralded a humorous contribution in the "Viersener Mitteilungen" signed with the letter "K" in connection with the performances of Carl Orff's "Die Kluge" and Werner Egks Ballett "Joan von Zarissa":
"We Viersen people are not so easily influenced when someone 'complains'. One of my friends was of the opinion that 'Tiefland', 'Butterfly' and the 'Verkaufte Braut' were well known performances. Now, however, with 'Kluge' and 'Joan'…? Well, I have calmed him down and I would like to calm down other sceptics. I found the performances … quite excellent… But, ultimately, I am like the clever farmer's daughter: I only have my healthy common sense and a heart which is open and, at the same time, attuned to cheerfulness and happiness as well as to seriousness and tragedy. What is more, I am not ashamed of it."[57]

In artistic matters, the Town Manager, as he informed the Committee on 5 September 1947,[58] took advice from Walter Berten, an editor for Schwann publishers in Düsseldorf who lived in Viersen, and who was "the recording manager for Deutsche Grammophon and later a lecturer in Cologne's Conservatory of Music".[59] Dr Ernst Klusen – an "expert adviser from the beginning" who was a music teacher of the Viersen municipal humanities secondary school and later Professor of the Pedagogical College Neuss (appointed 1961) – was called in.[60]

Gern nahm auch Schaubs Nachfolger Dr. Karl-Heinz van Kaldenkerken den Rat Klusens an. Hierüber sprach ich mit ihm anlässlich der Veranstaltungen zum 100. Geburtstag von Prof. Dr. Ernst Klusen im Oktober 2009.[61] Anschließend schrieb mir der langjährige Oberstadtdirektor Viersens (1959 – 1974):

„Wir lernten uns auf kuriose Art mit einem typisch ‚Klusen-schen Akzent' kennen. Es war kurz nach meinem Dienstantritt als Oberstadtdirektor der Stadt Viersen im Frühjahr 1959. In Wahrnehmung meiner Rechte, als Vertreter der Stadt an Abiturprüfungen teilzunehmen, begab ich mich eines Morgens zum Humanistischen Jungengymnasium an der Lindenstraße. Gespannt, was mich sowohl als Verwaltungschef als auch mit 33 an Lebensjahren jungen Neu-Viersener dort erwartete, betrat ich das Haus und wurde sogleich von einem Herrn in mittleren Jahren mit freundlich einladender Geste empfangen. ‚Sie sind also der neue Oberstadtdirektor!? Klusen mein Name. Ich prüfe heute hier Musik.' Nachdem er mich noch einen Augenblick recht aufmerksam angeschaut hatte, fuhr er fort. ‚Gut, dass ich Sie nicht erst im Prüfungsraum kennen lerne. Sie wirken noch so jung, dass ich Sie dort vielleicht noch versehentlich als Abiturient geprüft hätte'.

Mit dem ihm eigenen hintergründigen Humor ging es dann in der Musikprüfung weiter. Der Prüfling hatte die Frage zu beantworten: "Gibt es fromme Musik? Als Beispiel hören Sie: Das Gebet einer Jungfrau." Der Kandidat verstand die Ironie und bekam eine gute Note.

Da ich nach dem Beispiel meines Vorgängers im Amt, Dr. Carl Schaub, und auch aus persönlichem Interesse u. a. das Kulturamt in mein Dezernat übernommen hatte, kam es in der folgenden Zeit immer wieder zu Begegnungen mit Ernst Klusen – zunächst eher zufällig bei Veranstaltungen z.B. in der Festhalle. Ich habe dann aber das Gespräch gesucht. Und er war zu meiner Freude dazu gern bereit. So wurden aus

Dr Karl-Heinz van Kaldenkerken, Schaub's successor, also accepted the advice of Klusen. I spoke about this with him on the occasion of the celebrations of Prof. Dr Ernst Klusen's 100th birthday in October 2009.[61] Subsequently, the long-standing Town Manager of Viersen (1959-1974) wrote to me:

"We met one another in a curious manner in a typical 'Klusen fashion'. It was shortly after I had taken up my position as Town Manager of the Town of Viersen in the spring of 1959. In recognition of my right as representative of the town to take part in the school leaving examination, I went one morning to the Humanities Boys' Secondary School in Lindenstraße. Curious about what awaited me there, both as Town Manager and as a 33-year-old new resident of Viersen, I entered the house and was received by a man in his middle years with a welcoming and friendly gesture. 'So, you're the new Town Manager? My name is Klusen. I'm examining the music here'. After he had looked at me really carefully for a moment, he continued. 'Good that I didn't just meet you in the examination room. You look so young that I would perhaps have examined you as one of the school leaving candidates by mistake'."

His characteristic subtle humour continued in the music examination. The candidate had to answer the question: "Is there such a thing as pious music? As an example, listen to: A Virgin's Prayer." The candidate understood the irony and received a good mark.

Since among other things I had taken over the Culture Department, following the example of my predecessor in office Dr Carl Schaub – and also out of personal interest – I met again and again with Ernst Klusen – firstly, by chance at events, for example, in the Festival Hall. Then, however, I sought out conversations with him. To my delight he was happy to meet. And so these conversations

Dr. Ernst Klusen, am Städt. Hum. Gymnasium Viersen tätig von 1938 bis 1962, danach Prof. an der Pädagogischen Hochschule Neuss
Doctor Ernst Klusen at the town Humanistisches Gymnasium from 1938 to 1962, afterwards Professor at the Pädagogische Hochschule Neuss

Dr. Carl Schaub, Viersener Oberstadtdirektor von 1946 bis 1958
Dr Carl Schaub, Town Manager of Viersen 1946-1958

den Pausengesprächen dann verabredete Treffen, bei denen wir das kulturelle Leben in der Stadt, wie es sich darstellte und wie es sich entwickeln sollte und könnte, diskutierten. Sein fachlicher Kenntnis- und Erfahrungsschatz gaben mir wertvolle Anregungen ebenso wie Anlässe zu kritischem Hinterfragen. Ganz wichtig war dabei auch sein Rat und Urteil über die Erhaltung hoher Qualität unserer Projekte im Rahmen der in unserer Mittelstadt beschränkten finanziellen Möglichkeiten".[62]

during intervals became planned meetings, during which we discussed the cultural life of the town, the form it took and how it could and should develop. His expert knowledge and wealth of experience gave me useful suggestions as well as occasion for critical scrutiny. What was really important was his advice and judgement about the maintenance of the high quality of our projects within the reduced financial circumstances of our medium-sized town."[62]

In Würdigung der Verdienste Prof. Dr. Ernst Klusens um das Viersener Musikleben benannte die Stadt Viersen 2009, im Jahr seines 100. Geburtstages, den kleinen Saal der Festhalle „Ernst-Klusen-Saal".

Kehren wir in die 1940er Jahre zurück. Die Zusammenarbeit mit der Nachbarstadt M. Gladbach war der städtischen Viersener Kulturarbeit weiter wichtig, aber schon bald kommen auch andere Namen ins Spiel. In seiner Sitzung am 10. Juni 1948 sah sich der Kulturausschuss mit dem Umstand konfrontiert, dass über die Essener Konzertdirektion Berry sechs Konzerte des Orchesters vom Nordwestdeutschen Rundfunk (NWDR) angeboten wurden. Einerseits war das Angebot verlockend, andererseits bestand Konsens, „dass die Verbindung mit M. Gladbach aufrecht erhalten" bleiben müsse.[63]

Der Frage nach dem finanziellen Risiko wurde bei der Veranstaltungsplanung große Bedeutung beigemessen. Im Falle der Kooperation mit M. Gladbach lag das Risiko bei der Nachbarstadt, während Berry zur Bedingung machte, dass die Konzerte des NWDR-Orchesters „auf Risiko der Stadt Viersen stattfinden sollen." Der Oberstadtdirektor schlug schließlich vor, drei Konzerte von M. Gladbach und vier vom NWDR unter der Bedingung zu übernehmen, dass alle Veranstaltungen „auf das Risiko der Veranstalter durchgeführt werden."

Schon sechs Wochen später kommt man zu einem anderen Ergebnis.[64] Oberstadtdirektor Schaub berichtet am 28. Juli 1948 dem Kulturausschuss von seinen Verhandlungen mit dem Generalintendanten Fritz Kranz von den Gladbach-Rheydter Bühnen und dem Generalmusikdirektor Romanus Hubertus vom M. Gladbacher Orchester sowie mit der Agentur Berry. Dabei stellte sich das Angebot Berrys als das deutlich günstigere heraus. Berry verlangt

In appreciation of the work of Prof. Dr Ernst Klusen for the musical life of Viersen, in 2009, to mark his 100th birthday, the small performance space in the Festival Hall was named "Ernst-Klusen-Saal".

Let us return to the 1940s. Cooperation with the neighbouring town of M. Gladbach continued to be important to the municipal, cultural work of Viersen, but soon other names came into play. At its meeting on 10 June 1948 the Culture Committee was dealing with the fact, that through Berry Concert Management from Essen six orchestral concerts from Northwest German Radio (NWDR) were on offer. On the one hand the offer was attractive, but on the other hand there was a consensus "that the connection with M. Gladbach should be maintained".[63]

Much importance was attached to the question of financial risk in the planning of events. In the case of cooperation with M. Gladbach, the risk lay with the neighbouring town, whereas Berry made it a requirement that for the concerts of NWDR "the risk should be borne by the town of Viersen". The Town Manager eventually suggested that three concerts would be taken from M. Gladbach and four from NWDR, under the condition that "the risk with all events be borne by the organizers of the events".

Only six weeks later there was another outcome.[64] The Town Manager Schaub reported on 28 July 1948 to the Culture Committee about his negotiations with the director Fritz Kranz of the Gladbach-Rheydt Theatres and the General Music Director Romanus Hubertus from M. Gladbach orchestra, as well as with the Berry Agency. In the process it turned out that Berry's offer was far more favourable. For a concert by the NWDR Orchestra, Berry demanded either a fixed sum of 2,300 DM or a

für ein Konzert des NWDR-Sinfonieorchesters entweder einen Festbetrag von 2.300 DM oder eine Garantie von 1.800 DM, sofern die Agentur Berry als Veranstalter fungiert. Dagegen wird vom Gladbach-Rheydter Orchester ein Preis von 3.000 DM pro Konzert verlangt. Der Ausschuss beschließt, nicht mehr das Gladbach-Rheydter Orchester zu verpflichten, da das Angebot der Agentur Berry nicht nur finanziell günstiger ist, sondern das NWDR-Orchester „für qualitativ besser gehalten wird".

Was die grundsätzliche finanzielle Situation betrifft, so betont der Ausschuss einerseits „dass die Stadt für ihre kulturellen Veranstaltungen Opfer zu bringen habe", es also nicht ohne städtische Zuschüsse geht. Andererseits steht dabei die Verhältnismäßigkeit außer Frage. Es blieb unstrittig, dass „die schwierige finanzielle Situation gebührend berücksichtigt werden müsse." Deswegen soll versucht werden, bei den NWDR-Konzerten eine Gewinnbeteiligung zu erreichen, „falls der Erlös den Betrag von 2.300 DM übersteigt".[65]

Am 9. August 1948 berichtet Oberstadtdirektor Dr. Schaub vom Ergebnis seiner Verhandlungen mit der Konzertdirektion Berry. Die Agentur berechnet pro Konzert 1.800 DM und übernimmt alle Kosten mit Ausnahme „der rein örtlich entstehenden Kosten – im wesentlichen also die Reklame". Diese hat die Stadt Viersen selbst zu tragen.

Die Kosten sind selbstverständlich in der damaligen Relation zu sehen. In diesem Zusammenhang seien kurz die Abonnementspreise genannt, die in dieser Sitzung beschlossen wurden:

17 DM für den ersten Platz,
13 DM für den zweiten Platz,
 9 DM für den dritten Platz,
 5 DM für den vierten Platz.[66]

guarantee of 1,800 DM, provided that the Berry Agency functioned as event organiser. In contrast, the Gladbach-Rheydt Orchestra demanded a price of 3,000 DM per concert. The Committee decided no longer to engage the Gladbach-Rheydt Orchestra, since the offer from the Berry Agency was not only financially more viable, but also the NWDR Orchestra was considered to "be of a higher standard".

With regard to the basic financial situation, the Committee stressed on the one hand "that the town would have to make sacrifices for its cultural events", and thus it could not function without municipal subsidies. On the other hand, it remained indisputable that "the difficult financial situation had to be duly taken into account". Therefore, the aim should be to have a profit-sharing mechanism for the NWDR Concerts "in the event that the proceeds exceeded the sum of 2,300 DM".[65]

On 9 August 1948 the Town Manager Dr Schaub reported on the results of his negotiations with Concert Director Berry. The Agency calculated 1,800 DM per concert and took over all costs, with the exception of "the specifically local spendings which arose to – essentially the cost of advertising". The town of Viersen had to bear this cost.

The costs are of course to be seen in the context of that era. The subscription prices decided upon in the meeting were listed:

17 DM for the first seat
13 DM for the second seat
 9 DM for the third seat
 5 DM for the fourth seat[66]

The question about whether to host the NWDR Orchestra or the orchestra of the neighbouring town be-

Die Frage, ob Rundfunkorchester oder Orchester der benachbarten Großstadt, wird zu einem Politikum auf Landesebene. Am 26. August 1948 wendet sich Oberstadtdirektor Dr. Schaub schriftlich an den Oberbürgermeister Hülser und teilt ihm seine Sorge mit, dass „doch immerhin beachtliche Bestrebungen im Gange (sind), dem Rundfunk die Abhaltung von Konzerten zu untersagen".[67] Er fügt hinzu: „Ich bin der Meinung, dass damit die Kulturbestrebungen der Mittelstädte in einer Weise gehemmt werden, die nicht zu vertreten ist". Es sei nicht einzusehen, „warum nicht den Bewohnern der Mittelstädte erstklassige Konzerte mit guten Solisten durch den Rundfunk geboten werden sollen." Schaub bezieht sich auf einen Brief des schon erwähnten Konzertagenten Berry vom 24. August 1948 an ihn mit der Mitteilung, dass „gegen die Sinfoniekonzerte des NWDR von den Kulturdezernenten einzelner Städte Sturm gelaufen" wird. Berry kommentiert, dass „vor der Währungsreform die Kulturorchester der größeren Städte für andere Zwecke kaum verfügbar waren". Sie hätten ihre Orchester „unnötig aufgebläht" und sähen „jetzt, wo Geldmittel nicht mehr im Überfluss vorhanden sind", in den Konzerten des Rundfunks eine unangenehme Konkurrenz".[68] Berry fügt ein Schreiben des Velberter Kulturdezernenten bei,[69] in dem es heißt, „beim Landtag sei eine Gesetzesvorlage eingebracht worden oder werde noch vorgelegt, wonach den Rundfunkorchestern die Veranstaltung von öffentlichen Konzerten (außerhalb des Rundfunksenders) verboten werden soll".[70]

Schaub teilt Hülser mit, dass er am 25. August 1948 im Landtag mit der CDU-Kultusministerin Christine Teusch über diese Angelegenheit gesprochen habe. (Christine Teusch wurde am 19. Dezember 1947 vom Ministerpräsidenten Karl Arnold zur Kultusministerin berufen und behielt dieses Amt bis 1954.)

came a political issue at federal state level. On 26 August 1948 the Town Manager Dr Schaub wrote to Lord Mayor Hülser and informed him of his concern that "there were still considerable efforts ongoing to prohibit the NWDR from holding the concerts".[67] He added: "It is my opinion that the cultural efforts of the middle-sized towns will be hampered in a manner which is not acceptable." It is not clear "why the inhabitants of middle-sized towns ought not to be offered first class concerts with good soloists through the NWDR". Shaub referred to a letter to him from the already mentioned Concert Agent, Berry, of 24 August 1948 with the information that "strong opposition was brewing on the part of some Heads of Cultural Affairs of particular cities against the symphony concerts of NWDR. Berry commented that "before the currency reform the cultural orchestras of the bigger cities were hardly available at all for other purposes". They had "unnecessarily inflated" their orchestras and, "now that financial resources are not available in abundance", would see that the NWDR concerts were an unpleasant source of competition".[68] Berry enclosed a letter from the Head of Cultural Affairs of Velbert,[69] in which it says, "in the state parliament there was a draft bill proposed or about to be presented, whereby the organization of public concerts (outside of the broadcasting station) was to be forbidden to Radio Orchestras".[70]

Schaub informed Hülser that on 25 August 1948 he had spoken in parliament with CDU Culture Minister Christine Teusch about this issue. (Christine Teusch was appointed Culture Minister by Minister-President Karl Arnold on 19 December 1947 and held office until 1954.)

Schaub reported to Hülser that he "could see that Mrs Teusch was inclined to not allow the Radio Stations these concerts if possible".[71] Apparently, however, she

Schaub berichtet Hülser, dass er „feststellen konnte, dass Frau Teusch der Auffassung zuneigt, dem Rundfunk diese Konzerte möglichst nicht zu gestatten".[71] Offensichtlich konnte sie sich aber mit ihrer Position nicht durchsetzen. Dies lehrt ein Blick auf die Festhallenkonzerte der frühen Jahre. Während in der Saison 1947/48 alle fünf Sinfoniekonzerte vom Städtischen Orchester M. Gladbach gespielt werden, ist in der Saison 1948/49 in allen fünf Sinfoniekonzerten das Kölner Rundfunk-Orchester mit verschiedenen Dirigenten zu Gast. In der Saison 1949/50 übernimmt dieses Orchester vier der sechs Konzerte. Zu je einem kommen die Berliner Philharmoniker mit Wilhelm Furtwängler und das Orchester der Stadt Duisburg mit Georg Ludwig Jochum. In den folgenden Jahren gastiert das M. Gladbacher Orchester nicht mehr. Das Kölner Rundfunk-Orchester ist dagegen 1950/51 in drei von sieben und 1951/52 in zwei von fünf Konzerten vertreten.

Beim Theater bleibt die Verbindung mit den Bühnen der Nachbarstadt M. Gladbach ein Jahr länger erhalten. Während die Sinfoniekonzerte in der Saison 1948/49 ausschließlich „den Kölnern" überlassen werden, werden die Theateraufführungen vom M. Gladbach-Rheydter Haus übernommen. In der Ankündigung für die Spielzeit 1949/50 heißt es dann zur Sparte Theater: „Erstmalig werden zur Bespielung der Festhalle drei verschiedene Bühnen hinzugezogen." Zusätzlich zu den weiterhin verpflichteten „Gladbachern" (Schauspiel und Operette) kommen jetzt die Städtischen Bühnen Köln mit ihrer Oper und die Düsseldorfer Städtischen Bühnen mit ihren renommierten Schauspielern. Angekündigt werden Gustaf Gründgens, Marianne Hoppe und Horst Caspar!

In den Ratsprotokollen der Jahre 1945 bis 1956, also der Gründungs- und Blütezeit der Festhallenveranstaltungen,

was not able to impose her view. A glance at the Festival Hall concerts of the early years tells us this. While in the 1947/48 season all five symphony concerts were played by the Town Orchestra of M. Gladbach, in the 1948/49 season all five symphony concerts were played by the Cologne Radio Orchestra under different guest conductors. In the 1949/50 season this orchestra took over four of the six concerts. The remaining two concerts where given by the Berlin Philharmonic with Wilhelm Furtwängler and the Duisburg Town Orchestra with Georg Ludwig Jochum, respectively. In the following years the M. Gladbach Orchestra no longer appeared. The Cologne Radio Orchestra however played in three out of seven concerts in the 1950/51 season and in two out of five concerts in the 1951/52 season.

The ties with the theatre of the neighbouring town of M. Gladbach remained in place for a further year. While the symphony concerts in the 1948/49 season were without exception left to the "Cologne people", the theatre performances were taken over by the M. Gladbach-Rheydt Theatre. In the advertisement about the 1949/50 season it says in relation to the category Theatre: "For the first time three different theatres are involved in the performances in the Festival Hall." In addition to the "Gladbachers" who were still contracted (drama and operettas) came the municipal theatres of Cologne with their opera and the Düsseldorf municipal theatres with their prestigious actors. Gustaf Gründgens, Marianne Hoppe and Horst Caspar were announced!

In the Council's minutes for the years 1945 to 1956, the inauguration years and heyday of the Festival Hall events, one looks almost in vain for debates or votes on cultural political questions. Concerts and theatrical performances in the Festival Hall were not dealt with, in any case

sucht man fast vergeblich nach Debatten oder Abstimmungen zu kulturpolitischen Fragen. Konzerte und Theater in der Festhalle wurden nicht thematisiert, jedenfalls nicht protokolliert.[72] Zumindest lässt sich nichts Nennenswertes über kulturpolitische Diskussionen im Rat finden. Die Diskussionen fanden im Kulturausschuss statt;[73] seine Entscheidungen wurden wohl vom Rat in der Regel übernommen.

Um kulturell Inhaltliches geht es im Rat in diesem Zeitraum nur einmal, und da fühlt man sich beim Lesen sehr plötzlich in die frühen 1950er Jahre versetzt. Auf „gemeinsamen Antrag der Fraktionen der CDU und des Zentrums" in der Ratssitzung am 22. Februar 1951 sollen Viersens Kinobesitzer aufgefordert werden, den Film „Die Sünderin" nicht zu zeigen. Der Film verstoße nach „Ansicht der Landesregierung Nordrhein-Westfalen … einwandfrei gegen die Sittengesetze" und stelle „nach der Meinung der Katholischen und Evangelischen Kirche geradezu ‚eine Schule der Unmoral' dar." Der Antrag, der einstimmig angenommen wurde, endet mit der Aufforderung an die Stadtverwaltung:
„Sollte unser Appell (an die Kinobetreiber) auf taube Ohren stoßen, so fordern wir Stadtverwaltung, insbesondere das Jugendamt auf, mit allen zur Verfügung stehenden Mitteln den Eintritt Jugendlicher zu den Aufführungen zu verhindern".[74]

Offensichtlich ist der einstimmige Appell des Rates bei Viersens Kinobesitzern auf taube Ohren gestoßen, denn ich erinnere mich noch gut daran, wie von der Kanzel (der St. Remigiuskirche) mit Nachdruck vom Besuch dieses Filmes abgeraten wurde – vorsichtig formuliert.
Ich habe Jahrzehnte später diesen Film im Fernsehen gesehen und wie viele andere die damalige Aufregung nicht verstanden. Aber es entbehrt nicht der Kuriosität, dass „Die Sünderin" für den Rat der Stadt Viersen zwischen

they are not on record.[72] At least, there is nothing of note about cultural political discussions in the Council. The discussions took place at the Culture Committee[73] and its decisions were generally accepted by the Council.

The Council dealt with cultural content in this period only once, and while reading it you feel relegated to the early 1950s. At the "mutual request of the parliamentary groups of the CDU and of the Zentrum", in the Council Meeting on 22 February 1951, Viersen cinema owners were requested not to show the film "The Sinner". The film contravened "according to the view of the federal state government of North Rhine-Westphalia … all moral norms" and represented "in the opinion of the Catholic and Evangelical Churches a downright 'breeding ground of immorality'". The request, which was unanimously accepted, ended with the call to the Town Administration:
"If our appeal (to the cinema operators) falls on deaf ears, we urge the Town Administration, in particular the Youth Welfare Office, to use all available means to prevent the attendance of young people at the performances."[74]

Clearly, the unanimous request fell on deaf ears with Viersen's cinema owners, because I well remember how from the pulpit (of the St. Remigius Church) we were emphatically advised against going to this film – to put it mildly.
Decades later I saw this film on television and, like many others, I could not understand why the concern. But it certainly is surprising that for the Council of the Town of Viersen between 1945 and 1956 *The Sinner* was by all accounts the only occasion of a recorded content statement made on a cultural topic.

1945 und 1956 allem Anschein nach der einzige Anlass für eine protokollierte inhaltliche Aussage zu einem kulturellen Thema bleibt.

Allerdings darf daraus nicht voreilig auf ein Desinteresse der Ratsmitglieder am Viersener Kulturleben geschlossen werden. Vielmehr ist anzunehmen, dass kein großer Diskussionsbedarf entstand, weil man an der Arbeit des Kulturausschusses und der Verwaltung nichts auszusetzen hatte. Einige Streiflichter machen das deutlich. So würdigt Oberbürgermeister Hülser ausdrücklich am 27. Juni 1951 anlässlich der Einweihung des neuen Rathauses auf der Bahnhofstraße die weitsichtige Viersener Kulturpolitik, die sich (zusammen mit der Verkehrspolitik) das Verdienst erworben habe, der Stadt „im Kranz der benachbarten Gemeinden" zum Namen ‚lebendiges Viersen' verholfen zu haben".[75]

Was die finanzielle Förderung betrifft, so ist von einer Diskussion um den Kuluretat nichts zu finden. Als beispielsweise in einer Ratssitzung am 16. März 1954 die Rede darauf kommt, verweist der Ratsherr und spätere Oberbürgermeister Dr. Franz-Josef Zevels „auf die einstimmige Annahme des Kulturhaushaltes".[76] Der Hinweis genügte – es gab keine weiteren Fragen.

Und ein Jahr später, am 15. Juli 1955, darf Oberstadtdirektor Schaub resümieren:
„Wenn sich der Rat der Stadt zur Aufstellung dieses Gesamtprogrammes in bemerkenswerter Einmütigkeit zusammenfand, so bekundet er dadurch gleichzeitig seinen Willen zur echten und geistigen Kulturpflege im Rahmen des gesamten Wiederaufbaues unserer kriegszerstörten Stadt".[77]

Ein deutliches Signal für ein anspruchsvolles Kulturprogramm setzte schon früh Dr. Richard Meusers mit seinem – nach eigener Aussage 1946 gestarteten – erfolgrei-

However, it cannot be hastily concluded that there was a lack of interest on the part of the Council Members in Viersen Cultural Life. Rather it is to be assumed that no big need for discussion emerged, because no fault was to be found with the work of the Culture Committee and the Administration. Some points make this clear. For instance, Lord Mayor Hülser expressly acknowledges, on 27 June 1951, on the occasion of the opening of the new Town Hall on Bahnhofstrasse, the long-sighted Viersen cultural policy, which – together with transport policy – earned for the town "in the circle of the neighbouring communities" the name "lively Viersen".[75]

With regard to financial support, there is no trace of a discussion about the arts budget. For example, when it was mentioned in the Council session of 16 March 1954, the Councillor and later Lord Mayor Dr Franz-Josef Zevels referred "to the unanimous adoption of the cultural budget".[76] This reference was enough – there were no further questions.

And a year later, on 15 July 1955, the Town Manager Schaub was able to summarize:
"If the Town Council worked together on the setting up of this entire programme with remarkable unanimity, it shows, at the same time, its desire to achieve a genuine and intellectual culture within the context of the overall reconstruction of our war-torn town."[77]

A clear signal for an ambitious cultural programme had already been put in place by Dr Richard Meusers which began in 1946 – according to his own statement – with his successful attempt to invite the Berlin Philharmonic to the Festival Hall. Meusers had been recruited in March 1945 by the Viersen Town Administration, firstly as a clerk, and then later as the first Alderman and dep-

chen Versuch, die Berliner Philharmoniker in die Festhalle zu holen. Meusers war im März 1945 von der Viersener Stadtverwaltung eingestellt worden, zunächst als Sachbearbeiter, später als erster Beigeordneter und Vertreter des Oberstadtdirektors. 1949 beendete er seine Tätigkeit für die Stadt Viersen „und wechselte in die Industrie".[78] Mit der Verpflichtung der Berliner Philharmoniker hatte er einen Maßstab gesetzt. Dass in der Folgezeit Politik und Verwaltung in Viersen erfolgreich daran arbeiteten, Orchester der Spitzenklasse nach Viersen zu holen, war vor allem, auch nach der Einschätzung von Dr. Meusers, ein Verdienst des damaligen Oberstadtdirektors Dr. Carl Schaub.[79]

Am 13. März 1945 wurde Schaub (1893-1979) von der britischen Militärregierung zum Oberbürgermeister ernannt. Als mit dem Jahreswechsel 1945/46 auf Anordnung der Militärregierung die „preußische Bürgermeisterverfassung" durch das „Clerk System" mit der „Doppelspitze" von Oberbürgermeister und Oberstadtdirektor ersetzt wurde, entschied sich Schaub nach neunmonatiger Amtszeit als Oberbürgermeister für die Funktion des Oberstadtdirektors. Am 19. Februar 1946 wurde er vom erstmals am 3. Januar dieses Jahres zusammengetretenen Stadtrat in geheimer Abstimmung in dieses Amt gewählt. Er nahm es bis zum 27. Juli 1958 wahr.[80] In das Ehrenamt des Oberbürgermeisters wurde Hermann Hülser am 19. Februar 1946 von der Stadtvertretung gewählt.[81] Sechsmal wiedergewählt, nahm er es bis zum 6. Oktober 1966 20 Jahre lang wahr.[82]

Zweifellos standen mit der Doppelspitze Hülser/Schaub zwei Persönlichkeiten an der Spitze der Stadt, die, wie Meusers formulierte, „weit über den Durchschnitt herausragten".[83] Der volkstümliche und beliebte, zielstrebige und energische Hermann Hülser arbeitete erfolgreich an den politischen Rahmenbedingungen. Dabei dürfte ihm sei-

uty of the Town Manager. In 1949 he ended his work for the town of Viersen and "tranferred to employment in the industry".[78] With the engagement of the Berlin Philharmonic he had put down a marker. It was particularly to the credit of the Town Manager of the time, Dr Carl Schaub – a view confirmed by Dr Meusers – that in the subsequent period the politicians and the administration successfully worked on inviting top quality orchestras to Viersen.[79]

On 13 March 1945 Schaub (1893-1979) was appointed Lord Mayor by the British Military Government. In 1946, on an order from the Military Government, the "Prussian Mayoral Constitution" was replaced through the "clerk system" by the "dual chairmanship" of Lord Mayor and Town Manager. After being Lord Mayor for nine months, Schaub opted for the role of Town Manager. On 19 February 1946 he was voted into this role by secret ballot by the town council whose first meeting of the year took place on 3 January. He held this position until 27 July 1958.[80] On 19 February 1946 Hermann Hülser was chosen by the town administration for the honorary role of Lord Mayor.[81] He continued in this role for 20 years, as he was returned by ballot six more times.[82]

Doubtless, with the dual chairmanship of Hülser and Schaub, there were two personalities in town leadership who, as Meusers put it, "were well above average".[83] The popular and beloved, and both determined and energetic, Hermann Hülser worked successfully on the basic political framework. His tendency to accumulate offices must have helped him to develop and cultivate important contacts. Even the mention "of just some of the more important of these honorary posts" was impressive. On the occasion of his 60th birthday, the following announcement was made:

ne Neigung zur Ämterhäufung durchaus geholfen haben, wichtige Kontakte herzustellen und zu pflegen. Schon die Nennung „nur einiger der wichtigsten dieser Ehrenämter" ist beeindruckend. Anlässlich seines 60. Geburtstages ist zu lesen:

„Herr Hülser, der Mitinhaber und Leiter der stadtbekannten Firma Joh. Peters sen. ist, vertritt die Stadt Viersen auch als Landtagsabgeordneter der CDU im Landtage Nordrhein-Westfalen. Seine langjährige verdienstvolle Tätigkeit im Dienste der freiwilligen Feuerwehr, deren Leitung auch heute noch in seinen Händen liegt, ist bekannt. Durch seine Tätigkeit in den verschiedensten Ehrenämtern wirtschaftlicher und politischer Organisationen ist er eine der angesehensten Persönlichkeiten des Niederrheinbezirks geworden. Nur einige der wichtigsten dieser Ehrenämter seien hier genannt. U. a. ist Herr Hülser Vizepräsident der Industrie- und Handelskammer, Handelsrichter beim Landgericht M. Gladbach, Vorsitzender des Aufsichtsrates der Viersener Aktienbau-Gesellschaft, Vorstandsmitglied der Wirtschaftsvereinigung Groß- und Außenhandel, Landesverband Nordrhein-Westfalen, Präsident des Großhandelsverbandes des Lack- und Farbenfaches in der britischen Zone und 1. Vorsitzender in der bizonalen Organisation des gleichen Verbandes, Vorstandsmitglied des Kirchenvorstandes St. Remigius."[84]

Die treibende Kraft für die Kultur war Dr. Carl Schaub. Er entstammte einer angesehenen Viersener Familie. Sein Vater war Kaufmann, ein Großvater Mitbegründer der Samtfabrik Schaub & Heckmann. Schaub studierte Jura, 1920 bestand er das Referendar-, 1923 das Assessorenexamen. 1924 promovierte er zum Dr. jur. Sein für Viersen so fruchtbares lebhaftes Interesse an Kulturpolitik wurzelte in familiärer Tradition.

Dass Schaub schon früh nach dem Krieg kulturpolitisch erfolgreiche Auslandskontakte knüpfen konnte, war ein

"Mr Hülser, who is the co-owner and director of the Company Joh. Peters senior, which is known all over the town, also represents the town of Viersen as a state parliamentary deputy for the CDU in North Rhine-Westphalia. His many years of commendable work in the service of the voluntary fire brigade, whose management is still in his hands today, is well known. Through his work in the most varied honorary positions of economic and political organizations he has become one of the most respected people of the Lower Rhine District. Only some of the most important of these honorary positions can be cited here. Mr Hülser is Vice President of the Chamber of Commerce, a commercial judge in the County Court of M. Gladbach, Chairperson of the Board of Supervisors of the Viersen stock building company, board member of the Trade Association of Wholesale and Foreign Trade of the Regional Association of North Rhine-Westphalia, President of the Wholesale Association of the Varnish and Paint Trade in the British Zone, First Chairman in the two-zone organisation of the same association, Board Member of the Church Council of St. Remigius."[84]

The driving force for culture was Dr Carl Schaub. He was descended from a respected Viersen family. His father was a businessman, and his grandfather was a co-founder of the velvet factory Schaub & Heckmann. Schaub studied law. In 1920 he passed the First State Examination in Law and in 1923 completed the Bar Examinations. In 1924 he completed his Dr jur. His keen interest in cultural politics, so fruitful for Viersen, was rooted in his family background.

Another basis for the quality of the Festival Hall concerts was that quickly after the war Schaub was able to establish successful cultural and political foreign contacts. He also had the benefit of not being politically burdened by

weiteres Fundament für die Qualität der Festhallenkonzerte. Dabei kam ihm zugute, dass er politisch nicht durch den Nationalsozialismus belastet war. Zwar sympathisierte er in der Weimarer Republik zunächst noch mit nationalkonservativen Kreisen und wurde 1924 Mitglied der Deutschnationalen Volkspartei. Für sie gehörte er von 1924 bis 1928 der Viersener Stadtverordnetenversammlung an. 1928 führte die Übernahme des Parteivorsitzes durch Alfred Hugenberg dazu, dass Schaub aus dieser Partei austrat. Schaub sah die Radikalisierung der Parteiführung, ihm passte die Richtung nicht mehr. Als 1933 die Nazis an die Macht kamen, zog er sich mit seiner – im Jargon der Nazis halbjüdischen – Frau und seinen beiden Kindern vom öffentlichen Leben zurück und arbeitete als Anwalt.[85]

Schon am 13. Juni 1945, als noch kein Rat gewählt war, lud Schaub als Oberbürgermeister die „von ihm ernannten Mitglieder der vorläufigen Vertretung der Bürgerschaft" ein.[86]
Erwartungsgemäß ging es um die damals elementaren Dinge: um die Ernährungslage und die Wohnsituation der Bevölkerung, um die Beschaffung von Heizmaterial, um die Herstellung einer funktionsfähigen Infrastruktur, um Krankenhäuser und Apotheken. Interessant ist aber doch, dass Schaub am Schluss seiner Ausführung mit einem Zitat von Hans Carossa nicht nur sein literarisches Interesse anklingen lässt, sondern dass er schon hier darauf insistiert, dass für ihn die kulturelle Versorgung mit der materiellen im Zusammenhang gesehen werden muss. Er fordert die Bürgerschaftsvertreter auf, sich mit einem Wort Hans Carossas „zum Orden derer" zu bekennen, „ denen alle Länder und Meere der Welt nicht genügen würden, wenn das Reich des Geistes und des Herzens unerobert bliebe".[87] So formulierte Schaub 1945; in den folgenden Jahren ließ er seinen Worten Taten folgen.

National Socialism. Indeed, at the beginning he was in sympathy, in the Weimar Republic, with national conservative circles and was a member of the German National People's Party in 1924. For them he belonged to the Viersen town council from 1924 until 1928. In 1928 the assumption of the chairmanship by Alfred Hugenberg led to Schaub leaving the party. Schaub could see the radicalization of the party leadership, and he did not like the direction they were taking. When the Nazis came to power in 1933, he pulled away from public life with his wife – in Nazi jargon, she was half Jewish – and two children and worked as a solicitor.[85]

As early as 13 June 1945, when a council had not yet been voted in, Schaub, as Lord Mayor, invited the "members of the interim representation of the citizenship he had appointed".[86]
As expected, they were concerned with things that were elementary at that time: the food and housing situation of the population, the acquisition of heating fuel, the provision of viable infrastructure, of hospitals and pharmacies. It is of interest, however, that Schaub at the end of his presentation not only used a quotation from Hans Carossa, thus showing his interest in literature, but that he insisted that for him cultural concern had to be seen in tandem with material welfare. He invited the citizens' representatives, in the words of Hans Carossa: "to join with those for whom all lands and seas of the world would never be enough if the kingdom of the spirit and of the heart was left unconquered".[87] This is what Schaub wrote in 1945; in subsequent years he followed up his words with deeds.

Auch in den späteren Ratssitzungen lässt Schaub mit Literaturzitaten immer wieder durchblicken, wie wichtig ihm Kultur ist. Er zitiert aus Fontanes „Der Stechlin" zur Verleihung des Ehrenbürgerrechts an Agnes van Brakel[88] und hat 1951 in der Feierstunde, der „Festsitzung des Rates" zur Einweihung des neuen Rathauses auf der Bahnhofstraße am 27. Juni 1951 die passenden Shakespeare-Worte aus „König Heinrich V." parat:

„Ich folgre dies:
Dass viele Dinge, die zusammen stimmen
Zur Harmonie, verschieden wirken können,
Wie viele Pfeile da- und dorthin fliegen
Zu einem Ziel;
Wie viel verschiedne Weg' in eine Stadt,
Wie viele frische Ström' in eine See,
Wie viele Linien in den Mittelpunkt
An einer Sonnenuhr zusammenlaufen:
So, erst im Gang, kann tausendfaches Wirken
Zu einem Zweck gedeihn, wohl durchgeführt
Und ohne Mangel"[89]

Welchen Anteil hatte Schaub an der frühen Verpflichtung der Berliner Philharmoniker? Dr. Richard Meusers, von 1945 bis 1949 Beamter und später Beigeordneter der Stadt Viersen, diktierte im Winter 1994/95 seinen „Bericht über den Wiederaufbau der Stadt Viersen ab März 1945".[90] Darin schildert er seinen erfolgreichen „kuriosen Versuch, … mit einem ‚Butterbrot' die Berliner Philharmoniker nach Viersen zu holen".[91] Inwieweit Meusers allein die Ehre ganz oder jedenfalls fast ganz gebührt, oder ob er den Anteil der anderen (z. B. den von Schaub) unterbewertet, ist anhand der einsehbaren Akten heute nicht mehr festzustellen. Fritz Eisheuer schreibt, Kontakte zu den Berliner Philharmonikern habe „schon vor dem 2. Weltkrieg der Viersener Walter Michael Berten" geschaffen.[92]

Also in the later council sessions, by means of literary quotations Schaub hinted at how important culture was to him. He quoted from Fontane's "Der Stechlin" at the award of the freedom of the town to Agnes van Brakel,[88] and in 1951 during the ceremony of the "celebratory meeting of the council" for the opening of the new Town Hall on Bahnhofstraße on 27 June 1951 he was ready with apt words of Shakespeare from "King Henry V":

"I this infer,
That many things, having full reference
To one consent, may work contrariously;
As many arrows, loosed several ways,
Fly to one mark;
As many ways meet in one town;
As many fresh streams meet in one salt sea;
As many lines close in the dial's centre:
So may a thousand actions, once afoot,
End in one purpose, and be all well borne
Without defeat."[89]

What part did Schaub play in the early engagement of the Berlin Philharmonic? In the winter of 1994/95, Dr Richard Meusers, who was a clerk from 1945 until 1949 and later an Alderman of the town of Viersen, dictated his "report about the rebuilding of the town of Viersen beginning in March 1945".[90] There he portrayed his successful "curious attempt … to attract the Berlin Philharmonic to Viersen with a 'sandwich'".[91] To what extent the credit was completely or almost completely due to Meusers or whether he underrated the contribution of others can no longer be confirmed on the basis of available files. Fritz Eisheuer wrote that contact with the Berlin Philharmonic "had already been established before World War II by the Viersener Walter Michael Berten".[92]

Meusers beklagt sich, dass die Stadtspitze ihm „später nie wieder eine Einladung zu einem Konzert in Viersen (habe) zukommen lassen".[93] Ob Undankbarkeit oder Gedankenlosigkeit der Stadtspitze, ob Meusers seine eigenen Verdienste höher einschätzte als die seiner Kollegen, ob Konflikte oder Zerwürfnisse eine Rolle gespielt haben, ist mit den vorgefundenen Quellen nicht zu entscheiden. Auf jeden Fall gibt sein Bericht ein beredtes Zeugnis von den Problemen der Nachkriegszeit – und von dem Elan, aus der damaligen Situation das Beste zu machen und nichts unversucht zu lassen.

„Bei Theater- und Konzertveranstaltungen ist der Einsatz von Sonderstraßenbahnen für die Besucher vorgesehen". Dieser Hinweis im Programmheft „Kulturelle Veranstaltungen der Stadt Viersen 1948-49" wirft ein weiteres Licht auf die damaligen schwierigen Umstände.[94] Im Vorwort zu dieser Broschüre lässt Schaub anklingen, dass auf kulturellem Gebiet bereits viel erreicht wurde und dass sich Viersens Kulturpolitiker einig waren, trotz materieller Not weiter für ein anspruchsvolles Veranstaltungsprogramm zu sorgen. Datiert auf den 30. August 1948 schreibt Schaub: „Der Kulturausschuss der Stadt Viersen hat sich in zwei Sitzungen eingehend mit dem Kulturprogramm für den kommenden Winter befasst. Er ist der Auffassung, dass trotz der Not der Zeit und der schweren finanziellen Sorge, in der sich gerade jetzt die Gemeinden befinden, auch in der kommenden Saison der Ruf, den die Stadt Viersen auf kulturellem Gebiet sich erworben hat, erhalten bleiben muss."[5]

Und, zwei Seiten später:
„Die hochstehenden Konzertveranstaltungen der letzten Zeit haben mit Recht eine außerordentliche Anerkennung weit über Viersens Mauern hinaus gefunden. In der Tat boten die fünf Sinfoniekonzerte des M. Gladbacher Orchesters ... weitaus mehr, als man gewöhnlich von dem Musikleben ei-

Meusers complained that later the head of the town had "never again invited him to a concert in Viersen".[93]

Whether this was ingratitude or thoughtlessness on the part of the head of the town, or whether Meusers had considered his own merits superior to those of his colleagues, or whether conflicts or quarrels played a part, cannot be determined from the sources available. In any case, his report gave eloquent testimony to the problems of the postwar period – and to the drive to make the best of the current situation and to leave no stone unturned.

"Special trams have been scheduled for those attending theatre and concert performances." This information, which was in the programme notes "Cultural Performances of the Town of Viersen 1948-49", throws further light on the difficult circumstances of the time.[94] In the preface to this brochure, Schaub wrote that in the cultural field a significant amount had been achieved, and that Viersen's cultural politicians were agreed that despite material need, work would continue on an ambitious programme of events. On 30 August 1948 Schaub wrote:
"In two meetings, the Culture Committee of the town of Viersen has dealt thoroughly with the cultural programme for the coming winter. In its opinion, in spite of the hardship and the severe financial worries in which communities now find themselves, during the upcoming season the town of Viersen must keep up the reputation it has gained in the cultural field."[95]

And two pages later:
"The superior concert performances of recent times have rightly enjoyed extraordinary recognition which goes well beyond the walls of Viersen. In fact, the five symphony concerts by the M. Gladbach orchestra ... offered much

ner Mittelstadt erwarten konnte, ganz zu schweigen von den drei außerordentlichen Konzerten der Berliner Philharmoniker unter Sergiu Celibidache und der erhebenden Aufführung der Matthäus-Passion … unter G. L. Jochum"[96]

Schließlich macht Schaub auch noch deutlich, dass er und die Viersener Kulturpolitiker ihre Arbeit in einem größeren Zusammenhang sehen:

„Zugleich soll die Pflege guter Musik in immer weitere Kreise getragen und damit auch eine wertvolle soziale Aufbauarbeit geleistet werden"[97]

Die Bevölkerung nimmt das kulturelle Angebot an. Im Dezember 1947 wird resümiert:

„Wussten Sie schon, welchen Aufschwung das kulturelle Leben in der Stadt Viersen genommen hat? Die folgenden Zahlen sollen hierüber Auskunft geben. Nach den Erfahrungen der vorjährigen Theatersaison war es notwendig für die jetzige Spielzeit, für Schauspiel, Oper, Operette und Tanz zwei Abonnementserien aufzulegen, da die Zahl der Abonnenten stark gestiegen ist. So sind im Abonnement A 870 und im Abonnement B 739 Abonnenten vorhanden.

Dass auch das Konzertleben einen erfreulichen Aufschwung genommen hat, geht daraus hervor, dass z. B. das erste Sinfoniekonzert unter Romanus Hubertus eine Besucherzahl von rund 900 Personen aufzuweisen hatte …

Es darf behauptet werden, dass das Kulturprogramm der Stadt Viersen, soweit es das Theater- und Konzertprogramm umfasst, ein Niveau hält, dessen sich keine Großstadt zu schämen brauchte. Dass die Viersener Theater und Konzertfreunde dies zu würdigen wissen, geht aus den angeführten Zahlen der Abonnenten und Besucher hervor".[98]

Wie den „Viersener Mitteilungen" 1947 und 1948 weiter zu entnehmen ist, werden wegen der starken Nachfrage zahlreiche Abonnement-Veranstaltungen noch einmal im

more than one would normally expect in the musical life of a middle-sized town, not to mention the three exceptional concerts by the Berlin Philharmonic under Sergiu Celibidache and the inspiring performance of the Matthew Passion…under G. L. Jochum."[96]

Finally, Schaub made it clear that he and the Viersen cultural politicians saw their work in a wider context:

"At the same time the cultivation of good music should be extended to ever wider circles to achieve further valuable social development as well."[97]

The general public accepted the cultural offer. Summing up in December 1947:

"Did you know what a upswing the cultural life in the town of Viersen has had? The following figures provide the information. After the experiences of the previous theatre season it was necessary in the current season for theatre, opera, operetta and dance to issue two subscription series, as the number of subscribers has strongly increased. So, there are subscribers available for subscription A 870 and subscription B 739.

That concert life has also experienced a gratifying upturn is explained by the fact that the first symphony concert under Romanus Hubertus attracted an audience of 900… One could say that the cultural programme of the town of Viersen, as far as theatre and concerts are concerned, maintains a level which any large town would be proud of. The figures for subscriptions and audiences quoted attest to the fact that Viersen theatre and concert audiences appreciated this."[98]

As could be learned from the "Viersener Mitteilungen" in 1947 and 1948, because of the significant demand numerous subscription events were repeatedly returned to free sale whether for Lortzing's "Wildschütz"[99], Grill-

freien Verkauf wiederholt, ob es sich nun um Lortzings Wildschütz[99], Grillparzers „Der Traum – ein Leben"[100] oder um zeitgenössisches Musiktheater (Orff und Egk)[101] handelt.

Nur bei der Kammermusik hätte man gern mehr Zuhörer gewonnen. Schon kurz nach der Währungsreform (am 21. Juni 1948) werden „die Eintrittspreise in drastischer Weise herabgesetzt", um „der irrtümlichen Ansicht zu begegnen, Kammermusik wäre eine Angelegenheit für wenige mit hoher musikalischer Kunstbildung". Statt 5,- und 4,- DM werden jetzt nur noch 2,- und 1,- DM verlangt, im Abonnement um 25 % gekürzt, um „auch die Kammermusikveranstaltungen möglichst weiten Kreisen zugänglich zu machen".[102]

Wie schnell die Kulturveranstaltungen in der Viersener Festhalle auf überregionale Resonanz stoßen, wird schon daran deutlich, dass im Verzeichnis 1950/51 „Vorverkaufs- und Anmeldestellen des Kulturamts Viersen" nicht nur in Dülken und Süchteln, sondern auch in M. Gladbach und im niederländischen Venlo ausgewiesen sind.[103]

Auch wenn den Festhallen-Veranstaltungen große Bedeutung für Viersens Reputation bei anderen Gemeinden beigemessen wurde: Für den Oberstadtdirektor stand die kulturpolitische Aufgabe im Vordergrund:
„Es ist nicht so wesentlich, an dieser Stelle darauf hinzuweisen, dass durch dieses Beibehalten des bisher Gewohnten festgestellt wird, welchen Anklang die Veranstaltungen des städtischen Kulturamtes in Viersen und weit darüber hinaus gefunden haben. Wichtiger ist ein anderes:
Viersens kulturelle Veranstaltungen werden von allen Schichten der Bevölkerung besucht. In Zusammenarbeit mit den Gewerkschaften und den Schulen wird auch in der kommenden Spielzeit wieder das Ziel verfolgt, neue Kreise für die kul-

parzer's "Der Traum – ein Leben"[100] or a contemporary music theatre performance (Orff and Egk).[101]

It would just have been nice to have gained more listeners for chamber music. Shortly after the currency reform (21 June 1948) "the ticket prices were drastically reduced" in order "to confront the incorrect notion that chamber music was something reserved for the few with advanced musical training". Instead of 4 or 5 DM, the tickets were now 1 and 2 DM, and the subscription price was reduced by 25% "to make chamber music available to wide circles".[102]

How quickly cultural events in the Viersen Festival Hall met with national resonance is already made clear by the 1950/51 Directory "advanced sales and registration points of the Cultural Department Viersen" not only in Dülken and Süchteln, but also in M. Gladbach and in the dutch town of Venlo.[103]

Even when significant importance was attached to Viersen's reputation with other communities because of the Festival Hall events, for the Town Manager the cultural political task remained in the forefront:
"It is not so significant at this stage to highlight that the accustomed standards are retained, or how much the events of the Municipal Culture Department in Viersen and far beyond have gained in appeal. There is something else more important:
Viersen's cultural events are attended by all strata of the population. In cooperation with the unions and the schools in the next season the goal is to reach new circles with the cultural events of the town. Programme planning and price calculation will bear that in mind. In this, the fields of activity of the Cultural Department and the Adult Education Centre overlap with one another. The work of

turellen Veranstaltungen der Stadt zu gewinnen. Programm- und Preisgestaltung werden besonders darauf abgestellt sein. Hier berühren sich die Arbeitsgebiete von Kulturamt und Volkshochschule. Denn auch die Volkshochschularbeit wird in der kommenden Spielzeit durch Einführungsvorträge zu den städtischen Veranstaltungen Verständnis zu wecken versuchen. Deshalb darf auch wohl der folgende Gedanke ausgesprochen werden:

Es ist gelungen, die Viersener Festhalle für hochbedeutsame Kulturveranstaltungen zu nutzen. Sie dienen nicht der Stadt als Kulturfassade, sondern der Bürgerschaft zur geistigen Bereicherung. Und die Tatsache, dass immer mehr Besucher aus der Umgebung den Weg zu Viersens Festhalle finden, wird nicht vom wirtschaftspolitischen Gesichtspunkt gewertet, sondern vielmehr dankbar begrüßt in der Überzeugung, dass Viersen hier eine verantwortungsvolle Aufgabe glücklich erfüllt".[104]

Dafür, dass Viersen in den 1950er und 1960er Jahren ein für eine Mittelstadt überdurchschnittliches Kulturprogramm durchführen konnte und immer wieder illustren Künstlern und Ensembles die Fahrt nach Viersen schmackhaft machen konnte, lassen sich vor allem drei wesentliche Gründe anführen:

1. Die unzerstörte Festhalle – bei gleichzeitigem Mangel an geeigneten Konzertsälen in der Region.
2. Ein Oberstadtdirektor, dem Kultur persönlich viel bedeutete und der, vom Nationalsozialismus nicht belastet, schon vor dem Krieg wertvolle Verbindungen aufgebaut hatte und mit kompetenten Ratgebern befreundet war.
3. Die Tatsache, dass schon 1947 die Berliner Philharmoniker zu einem Konzert in die Festhalle gelockt werden konnten und danach regelmäßig in Viersen zu Gast waren. Damit wurde es für andere Dirigenten, Spitzenorchester, Kammermusiker, Opern- und Schauspiel-

the Adult Education Centre will, in the coming season, attempt to awaken understanding by means of introductory lectures at municipal events. Therefore, the following idea is worth mentioning:

"Using the Viersen Festival Hall for highly significant cultural events has been successful. They do not serve the town as a cultural façade, but they serve the citizenship as cultural enrichment. And the fact that more and more visitors from the area find their way to Viersen's Festival Hall is not valued from the economic and political standpoint, but instead gratefully welcomed in the conviction that Viersen is happy to be fulfilling a very responsible task."[104]

There are three main significant reasons for the fact that Viersen in the 1950s and 1960s could offer an outstanding cultural programme for a town of its size and consistently could attract illustrious artists and ensembles to make the trip to Viersen:

1. The undamaged Festival Hall while there was a lack of suitable concert halls in the area.
2. A Town Manager to whom culture was of great importance and who, not burdened by a National Socialist past, had built up useful contacts even before the war and who was on a friendly footing with competent advisers.
3. The fact that in 1947 the Berlin Philharmonic had already been enticed to hold a concert in the Festival Hall and afterwards regularly made guest appearances there. It then became desirable for other conductors, top orchestras, chamber musicians, opera houses and theatres to perform where "the Berliners" had played.

How soon early markers were laid down became clear from a glance at the date of the following protocol note of a Culture Committee meeting:

häuser erstrebenswert, ebenfalls da aufzutreten, wo „die Berliner" regelmäßig gastierten.

Wie früh schon wesentliche Markierungen gesetzt wurden, wird deutlich, wenn man bei der folgenden Protokollnotiz einer Kulturausschuss-Sitzung einmal genauer aufs Datum schaut:

„Der Vorsitzende (Ratsherr Konnertz, gho) sprach zu Beginn der Sitzung dem Oberstadtdirektor den Dank des Ausschusses für die Durchführung des umfangreichen und wertvollen Kulturprogramms in der Stadt Viersen aus. Er verwies hierbei insbesondere auf die Konzerte der Berliner Philharmoniker, des Rundfunkorchesters, auf die Aufführung der ‚Matthäus-Passion' … und auf die Theatervorstellung der Kölner Bühne, ‚Der seidene Schuh'".[105]

Mit diesen Sätzen wurde über eine Sitzung berichtet, die am 10. Juni 1948 stattfand!

"At the beginning of the meeting the chairman (Councilman Konnertz, gho) expressed the Committee's gratitude to the Town Manager for the implementation of the extensive and fine cultural programme in the town of Viersen. He pointed particularly to the concerts by the Berlin Philharmonic, to the radio station concerts, to the performance of the 'Matthew Passion' … and to the theatre performance of the Cologne Theatre, 'The Satin Slipper'."[105]

These words were the words used in reference to a meeting held on 10 June 1948.

Vor Veranstaltungsbeginn auf dem Festhallenvorplatz – 1950er Jahre
Before the beginning of the performance – 1950s

2. Sinfonie- und Kammerkonzerte

2.1 Die Berliner Philharmoniker in Viersen

Wie schon deutlich wurde, waren in der Nachkriegszeit für Viersens Politik und Verwaltung die materielle und die kulturelle Versorgung der Bevölkerung keine Gegensätze, sondern zwei Seiten einer Medaille. Gewiss gab es für die meisten Bürger 1945 und 1946 Wichtigeres, als die Berliner Philharmoniker in die Festhalle zu holen. Doch es galt die Devise: Das eine schließt das andere nicht aus. In seinem Bericht über den Wiederaufbau der Stadt Viersen ab März 1945 beschreibt der ehemalige Dezernent Dr. Richard Meusers eindrucksvoll, mit welchem Elan die Trümmer weggeräumt wurden und der Wiederaufbau erfolgte.[106]

Meusers wurde 1945 als „Sachbearbeiter für alle Wirtschaftsfragen"[107] eingestellt. 1946 wurde er „auf die Dauer von 12 Jahren zum Beigeordneten ernannt" und war, „solange die Stelle des Stadtdirektors unbesetzt" blieb, Stellvertreter des Oberstadtdirektors „an erster Stelle".[108]

Schon für 1946 konstatiert Meusers, dass die Viersener Bevölkerung „die Ärmel hochgekrempelt und kräftig zugelangt" hatte.[109] 1945 begab sich Meusers nach Schleswig-Holstein, um „größere Mengen an Rotkohl, Weißkohl und Grünkohl, darüber hinaus aber auch Saatkartoffeln und Saatgut zu bekommen" – im Tausch gegen „nicht unbeträchtliche Mengen von Textilien" aus Viersen.[110] Darüber hinaus fehlte es nicht an Initiative und Geschick, auch das kulturelle Leben wieder aufzubauen, dabei neue Akzente zu setzen und sich überraschend bietende Chancen zu nutzen.

Die Berliner Philharmoniker gehörten damals und gehören heute zweifellos zu den besten Orchestern der Welt.

2. Symphony and chamber concerts

2.1 The Berlin Philharmonic in Viersen

As has already become clear, the material and cultural care of the people of Viersen in the post-war period were not considered by the cultural and administrative bodies to be two different things, but two sides of the same coin. Clearly, there were for most citizens in 1945 and 1946 more important things to worry about than attracting the Berlin Philharmonic to the Festival Hall. But the motto was: the one does not exclude the other. In his report about the rebuilding of the town of Viersen of March 1945 the former Department Head, Dr Richard Meusers, described convincingly with how much élan the rubble was cleared away and the rebuilding was done.[106]

Meusers was recruited in 1945 as "clerk for all economic issues".[107] In 1946 he was "appointed Alderman for a period of 12 years" and, "as long as the position of Town Clerk" was unoccupied, was "the preferred" deputy of the Town Manager.[108]

Meusers established that already in 1946 the Viersen population had "rolled up their sleeves and got vigorously involved".[109] In 1945 Meusers went to Schleswig-Holstein to get "large amounts of red cabbage, white cabbage and green cabbage, and, also seed potatoes and seeds" – in exchange for "not inconsiderable amounts of textile fabrics" from Viersen.[110] Furthermore, there was no lack of initiative and skill for the rebuilding of cultural life, introducing new ideas and availing of unexpected opportunities which presented themselves.

Without doubt, the Berlin Philharmonic was then and is today one of the best orchestras in the world. For many

Für viele sind sie der Inbegriff eines Weltspitzenorchesters, vielleicht das beste Orchester überhaupt. Ob es tatsächlich ein bestes Orchester der Welt gibt, oder ob sich nicht damals wie heute mehrere Orchester diesen Ruf teilen müssen oder dürfen, sei dahingestellt.

Wie die Übersicht zeigt, waren die Berliner Philharmoniker zwischen 1947 und 1964 regelmäßig zu Gast in der Viersener Festhalle, insgesamt elfmal:[111]

Seit dem Zweiten Weltkrieg hat das Viersener Festhallenpublikum eine große Zahl hervorragender Orchester und Dirigenten erleben dürfen. Weil die Berliner Philharmoniker zum einen nach wie vor ein besonderer Mythos umgibt, und weil sie zum anderen schon sehr früh nach dem Krieg nach Viersen kamen und damit ein „Signal für die Verpflichtung von fast allen international anerkannten Orchestern der Welt" gaben,[112] drängt sich die Frage auf: Wie und womit konnten die Berliner Philharmoniker 1947 nach Viersen gelockt werden?

Spielzeit / Season	Datum / Date	Dirigent / Conductor
1947/48	18.10.1947	Sergiu Celibidache
1947/48	29. und 30.5.1948	Sergiu Celibidache
1948/49	07.06.1949	Wilhelm Furtwängler
1949/50	07.06.1950	Wilhelm Furtwängler
1950/51	08.05.1951	Wilhelm Furtwängler
1951/52	13.05.1952	Wilhelm Furtwängler
1952/53	11.10.1952	Hans Knappertsbusch
1954/55	29.10.1954	Karl Böhm
1955/56	10.05.1956	Herbert von Karajan
1957/58	02.03.1958	Herbert von Karajan
1964/65	22.10.1964	Eugen Jochum

Wichtige Hinweise finden sich im Bericht von Richard Meusers. Ihm war durchaus klar, dass Viersen trotz der unzerstörten Festhalle mit ihrer hervorragenden Akustik nicht zu den favorisierten Auftrittsorten der Berliner Philharmoniker gehörte. Seine Skepsis wurde ihm später bestätigt durch das kolportierte Zitat eines älteren Orches-

they are the quintessential world class orchestra, perhaps the best orchestra there is. Whether there is such a thing as the best orchestra in the world or whether then as now there are several orchestras worthy of this reputation can remain an open question.

As the chart below shows, the Berlin Philharmonic performed regularly at the Viersen Festival Hall between 1947 and 1964 a total of eleven times:[111]

Since World War II, Viersen Festival Hall audiences have been able to experience a large number of excellent orchestras and conductors. Because the Berlin Philharmonic, firstly, are still legendary, and because it, secondly, came to Viersen very soon after the war and in that way "gave a signal to almost all the internationally recognized orchestras of the world",[112] the question arises: how and why was the Berlin Philharmonic attracted to Viersen in 1947?

Richard Meusers' report offers important indicators. It was absolutely clear to him that, despite its undamaged Festival Hall with its excellent acoustic, Viersen did not belong to the favoured performance venues of the Berlin Philharmonic. He was later confirmed in his scepticism through the circulated quotation of an older orchestral member when naming the concert tour venues: "Viersen, Viersen, how does one do it?"[113]

termitglieds bei der Nennung der Tournee-Orte: „Viersen, Viersen, wie macht man das?"[113]

Meusers hatte „in Erfahrung gebracht, dass die Berliner Philharmoniker ein Konzert in Düsseldorf geben würden"[114] und sich mit Erfolg um zwei Karten bemüht. Das renommierte Orchester aus der Vier-Sektoren-Stadt war nach Düsseldorf gekommen, um acht Konzerte für Britische Garnisonen zu spielen. Zusätzlich wurde ein Konzert sozusagen als „Konzession der Britischen Besatzungsmacht an die deutsche Bevölkerung" gegeben. Meusers besuchte das Konzert und bemühte sich bei der Gelegenheit um ein Gespräch mit dem damaligen Konzertmeister der Berliner Philharmoniker Siegfried Borries. Er sprach ihn auf die Tourneebedingungen an und bekam die Auskunft: „Unterkunft und Verpflegung mäßig, sehr mäßig".[115]

Meusers berichtet, dass er Borries vorgeschlagen habe, ihm am nächsten Tag „eine beträchtliche Menge an Lebensmitteln für das gesamte Orchester zu bringen", ohne zu diesem Zeitpunkt zu wissen, wie er „das bewerkstelligen könnte". An das Angebot habe er „die Bitte (aber nicht Bedingung)" geknüpft, Borries möge im Rahmen der anstehenden Tourneeplanungen vorschlagen, „einmal ein Gastkonzert in Viersen durchzuführen". Wie Meusers versichert, habe er noch am selben Abend den Oberbürgermeister, den Oberstadtdirektor und Frau van Brakel, „eine in Viersen unangefochtene Respektsperson", aufgesucht. Sie seien damit einverstanden gewesen und er wäre „schon am folgenden Vormittag 9.00 Uhr mit einem vollbepackten PKW nach Düsseldorf" gefahren.[116] Borries habe ihm versprochen, „bei der Planung der nächsten Tournee tatsächlich Viersen ins Gespräch zu bringen".

Nach etwa zwei Monaten kam aus Berlin der Bescheid, dass im Rahmen der nächsten Tournee „im Auftrage der

Meusers had "found out that the Berlin Philharmonic was giving a concert in Düsseldorf"[114] and succeeded in acquiring two tickets. The prestigious orchestra from the Four Sector City had come to Düsseldorf to play eight concerts for the British garrisons. In addition, a concert was performed as a "concession by the British Occupying Force to the German population". Meusers attended the concert and attempted to seek an interview with the concert master of the Berlin Philharmonic who was at that time Siegfried Borries. He addressed him about the tour conditions and got the information: "modest accommodation and catering, very modest".[115]

Meusers reported that he had suggested to Borries that the following day he would bring him "a substantial amount of food for the whole orchestra", without knowing at this point how he "could achieve this". To this offer he added "the request (but not the condition)" that as part of the pending tour plans Borries would suggest "performing a guest concert in Viersen". According to Meusers, that same evening, he sought out the Town Manager and Mrs van Brakel, "an undisputedly, respected person in Viersen". They were in agreement, and "the following morning at nine o'clock he drove to Düsseldorf with a fully laden car".[116] Borries promised him "that he would mention Viersen during the planning of the next tour".

Approximately two months later notice came from Berlin that within the course of the next tour "on behalf of the British Occupation Forces ... a concert in Viersen is planned".[117]

Meusers dated the beginning of his efforts to have a concert by the Berlin Philharmonic in Viersen as the year 1946. The date and programme of this first concert of

Britischen Besatzungsmacht … auch ein Konzert in Viersen eingeplant" sei.[117]

Meusers datiert den Beginn seiner Bemühungen um ein Konzert der Berliner Philharmoniker in Viersen auf das Jahr 1946. Termin und Programm dieses ersten Konzerts „der Berliner" in Viersen werden nicht von ihm genannt, sind aber festgehalten in den „Viersener Mitteilungen".[118] Es fand am 18. Oktober 1947 unter Leitung von Sergiu Celibidache statt. Auf dem Programm standen:

Hector Berlioz	Ouvertüre Römischer Karneval
Joaquín Turina	Streicherserenade
Igor Strawinsky	Feuervogel-Suite
Ludwig van Beethoven	Sinfonie Nr. 5 c-moll, op. 67

Sergiu Celibidache leitete in den ersten Nachkriegsjahren das Orchester. Wilhelm Furtwängler hatte von den Alliierten Auftrittsverbot erhalten, weil er von den Nazis mit den Berliner Philharmonikern zu einem kulturellen Aushängeschild aufgebaut worden war.

Celibidache, 1912 in Roman (Rumänien) geboren, begann im Alter von vier Jahren Klavier zu spielen. Sein Vater hatte für ihn, der hervorragende Schulleistungen aufwies, eine politische Karriere vorgesehen. Aber Celibidache zog es in die Musik. In Iași, später in Bukarest studierte er Mathematik, Philosophie und Musik. Als Korrepetitor an einer Tanzschule verdiente er seinen Lebensunterhalt während des Studiums. 1935 ging er nach Paris, setzte dort seine Studien fort und arbeitete mit einer Jazzband zusammen. Bald wechselte er nach Berlin, wo er schnell Deutsch lernte und 1938 auch das Fach Dirigieren belegte.

Nach dem Krieg machte Celibidache in Berlin als Dirigent auf sich aufmerksam. Er gewann den Dirigentenwettbewerb des Rundfunk-Sinfonieorchesters Berlin und wurde

the "Berliner" in Viersen were not mentioned by him but were recorded in the "Viersener Mitteilungen".[118] It took place on 18 October 1947 under the baton of Sergiu Celibidache. The programme was:

Hector Berlioz	Overtüre Römischer Karneval
Joaquín Turina	Streicherserenade
Igor Strawinsky	Feuervogel-Suite
Ludwig van Beethoven	Sinfonie Nr. 5 c-moll, op. 67

Sergiu Celibidache directed the orchestra during the first years of the post-war period. Wilhelm Furtwängler had been given a performance ban by the Allies because, along with the Berlin Philharmonic orchestra, he had been used by the Nazis for cultural propaganda.

Celibidache, who was born in Roman (Romania) in 1912, began to play the piano at the age of four. His father had intended him to pursue a political career and he had been an excellent pupil at school. But Celibidache was attracted to music. In Iași and later in Bucharest he studied mathematics, philosophy and music. During his studies he earned his livelihood working as a répétiteur at a school of dance. In 1935 he went to Paris, continued his studies, and worked with a jazz band. Soon he moved to Berlin where he quickly learned German and in 1938, he studied conducting.

After the war Celibidache began to attract attention as a conductor. He won the conducting competition of the Radio Symphony Orchestra Berlin and was nominated artistic director of the Berlin Philharmonic in October 1945.

im Oktober 1945 zum künstlerischen Leiter der Berliner Philharmoniker ernannt.

Wie ein Zeitzeuge berichtete, nutzte Sergiu Celibidache, der bei seinen Viersener Aufenthalten bei Dr. Carl Schaub übernachtete, die Gelegenheit zu günstigen Privateinkäufen. Das Familienunternehmen Genenger auf der Hauptstraße führte damals im Erdgeschoss Herrenbekleidung, im ersten Stock Sportartikel. Wie mir Walter Genenger berichtete, war Celibidache auf der Suche nach einem Fußball. Sein Vater konnte ihm helfen, er hatte die begehrte Ware vorrätig.[119]

„Begeisterungsstürme", erinnerte sich Eisheuer später, löste Celibidache mit den Berliner Philharmonikern „vor allem mit der Gestaltung der fünften Sinfonie von Beethoven ... aus".[120]

Man ahnt die logistischen Schwierigkeiten unter den Bedingungen der damaligen Zeit, wenn Meusers ausführt: „Und nun galt es, entsprechende Quartiere in Viersen für 150 Leute zu besorgen. Hotels gab es natürlich nicht".[121] Obwohl es sicher kein leichtes Unterfangen war, so viele Privatquartiere zu finden, schlug Meusers der Geschäftsführung des Orchesters vor, „dass bei der nächsten Tournee das Orchester nicht mehr in den einzelnen Gastspielorten Quartier beziehen, sondern stattdessen direkt nach Viersen reisen" solle. Die verschiedenen Garnisonsstädte könnten dann von Viersen aus angefahren werden.[122] Mit der Organisation der Quartiere war es noch nicht getan: „natürlich wurden die Quartiere einzeln besucht und mit den Wirtsleuten die entsprechenden Vereinbarungen getroffen"[123]

Die Mühe zahlte sich aus; „die Berliner ... bestätigten später, überall ausgezeichnet untergebracht worden zu sein", zumal „entsprechende Gabenpakete" noch ein Weiteres

As contemporary witnesses reported, Sergiu Celibidache, who stayed with Dr Carl Schaub when in Viersen, took the opportunity of making small private purchases. The family business Genenger on the main street had men's clothing on the ground floor and sports goods on the first floor. As Walter Genenger reported to me, Celibidache was looking for a football. His father was able to help him as he had the desired product available.[119]

"Waves of enthusiasm", Eisheuer remembered later, were provoked by Celibidache with the Berlin Philharmonic "particularly in the performance of Beethoven's Fifth Symphony ..."[120]

One senses the logistical difficulties of conditions at that time when Meusers explained: "and now we had to provide adequate accommodation in Viersen for 150 people. Of course, there were no hotels".[121] Although it could not have been an easy undertaking to find so much private accommodation, Meusers suggested to the management of the orchestra, "that on the next tour the orchestra should not obtain accommodation at the individual venues where they were guests, but instead they should travel directly to Viersen". They could then travel from Viersen to the different garrison towns.[122] This was not the last word regarding accommodation: "Of course the quarters would be visited individually, and the appropriate arrangements made with the hosts".[123]

The effort paid off: "the Berliners"...confirmed later, that they had been excellently accommodated", especially as "appropriate gift packages" further contributed to their contentment. As Meusers reported, for this he gained "from the representatives of Viersen industry the promise that on the occasion of a visit of the Berlin Philharmonic to Viersen there would be sufficient, attractive textile

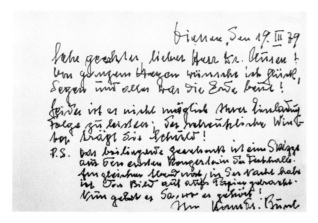

Begeistert fertigte der Viersener Künstler Hans-Friedrich Busch „am gleichen Abend noch, in der Nacht" seine Celibidache-Zeichnung an. 1979 schenkte er sie Prof. Dr. Ernst Klusen zum 70. Geburtstag.

The Viersen artist Hans-Friedrich Busch, "at night on the same day", enthusiastically sketched his Celibidache drawing. In 1979 he presented it to Prof. Doctor Ernst Klusen on his 70th birthday.

zur Zufriedenheit der Musiker beitrugen. Wie Meusers berichtet, erhielt er hierfür „von den Repräsentanten der Viersener Industrie die Zusage, dass bei einem Besuch der Berliner Philharmoniker in Viersen eine für das etwa 150 Mann starke Berliner Orchester ausreichende, attraktive Textil- und Lebensmittelmenge bereitgestellt werden würde".[124] An anderer Stelle ist von einer „wertvollen Kalorienbeigabe" zu lesen, für die „ein findiger Metzgermeister" beim „anschließenden Festessen im Haus-Kaiser-Bad gesorgt hatte".[125]

Wie wichtig in der frühen Nachkriegszeit „Naturalentlohnung" für ein Spitzenorchester war, zeigt sich auch an den Bedingungen, unter denen die Berliner Philharmoniker damals im zerstörten Berlin arbeiten mussten. Werner Thärichen, der langjährige Solopaukist des Orchesters, berichtet, dass die Verpflegung der Musiker bei zwei Proben am Tag nicht sichergestellt war. Heimfahrten zwischen den Proben waren kaum möglich. Man suchte und fand ein Lokal in der Nähe des Probenraums in Dahlem und

fabrics and foods made available for the 150-strong Berlin orchestra".[124] Elsewhere you could read about a "valuable gift of calories", which "a resourceful master butcher" had provided for the "subsequent festival meal in the Haus-Kaiser-Bad".[125]

In the early post-war period, the importance of "payments in kind" for a top orchestra was demonstrated by the conditions in which the Berlin Philharmonic at that time had to work in a destroyed Berlin. Werner Thärichen, the long-standing solo timpanist of the orchestra, reported that food for the musicians when there were two rehearsals a day was not guaranteed. Taking trips home between rehearsals was hardly possible. An inn near the rehearsal room in Dahlem was sought out and found, and the American Occupying Force agreed to contribute these meals. According to Thärichen, "in those days of hunger nobody wanted to go without these meals and so everyone made the effort to attend all rehearsals".[126]

erreichte, dass die amerikanische Besatzungsmacht Lebensmittel spendete. „In der damaligen Hungerzeit", so Thärichen, „wollte niemand auf diese Mahlzeit verzichten, und so war man bemüht, bei allen Proben mitzuwirken".[126]

Beim ersten Konzert der Berliner Philharmoniker war man im Grunde genommen noch „unter sich", was die Zusammensetzung des Publikums betrifft. Etwa 1.100 Zuhörer ließen sich in der Festhalle unterbringen. Da nicht nur die Quartiergeber bei der Kartenvergabe zu berücksichtigen waren, sondern auch die Spender der Gabenpakete, Vertreter von Politik und Wirtschaft sowie die Spitzen der Behörden der Nachbarstädte, „war die Viersener Festhalle praktisch schon ausgebucht".[127]

Dass dies zu Unmut in der Bevölkerung führte, ist nicht weiter verwunderlich. Von offizieller Seite wurde versucht, die Wogen zu glätten:

„Zum Konzert der Berliner Philharmoniker
… Wenn die Nachfrage größer ist als die Anzahl der vorhandenen Plätze, so ist dies ein Umstand, den niemand ändern kann, und missvergnügte Äußerungen bei den Vorverkaufsstellen und beim Kulturamt schaffen nur Verdruss und sind ein schlechter Dank für übermäßig viel Mühen und Arbeiten. Bei dem herrschenden Überdruss angesichts der Bewirtschaftung aller Dinge des täglichen Bedarfs kann der Ruf nach amtlicher Lenkung der Eintrittskarten nicht ernst genommen werden.
Das Kulturamt hat sich wohl verpflichtet gefühlt, den treuen und ständigen Besuchern entsprechend der Zahl ihrer diesjährigen Abonnements Karten zu reservieren. Auch den Quartiergebern, die in so freundlicher und aufopfernder Weise sich um die Bereitstellung von Quartieren für die Berliner Philharmoniker bemühten, sind Karten zurückgelegt worden. Das Städt. Kulturamt bittet angesichts des

With regard to the composition of the audience at the first concert of the Berlin Philharmonic, they were more or less "among themselves". It was possible to fit approximately 1,100 audience members into the Festival Hall. Since not only those who offered accommodation but also those who donated the gift packages had to receive tickets – as did also representatives from the political and business world as well as the heads of the authorities of the neighbouring towns – "the Viersen Festival Hall was almost booked out".[127]

It was not surprising that this led to resentment among the community. From the official side an attempt was made to calm things down:

"On the occasion of the Berlin Philharmonic concert … when the demand is greater than the number of available seats, this is a circumstance which nobody can change, and expressions of displeasure at booking offices and at the Cultural Office only cause annoyance and are a poor reward for much toil and effort. Given the extreme weariness connected with the management of all aspects of daily requirements, the call for official control of the entrance tickets cannot be taken seriously.
The Cultural Office had indeed felt obliged to reserve tickets for the loyal and consistent visitors in accordance with the number of subscription tickets they had for this year. Tickets were also put aside for those who offered accommodation and made it available in a friendly and self-sacrificing way for members of the Berlin Philharmonic. The municipal Cultural Office repeated their request for understanding with regard to the prevailing flood of requests for tickets and said that not all wishes could be satisfied.[128]

herrschenden Kartensturms nochmals um Verständnis dafür, dass eben nicht alle Wünsche erfüllt werden können. [128]

Die Praxis, bei Konzerten auswärtiger Orchester privaten Quartiergebern Karten zu reservieren, wurde nicht nur bei „den Berlinern" angewendet. Anlässlich eines Sonderkonzerts des NWDR-Sinfonieorchesters am 19. Juni 1948 heißt es: „Für jedes Quartier werden zwei Karten auf dem Kulturamt bereitgehalten".[129]

In einigen Fällen dürfte sich bei der privaten Unterbringung der Philharmoniker auch musikalisch etwas abgespielt haben. Ein früherer Viersener Mitschüler, der später Schulmusiker wurde, berichtete, dass bei ihm zu Hause ein Geiger der Berliner Philharmoniker einquartiert war. Das habe einen befreundeten Klavierlehrer aus Krefeld zu einem Besuch veranlasst, bei dem man gemeinsam eifrig Sonaten gespielt habe.[130]

Im überregionalen Feuilleton der Rheinischen Post vom 22. Oktober 1947 findet sich ein Vermerk, der im Zusammenhang mit einem Konzert in Düsseldorf auch Viersen erwähnt. In der Rubrik „Kritische Umschau" ist zu lesen:
„Mit einem Konzert in Düsseldorf beschlossen die Berliner Philharmoniker eine Herbstreise, die sie nach Viersen im Rheinland, vor allem in einige westfälische Städte führte. Das Orchester stand auch auf dieser Reise unter der künstlerischen Leitung des Rumänen Sergiu Celibidache. Die hohe Orchesterdisziplin und die bestrickende Klangschönheit der Philharmoniker in schwieriger Zeit pfleglich behandelt und auf der Höhe eines Orchesters von Weltruf erhalten zu haben, bezeichnet das Verdienst dieses jungen Dirigenten."

Wie groß in Viersen die Begeisterung war, ist leicht daran zu erkennen, dass im folgenden Jahr, noch in derselben Saison, „die Berliner" wiederum unter Celibidache zu zwei Konzerten an zwei aufeinanderfolgenden Tagen in die

The practice of reserving tickets for those who offered accommodation to external orchestras was adopted not only for "the Berliners". On the occasion of a special concert of the NWDR Symphony orchestra on 19 June 1948: "For each room offered, two tickets will be put aside at the Cultural Office".[129]

In some cases, music could be played at the private accommodation of the Berlin Philharmonic musicians. A former Viersen classmate who later became a school musician reported that a violinist of the Berlin Philharmonic was staying at his house. This led to a music teacher from Krefeld being invited and they happily played sonatas together.[130]

In the feuilleton of the Rheinische Post of 22 October 1947 there is a comment in connection with a concert in Düsseldorf where Viersen is mentioned. Under the heading "critical survey" we read:
"Performing a concert in Düsseldorf, the Berlin Philharmonic decided on an autumn trip which brought them to Viersen in the Rhine region and notably to some Westphalian cities as well. On this trip the orchestra was under the artistic leadership of the Romanian Sergiu Celibidache. The high level of orchestral discipline and the delightful tonal beauty of the Philharmonic, carefully achieved in a difficult time and at the level of an orchestra of world renown, displays the merit of this young director."

The level of enthusiasm in Viersen became clear when in the following year and still in the same season, "the Berliners", again under Celebidache, came to the Festival Hall for two concerts on consecutive days on 29 and 30 May 1948 – still before the currency reform (on 21 June 1948). On each day a different programme was played.[131] Although the demand would have been there in sub-

Festhalle kamen, am 29. und 30. Mai 1948 – noch vor der Währungsreform (am 21. Juni 1948). An beiden Tagen wurden verschiedene Programme gespielt.[131] Zu einem „Doppel" an zwei Tagen ist es in späteren Jahren nie wieder gekommen, obwohl die Nachfrage dafür gewiss da war.

Der Kritiker der Rheinischen Post, Johannes Jacobi, war nur beim zweiten Konzert:
„Dass die Berliner Philharmoniker gleichwohl ihre für die deutsche Instrumentalkultur repräsentative Leistungsfähigkeit behielten oder bald wiedererrangen, ist hauptsächlich das Verdienst ihres neuen Leiters, des 36-jährigen Rumänen Sergiu Celebidache. Seine Persönlichkeit prägte notwendigerweise das künstlerische Profil eines Orchesters, das anders und anderes spielte, als es noch unter dem erzieherischen Einfluss Furtwänglers stand. Man wird jetzt am ehesten eine Deckung von Werk und Wiedergabe erleben, wenn solche Stücke wie der impressionistische Farbenzauber von Ravels „Rhapsodie espagnole" oder die slawische Mischung von Sentiment und Wildheit in Tschaikowskis 6. Sinfonie auf dem Programm stehen. Dennoch hörten wir in Viersen das zweite Konzert an. Es enthielt drei deutsche Werke".[132]

An der Interpretation von Beethoven und Strauss hatte Jacobi im Übrigen einiges auszusetzen. Die Beethoven-Wiedergabe bewegte sich nach seinem Dafürhalten „in einer kühlen Beziehungslosigkeit gegenüber der gemütvollen Poesie dieser Pastorale". Beim „Till Eulenspiegel", so monierte er, gingen „der leicht pointierende Straussische Witz und die charmante Melancholie dieses sprühenden Orchesterstücks … in den lärmend entfesselten Klangwogen unter." Allerdings, räumt der Rezensent ein, misst er die Berliner Philharmoniker an „ihrem eigenen historischen Niveau". Und er konstatiert „mindestens im Technischen Maßstäbe …, die hier immer noch einen qualitativen Seltenheitswert haben".[133]

sequent years to have a "double" programme over two days, this was never repeated.

The critic of the Rheinische Post, Johannes Jacobi, only attended the second concert:
"That the Berlin Philharmonic nevertheless retained or soon regained their prestigious ability which is typical of German instrumental culture is mainly due to their new leader, the 36-year-old Romanian, Sergiu Celebidache. It was unavoidable that his personality would leave its stamp on the artistic profile of an orchestra which played differently and different pieces from when it was under the educational influence of Furtwängler. We are now most likely to experience a congruence of work and reproduction when such pieces as the impressionist magical colours of Ravel's 'Rhapsodie espagnole' or the Slav mixture of sentiment and wildness in Tchaikovsky's Sixth Symphony are on the programme. However, we only attended the second concert in Viersen. It contained three German works".[132]

Jacobi did criticize a couple of things about the interpretation of Beethoven and Strauss. The Beethoven rendering, in his view, moved "in cool detachment despite the emotional poetry of the pastoral scene". In "Till Eulenspiegel", he complained, "the subtly pointed Strauss humour and the charming melancholy of this bubbly orchestral piece … disappeared in the noisily rampant sound waves". However, the reviewer did admit that he compared the Berlin Philharmonic to "their own historical level" and he identified "at least in technical respects … standards which have a qualitative value rarely to be found".[133]

Dr. Ernst Klusen hatte beide Viersener Konzerte besucht, war ebenfalls begeistert, wobei er beim „Till Eulenspiegel" zu einer deutlich anderen Einschätzung als Jacobi kam. Weil seine Rezension in den Viersener Mitteilungen sowohl einen guten Gesamteindruck vermittelt als auch eine detaillierte und differenzierte Beurteilung enthält, sei sie hier ungekürzt wiedergegeben:

„Konzerte der Berliner Philharmoniker in Westdeutschland

Der dankenswerten Initiative der Viersener Stadtverwaltung gelang es, die Berliner Philharmoniker während ihres rheinischen Gastspieles zu zwei Konzerten in Viersen zu verpflichten.

Den spannungsvollsten Eindruck hinterließ das Konzert, das mit der kleinen Nachtmusik von Mozart begann und über die Rhapsodie Espagnole von Ravel zu Tschaikowskis pathetischer Symphonie in h-moll führte. Mozart wurde im edelsten Sinne des Wortes ‚hingespielt', sehr klar in der Form, sehr durchsichtig im Gewebe der Stimmen, sehr beschwingt in der Stimmung, aber auch der gefühlvollen Anmut des zweiten Satzes nichts schuldig bleibend. Aber: war der letzte Satz – weniger in der Düsseldorfer, vielmehr in der Viersener Aufführung – zu schnell? Ravels Musik enthüllte in der schlechthin vollendeten Wiedergabe alle Zauber ihrer schier unerschöpflichen Klangreize und erstand in einer derartig mitreißenden rhythmischen Vitalität und Geschliffenheit der Linienführung, dass selbst die gewagtesten Klangballungen als selbstverständlich unbedingt hingenommen wurden. Von der geheimnisvoll-unwirklichen Nachtstimmung des ersten Satzes über die tänzerischen Rhythmen der Habanera bis zu den festlichen Wirbeln des Ausklangs blieben selbst die konservativsten Hörer im Banne dieser farbenglühenden, gleich einem Feuerwerk aufflammenden rhapsodischen Kunst. Wichtig anzumerken: Trotz der Entwicklung allen

Dr Ernst Klusen had attended both Viersen concerts and was also very enthusiastic about them. He came to a very different conclusion to that of Jacobi about the "Till Eulenspiegel". As his review in the "Viersener Mitteilungen" conveyed both a good overall impression as well as a detailed and differentiated evaluation, it is reproduced here in full:

"Concerts of the Berlin Philharmonic in West Germany
Because of a commendable initiative on the part of the Viersen town administration, they succeeded in engaging the Berlin Philharmonic for two concerts during their Rhine region guest concert trip.
The concert made the most exciting impression, beginning with Mozart's "Eine Kleine Nachtmusik" followed by the "Rhapsodie Espagnole" of Ravel and culminating in Tchaikovsky's "Pathetische Symphonie in b minor". Mozart was in the finest sense of the word 'played' – very clear in its form, very transparent in the texture of the voices, very lively in atmosphere, yet there was also nothing lacking in the emotional charm of the second movement. But: was the final movement – less so in Düsseldorf but much more so in the Viersen performance – too quick? In the simply sublime rendering, Ravel's music revealed all the magic of its sheer limitless richness of sound and was produced in such thrilling rhythmical vitality and refinement of line that even the most daring combinations of sound were without question unconditionally accepted. From the mysterious, surreal nocturnal mood of the first movement to the dance-like rhythms of the Habanera to the festive swirls of the conclusion even the most conservative listeners remained mesmerized by this glowing firework-like flaming up of rhapsodic art. It is important to note that, in spite of the development of all refinements of the sound culture, this piece remained not just a mere sequence of

Raffinements der Klangkultur blieb dieses Stück keine bloße Reihung von Instrumentationskniffen, sondern die Interpretation Celibidaches legte besonderes Gewicht auf die musikalische Durchformung dieser sinnenfreudigen Musik.

Vielleicht gehört die Seele eines slawischen Menschen dazu, die Inhalte von Tschaikowskis letzter Symphonie, diesem erschütternden, im wörtlichen Sinne des Wortes, ‚pathetischen‘ Rückblick über Sehnen, Freuen, Leiden und Verzichten eines Lebens mit derartig brutaler Deutlichkeit zu gestalten. Mit welch innerer Spannung war das Scherzo – besonders im Trio – erfüllt. Monumental, selbst noch in den gewaltigsten, unerschöpflich erscheinenden Steigerungen den Adel des Wohlklangs wahrend, erstand der vorletzte Satz. Wie wurde im letzten Satz die sich selbst zerfleischende Qual eines unglücklichen Menschenlebens zum Klang! Welcher Dirigent gestaltete eine solche Musik ähnlich stark aus dem Kern ihres innersten Wesens, aus ihrer abgrundigen Melancholie und ihrem unentrinnbaren Fatum wie Celibidache?

Dieser Tschaikowski war das aufwühlendste Erlebnis, das die Berliner Philharmoniker vermittelten.

Das andere Konzert brachte entspanntere Stimmung.

Beethovens Pastorale – Auch diejenigen die nach ihrem Eindruck von der 5. Symphonie Beethovens in der Interpretation Celibidaches bei der vorjährigen Tournee der Beethovenaufführung nicht unbedenklich entgegensahen, waren ehrlich erfreut über diese Pastorale.

Auch hier, wie bei Mozart, alles sehr deutlich (zu deutlich? – Wir glauben es nicht), aber auch sehr tief empfunden. Nie im Malerischen stecken bleiben (auch beim Gewitter nicht!), immer aus dem Herzen kommende Musik, kurz, um es mit Beethovens unübertroffener Formel festzustellen: Mehr Ausdruck der Empfindung als Malerei.

Sehr fein der Eulenspiegel von Richard Strauß! Imponierend vor allen Dingen die Interpretation, die das Werk nicht als

instrumentation trickery, but Celibidache's interpretation gave special significance to the musical refinement of this sensuous music.

Perhaps the soul of a Slavonic person is needed to shape the substance of Tchaikovsky's last symphony, this harrowing, in the literal sense of the word 'pathetic' looking back with brutal clarity on the longing, joy, suffering and sacrifice of a life. What inner tension filled the Scherzo, and particularly the Trio. The penultimate movement emerged, something monumental, retaining its nobility of harmonious sound even in the most powerful, infinite seeming climaxes. How, in the last movement, the self-laceration of a wretched human life was produced in sound! What other conductor managed like Celibidache to shape such music like this from the core of its inner being, from its unfathomable melancholy and its inescapable fate?

This Tchaikovsky was the most stirring experience which the Berlin Philharmonic performed.

The other concert had a more relaxed mood. Beethoven's Pastoral Symphony – even those who, after their impression of Beethoven's Fifth Symphony and Celibidache's interpretation of it in the previous year's tour, were not particularly looking forward to the Beethoven performance were genuinely delighted with the Pastoral.

Here too, as with Mozart, everything was very obvious (too obvious? – We dont think so), but also very deeply felt. It was never bogged down in the picturesque – not even during the storm. It was always music coming from the heart; in short, in order to nail it with Beethoven's unmatched phrase: more expression of feeling than painting. Richard Strauß's Eulenspiegel was very well performed! Above all, the interpretation, which did not avail of a cheap opportunity to perform virtuosic stunts, was impressive, but with all the virtuosity of the performance

Die Berliner Philharmoniker unter Wilhelm Furtwängler
am 13. Mai 1952

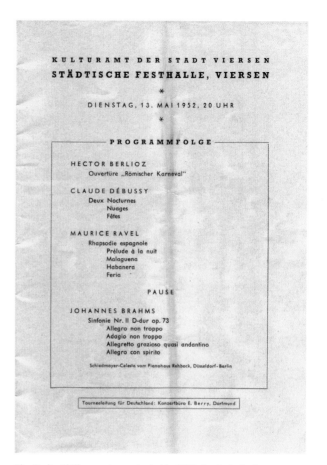

The Berlin Philharmonic conducted by Wilhelm Furtwängler
on 13 May 1952

eine mehr oder weniger billige Gelegenheit nahm, Virtuosen-kunststückchen vorzuführen, sondern mit aller Virtuosität der Darstellung dem Till das behäbig-besinnlich-Ironische gab, das ihn ja eigentlich erst zu dem macht, was er ist. Hervorragendes Beispiel geistiger Vertiefung des Virtuosen. Großartiger Abschluss: Die Tannhäuserouvertüre. Hier blieben Orchester und Dirigent nichts schuldig an rauschhaftem Klang, großzügigem Aufbau und wirkungsvollem Heraus-

gave Till the sedate, reflective irony, which makes him what he is. It was an outstanding example of spiritual depth in a virtuoso. The Tannhäuser Overture served as a wonderful conclusion. There was nothing lacking on the part of the orchestra and its conductor in the ecstatic sound, liberal development and effective exposition of the contrasts of a dazzling Venusberg, a devout pilgrimage and a festive march.

stellen der Gegensätze von gleißendem Venusberg, frommem Pilgerzug und festlichem Marsch.

So oft gehört – und doch wieder neu. Eine Feststellung, die höchste Anerkennung in sich schließt.

Fragt man nun nach dem Eigentlichen, Unterscheidenden, das dieses Orchester vor so vielen anderen auszeichnet, so wird zunächst einmal – ganz abgesehen vom virtuosen Können der einzelnen Mitglieder – auf die Tatsache hinzuweisen sein, dass jedes Instrument sich im Zusammenspiel lediglich mit einer zurückhaltenden ‚Registerfarbe' einsetzt, so dass eine Flöte und Oboe im Zusammenspiel mehr allgemein als ‚Holz' – entsprechend eine Trompete oder ein Horn als ‚Blech' – wirkt, während bei Solostellen das Eigenkolorit des Einzelinstrumentes bedeutend deutlicher hervortritt. Und dieser dauernde Wechsel zwischen Registerfarbe und Eigenfarbe gibt dem Orchester auf der einen Seite die Leuchtkraft des Klanges, auf der anderen die Homogenität im Zusammenspiel. Zum anderen ist auf das zügige Spiel, auf das rhythmischdynamische ‚Atmen' des Orchesters bei einer unwahrscheinlich geschmeidigen Skala dynamisch-agogischer Schattierungen hinzuweisen, welches von bezwingender Wirkung ist.

Kein Wunder, dass der Beifall nach jedem Konzert eine Viertelstunde währte (in Bonn sogar 20 Minuten). Und wenn Celibidache eine Blüte aus seinem Blumenstrauß dem ersten Konzertmeister überreichte, so lag in dieser Geste die Feststellung des wahren Grundes einer so einzigartigen Leistung: die Einheit aller Mitwirkenden.

Viele Freunde der Berliner Philharmoniker hoffen auf ein neues Konzert im Herbst. Dann soll auch, wie Celibidache mitteilt, ein Konzert nur für Studenten der Bonner Universität gegeben werden, um diesen, im Kampf um die Eintrittskarten zeitlich und finanziell immer Gehandicapten, einen Konzertbesuch zu gewährleisten".[134]

So often heard and yet new again. A statement which amounts to the highest praise.

If one asks about the special distinguishing features which make this orchestra stand out from so many others, firstly you have to point to the fact that – quite apart from the virtuoso ability of the individual members – each collaborating instrument enters with a restrained 'colour of register', so that a flute and oboe in their interaction have the more general effect of 'woodwind' – just as a trumpet or a horn have the general effect of 'brass', while in solo parts the characteristic colouring of the individual instruments emerges much more clearly. And this constant change between general colour and individual colour gives the orchestra on the one hand the brightness of sound, on the other the homogeneity in interaction. Also, attention must be drawn to the brisk playing, the rhythmic-dynamic 'breathing' of the orchestra with its amazingly smooth scale of dynamic agogic hues producing a compelling effect.

No wonder the applause after every concert lasted a quarter of an hour (in Bonn even twenty minutes). And when Celibidache handed a flower from his bouquet of flowers to the first violinist, there was in this gesture confirmation of the true basis for such a unique performance: the unity of all the participants.

Many friends of the Berlin Philharmonic are hoping for a new concert in the autumn. Then, too, as Celibidache has disclosed, there is to be a concert performed just for students of Bonn University, in order to ensure them, handicapped as they are either in regard to time or money, the opportunity to attend a concert".[134]

Am 7. Juni 1949 kommt erstmals Wilhelm Furtwängler mit „seinen Berlinern" nach Viersen und, genau auf den Tag ein Jahr später, am 7. Juni 1950, zum zweiten Mal. Die Begeisterung ist groß. „Ovationen für Furtwängler und sein Orchester" titelt die Rheinische Post,[135] „unvergleichbarer Höhepunkt im Viersener Kulturleben" die Dreistädte-Zeitung.[136] Auch Furtwängler und seinen Musikern hat es offenbar in der Festhalle gefallen. Ein zweiter Artikel in der Dreistädte-Zeitung ist überschrieben:
„‚Festhalle erstaunlich gut', sagt Furtwängler, ‚und auf Wiedersehen im nächsten Jahr in Viersen'".[137]

Der prominente Dirigent hielt Wort und kam wieder: am 8. Mai 1951 und am 13. Mai 1952. Dabei, berichtete 1985 Eisheuer in einem Rückblick und bestätigte damit die Darstellung von Meusers, „erwählte er die Festhalle auch zu seinem ständigen Probeort für die Konzerte in den nahegelegenen Großstädten Düsseldorf und Köln".[138]

Danach kamen „die Berliner" noch fünfmal mit anderen Dirigenten nach Viersen, im Oktober 1952 mit Hans Knappertsbusch, 1954 mit Karl Böhm, 1956 und 1958 mit Herbert von Karajan und im Oktober 1964 mit Eugen Jochum.

Der Netto-Zuschuss war bei den frühen Konzerten „der Berliner" für die Stadt Viersen gar nicht einmal sonderlich hoch. Am 8. März 1950 beriet der Kulturausschuss über den Haushalt. Wie im Sitzungsprotokoll vermerkt, erklärte der Oberstadtdirektor, „dass nach seiner Auffassung das Konzert der Berliner Philharmoniker mit einem geringeren Betrag eingesetzt werden könne, da nach den bisherigen Erfahrungen dieses Konzert sich im wesentlichen aus den Einnahmen decken wird".[139]

On 7 June 1949 Wilhelm Furtwängler first came to Viersen with "his Berliners" and, for a second time exactly a year later to the day, on 7 June 1950. The enthusiasm was huge. "Ovations for Furtwängler and his orchestra" featured as the headline in the Rheinische Post;[135] "unparalleled highpoint in Viersen's cultural life" the Dreistädte Zeitung.[136] It was clear that Furtwängler and his musicians had also enjoyed being in the Festival Hall. A second article in the Dreistädte Zeitung has the title:
"'Festival Hall amazingly good', says Furtwängler, 'and until we meet again in Viersen next year'."[137]

The prominent conductor kept his word and returned on 8 May 1951 and on 13 May 1952. Looking back, Eisheuer reported in 1985 and confirmed Meusers' statement: "He also chose the Festival Hall as his permanent rehearsal venue for the concerts in the nearby cities of Düsseldorf and Cologne."[138]

After that, "the Berliners" came to Viersen another five times with different conductors, in October 1952 with Hans Knappertsbusch, 1954 with Karl Böhm, 1956 and 1958 with Herbert von Karajan and in October 1964 with Eugen Jochum.

The net subsidy for the town of Viersen was not at all high for the early concerts of "the Berliners". On 8 March 1950 the Culture Committee met about the budget. As was recorded in the minutes of the meeting, the Town Manager explained "that in his view, the concert of the Berlin Philharmonic could be supported with a smaller sum, since as in previous experiences this concert will essentially cover itself from the takings".[139]

Einstimmig stimmte der Ausschuss zu, „dass dieses Konzert wieder stattfinden solle", wenn auch die Ansicht geäußert wurde, die Freikarten weniger großzügig zu verteilen als im Jahr zuvor. Stattdessen solle „versucht werden, einen Teil der Karten für die Arbeiterschaft billiger zur Verfügung zu stellen".[140]

Musikredakteur der Dreistädte-Zeitung war zu dieser Zeit Dr. Fritz Eisheuer. Er nutzte die Gelegenheit zu einem Gespräch mit Furtwängler, der sich lobend über die Festhalle äußerte, gerade auch im Gegensatz zu seinen Erfahrungen in Köln, wo er kurz zuvor konzertiert hatte. Darüber hinaus kamen sowohl von ihm wie von seiner Sekretärin anerkennende Worte über Viersen:

„Wir waren bei unserm ersten Konzert in Westdeutschland in Köln enttäuscht über die klangliche Stärke der Universitäts-Aula. Aber hier in Viersen in der Festhalle sind die akustischen Verhältnisse erstaunlich gut – (ich muss nur meine Bläser bremsen) – hier in der Viersener Halle können wir spielen und proben. Was die Stadt unter ihrem Oberstadtdirektor Dr. Schaub leistet, ist ausnehmend und eigenartig. Sie sammelt das Konzertpublikum des grenzländischen Raumes bis nach Holland hinein und vermittelt wertvolles kulturelles Schaffen.'

,Nicht von ungefähr kommen wir gerne nach Viersen', ergänzt Frl. v. Tiedemann, die Sekretärin Furtwänglers. ,Wir fühlen uns wohl hier und wissen, dass man uns gastlich aufnimmt und für unsere Darbietungen hohes künstlerisches Verständnis zeigt'".[141]

„Musik aus schöpferischem Geist: Furtwängler-Konzert unvergleichbarer Höhepunkt im Viersener Kulturleben" – so lautete die Überschrift von Eisheuers Rezension. Darin bescheinigt er Furtwängler und den Berliner Philharmonikern „eine unwahrscheinlich geistig dramatische Ausdeutung" der Variationen von Johannes Brahms über ein

The Committee agreed unanimously, "that this concert should take place again", even though the view was expressed that free tickets should be distributed a little less generously than the previous year. Instead of that, it should "be attempted to make a portion of the tickets available for the working class".[140]

The music editor of the *Dreistädte Zeitung* was at this time Dr Fritz Eisheuer. He took the opportunity to have a conversation with Furtwängler, who praised the Festival Hall in contrast to his experiences in Cologne, where he had played concerts a little earlier. Furthermore, there were positive words about Viersen from his secretary:

"At our first concert in Cologne in West Germany we were disappointed by the strength of sound in the University Auditorium. But here in Viersen in the Festival Hall the acoustics are amazingly good – (I had only to tone down the wind instruments) – here in the Festival Hall we can both play and practise. What the town is achieving under their Town Manager Dr Schaub is exceptional and unusual. It is bringing in the concert audience of the border area up as far as Holland and providing valuable cultural work.'

Furtwängler's secretary, Frl. V. Tiedemann added: "It's not by chance that we like coming to Viersen. We feel good here and know that we will be welcomed in a hospitable way and that our performances will meet with a high level of artistic appreciation."[141]

[v]"Music from a creative mind: Furtwängler Concert an unparalleled highpoint in Viersen's cultural life" – this was the title of Eisheuer's review. In it he attests to Furtwängler and the Berlin Philharmonic's "incredibly spiritual dramatic interpretation" of the *Variations* of Johannes Brahms on a theme of Haydn and highlights that "the tragi-comic element of human life is revealed"

Wilhelm Furtwängler und die Berliner Philharmoniker. Im Hintergrund die damals noch eingebaute Festhallen-Orgel

Wilhelm Furtwängler and the Berlin Philharmonic. In the background is the Festival Hall organ which had not yet been removed

Haydn-Thema und hebt bei Richard Strauss' „Till Eulenspiegel" hervor, dass „das tragikomische Element menschlichen Lebens transparent" wird. Von Franz Schuberts siebter Sinfonie sei „eine heute kaum erreichte Wiedergabe" gelungen.[142]

Richard E. Tristram, langjähriger Musikredakteur der Rheinischen Post, würdigt am 9. Juni 1950 ebenfalls die Leistungen im Detail und resümiert:
„Es hieße Eulen nach Athen tragen, wollte man zum Ruhme des Orchesters etwas Neues berichten. Immer wieder überrascht die ausgeglichene, fast ans Vollkommene reichende Feinheit des Zusammenspiels, der makellose Glanz der Streicher, der Wohllaut

in Richard Strauss's *Till Eulenspiegel*. With Franz Schubert's seventh symphony they succeeded in offering "a level of performance hardly attained these days".[142]

Richard E. Tristram, a long-time music critic in the *Rheinische Post*, also acknowledged the achievements in detail on 9 June 1950 and wrote:
"It would be impossible to report something new about the glory of the orchestra. Again and again we were surprised by the balanced, near perfect refinement of the collaborative playing, the flawless splendour of the strings, the melodious sound of the woodwind and the captivating purity of the brasswind.

der Hölzer und die bestechende Reinheit der Bleche. Wilhelm Furtwängler, der in drei Jahrzehnten der Meister und der getreue Eckehard dieser Gemeinschaft ist, sagt von den Berliner Philharmonikern: ‚Die Qualitäten dieses Orchesters, u. a. die Kraft und Rundheit seines Tones, der großer Steigerung fähig ist, sie sind wesentliche Qualitäten einer Gemeinschaft von Musikern, für die die Musik das Erste und Wichtigste in der Welt ist, für die der Drang, sich selbst und durch Musik auszudrücken, Schicksal bedeutet, eine unabänderliche Lebensnotwendigkeit‘".[143]

Welche Attraktion die Viersener Festhallenkonzerte im allgemeinen und die Auftritte der Berliner Philharmoniker im besonderen für die Region auch über die deutsch-niederländische Grenze hinaus darstellten, geht aus einem Bericht der Dreistädte-Zeitung hervor. Die Philharmoniker gaben am 8. Mai 1951 nach einer „mehrwöchigen Konzertreise von Ägypten über Italien nach Frankreich … in Viersen ihr erstes Konzert auf ihrer abschließenden Deutschlandtournee".

„Das ‚Wiedersehen‘ mit Wilhelm Furtwängler und den Berliner Philharmonikern am Dienstag in der Festhalle wurde von über 1.000 Besuchern stürmisch gefeiert. Wieder einmal öffnete sich unsere schöne Halle den zahlreichen Gästen, die aus dem niederrheinischen Raum und auch aus dem benachbarten Holland gekommen waren. Dicht gedrängt füllten zahlreiche Personenwagen und Omnibusse den Parkplatz vor der Halle. Unter den 100 niederländischen Besuchern, die mit zwei großen Omnibussen erschienen waren, befand sich u. a. auch der Dirigent W. Jordans und der Präsident Dr. Tjein von der Oratorien-Vereeniging Venlo, Bürgermeister Bovie und Musikdirektor Rieu[144] aus Maastricht sowie mehrere Vertreter niederländischer Zeitungen. Führende Persönlichkeiten des kommunalpolitischen Lebens unserer Nachbarstädte waren ebenfalls zugegen, u. a. Oberbürgermei-

Wilhelm Furtwängler, who for three decades has been the master and the loyal Eckehard of this community, praises the Berlin Philharmonic orchestra: 'The qualities of this orchestra, among other things its power and roundness of tone, which is capable of great development, are the significant qualities of a community of musicians for whom music is the first and most important thing in the world, for whom the urge to express themselves through music is a calling, an unalterable vital necessity'."[143]

The attention which the Viersen Festival Hall concerts and the performances of the Berlin Philharmonic attracted, in particular for the region, but also beyond the German-Dutch border, emerges from a report of the Dreistädte Zeitung. In Viersen on 8 May 1951, the Philharmonic gave their first concert "on a concluding tour of Germany after a concert trip of several weeks in Egypt, Italy and France".

"The 'reunion' with Wilhelm Furtwängler and the Berlin Philharmonic on Tuesday in the Festival Hall was passionately celebrated by more than a 1000 visitors. Again, our beautiful hall opened its doors to the many guests who had come from the Lower Rhine Region and also from neighbouring Holland. Numerous cars and buses packed the carpark in front of the hall. Among the 100 Dutch visitors, who had arrived in two large buses, was the Music Director W. Jordans and the President Dr Tjein from the Oratorien-Vereeniging Venlo, Mayor Bovie and Music Director Rieu[144] from Maastricht, as well as several representatives of Dutch newspapers. Leading personalities of the communal political life of our neighbouring towns were also present, among others Lord Mayor Non-

ster Nonnenmühlen und Oberstadtdirektor Dr. Fleuster, M.Gladbach, und Oberkreisdirektor Dr. Feinendegen".[145]

Auf dem Programm standen im ersten Teil Haydns Sinfonie Nr. 101 „Die Uhr" und Hindemiths Orchesterkonzert op. 38. Zum „Höhepunkt" (Eisheuer)[146] wird der zweite Teil mit der „imponierenden Wiedergabe" (Tristram)[147] der 7. Sinfonie Bruckners. Danach „erhoben sich die Besucher der Viersener Festhalle demonstrativ von den Plätzen, um den Dirigenten Wilhelm Furtwängler und die Berliner Philharmoniker zu ehren" (Tristram).[148]

„Hoffentlich", beendet Eisheuer seinen Bericht, „können wir auch im nächsten Jahre die Philharmoniker wieder in unserer Stadt begrüßen".[149] Die Hoffnung erfüllte sich, wenn auch am 13. Mai 1952 zum letzten Mal unter der Leitung von Wilhelm Furtwängler.

Bei diesem Konzert bemängelt Tristram zwar, dass die Berliner Philharmoniker „diesmal nicht immer jene Präzision (bewiesen), die diesem Orchester einst seinen Ruf verliehen hat". Aber er konstatiert, dass sie „durch ihre unerhörte klangliche Feinheit zu faszinieren" wussten. Und er lässt keinen Zweifel aufkommen, dass es wieder „ein großer Abend" war.[150]

Auch das niederländische „Dagblad voor Noord-Limburg" berichtete über dieses Konzert, wie die Rheinische Post vermerkte. Der Rezensent wird mit der Feststellung zitiert, dass „dieses Konzert in jeder Hinsicht das Gepräge einer außergewöhnlichen Veranstaltung" trug. Über den Dirigenten schreibt der niederländische Kritiker:
„Furtwänglers Dirigat geht vor allem von seiner autoritativen Persönlichkeit aus und ist zum allerwenigsten eine Angelegenheit des Augenblicks oder der Dirigiertechnik. Seine sehr einfachen Gesten und das kurze energische Eingreifen, die etwas Steifes und fast Karikaturhaftes in sich haben, rei-

nenmühlen and Town Manager Dr Fleuster, M. Gladbach, and Senior District Manager Dr Feinendegen".[145]

The first part of the programme was Haydn's *Symphony No. 101* "The Clock" and Hindemith's orchestral concert Op.38. The "highlight" (Eisheuer)[146] was the second part with the "impressive performance" (Tristram)[147] of Bruckner's *Seventh Symphony*. After that "the audience in the Viersen Festival Hall rose demonstratively from their seats to honour the Conductor Wilhelm Furtwängler and the Berlin Philharmonic Orchestra" (Tristram).[148] "Hopefully", Eisheuer ended his report, "in the coming year we can again welcome the Philharmonic to our town."[149] The hope was fulfilled on 13 May 1952, albeit for the last time under the direction of Wilhelm Furtwängler.

In this concert, Tristram criticized the fact that the Berlin Philharmonic "this time did not always achieve the precision, which at one time had earned this orchestra its reputation". But he confirmed that they were able to fascinate "by means of their incredible tonal refinement". And he left no doubt that again it was "a great evening".[150]

As the *Rheinische Post* mentioned, the Dutch newspaper *Dagblad voor Noord-Limburg* included a report about this concert. The review is quoted with the statement that "this concert carried in every aspect the imprint of an unusual event". The Dutch critic wrote about the conductor:
"*Furtwängler's conducting stems from his authoritative personality and has very little to do with an issue of the moment or his conducting technique. His very simple gestures and the short energetic actions, which are somewhat stiff and almost caricature-like, are imposing enough to enable him completely to realize his intentions. That is*

chen vollkommen aus, ein Maximum an Folgsamkeit zu erreichen, das es ihm ermöglicht, seine Intentionen zu verwirklichen. Das kennzeichnet schließlich den großen Dirigenten und hat ihm seinen großen Ruf eingebracht".[151]

1952 kamen „die Berliner" noch ein zweites Mal, diesmal unter der Leitung von Hans Knappertsbusch am 11. Oktober. Klang das anders? Ja, lautete der Tenor der Rheinischen Post:
„Wie sehr ein Dirigent das Klangbild und die Gestaltungsweise eines Orchesters bestimmt, bestätigte das zweite dieswinterliche Sinfoniekonzert, das die Berliner Philharmoniker unter Hans Knappertsbusch in der Viersener Festhalle veranstalteten. Der feine duftige Bläserklang, die glasklare Gestaltungsweise und die differenzierte Nuancierungskunst, die das Orchester unter Furtwängler so oft bewies, waren auch diesmal zu hören. Aber wie klang das alles ganz anders! Wie ein rocher de bronce, wie ein Feldherr, ein Generalmusikdirektor mit roten Streifen stand Hans Knappertsbusch über dem Orchester und zwang ihm seinen Willen auf".
Die erste Sinfonie von Beethoven beispielsweise sei „keineswegs in der obligatorischen Darstellung als Haydn-Nachfolge" angesehen worden, „sondern als Vorahnung der kommenden sinfonischen Gebirgslandschaften … mit einer seltenen Spannungsdichte und Klangkultur". Die dritte Brahms-Sinfonie habe Knappertsbusch „in einer straffen, männlichen Diktion, in großartiger architektonischer Sicht" wiedergegeben.[152]

In der Spielzeit 1953/54 spielten die Berliner Philharmoniker nicht in Viersen, wohl war Furtwänglers Nachfolger bereits zu Gast: Am 15. Oktober 1953 dirigierte Herbert von Karajan in der Festhalle die Wiener Symphoniker. Zwei Jahre später gastierten „die Berliner" unter Karl Böhm. Wieder war es „ein großer Abend und … ein gesellschaftliches Ereignis für den linken Niederrhein", resümierte Tristram 1954 und merkte an, dass Böhm, „der

what identifies the great conductors and earned him his huge reputation."[151]

On 11 October 1952 "the Berliners" came a second time, on this occasion under the leadership of Hans Knappertsbusch. Did it sound different? Yes, according to the Rheinische Post:
"How much a conductor determines the sound and shapes the playing of an orchestra was substantiated by the second symphony orchestra concert of this winter, which the Berlin Philharmonic held in the Viersen Festival Hall under Hans Knappertsbusch. The soft and fine wind playing, the crystal-clear shaping and the differentiated and nuanced playing which the orchestra so often showed under Furtwängler were to be heard this time too. But how differently it all sounded! Unshakeable like a military commander, a musical director general with red stripes, Hans Knappertsbusch stood above the orchestra and forced his will on them."

Beethoven's **First Symphony**, for example, was "not at all seen as the prescribed emulation of Haydn, but as a premonition of the coming symphonic mountain landscape … with an unusual concentration of excitement and sound quality. Brahm's **Third Symphony** was conducted by Knappertsbusch "in a strict, masculine style, with a wonderful architectonic perspective".[152]

In the 1953/54 season the Berlin Philharmonic did not play in Viersen, although Furtwängler's successor was a guest: on 15 October 1953 Herbert von Karajan conducted the Vienna Symphony Orchestra in the Festival Hall. Two years later "the Berliners" came as guests under Karl Böhm. Again, it was "a wonderful evening and … a social event for the left Lower Rhine region", Tristram wrote in 1954 and remarked that Böhm, "a native of Graz,

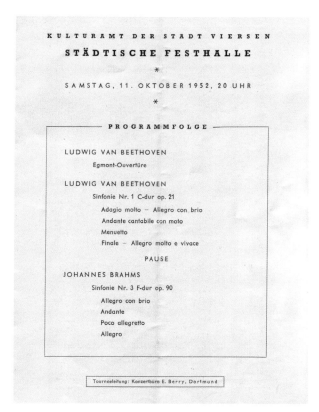

Programm des Konzerts des Berliner Philharmonischen Orchesters am 11. Oktober 1952

Concert programme of the Berliner Philharmonic Orchestra on 11 October 1952

Hans Knappertsbusch dirigierte die Berliner Philharmoniker am 11. Oktober 1952.

Hans Knappertsbusch directed the Berlin Philharmonic on 11 October 1952

geborene Grazer, … ein waches Gespür für die Proportionen eines Werkes" habe. Er sei indessen „kein Pultvirtuose mit Pose und attraktiver Eleganz".[153] Ein solcher sollte, was zu diesem Zeitpunkt noch keiner wissen konnte, eineinhalb Jahre später mit demselben Orchester in die Festhalle kommen.

Am 30. November 1954 starb Wilhelm Furtwängler. Sein Nachfolger Herbert von Karajan kam zweimal nach Viersen; an beide Konzerte kann ich mich noch gut erinnern.

… had a sharp eye for the proportions of a work". However, on the podium he was "not a conductor with flair and attractive elegance".[153] A person who did have these qualities, although nobody could know it at that stage, would come to the Festival Hall a year and a half later.

On 30 November 1954 Wilhelm Furtwängler died. His successor Herbert von Karajan came to Viersen twice; I can remember both concerts well. Since the 1955/56 season I had been a subscriber to the symphony con-

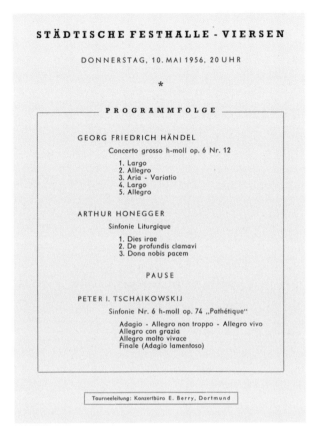

Am 10. Mai 1956 gastierten die Berliner Philharmoniker zum neunten Mal in Viersen, zum ersten Mal unter Herbert von Karajan.

On 10 May 1956 the Berlin Philharmonic appeared in Viersen for the ninth time, conducted for the first time by Herbert von Karajan

Dreimal kam Herbert von Karajan in die Festhalle, einmal mit den Wiener Symphonikern, zweimal mit dem Berliner Philharmonischen Orchester.

Herbert van Karajan came to the Festival Hall three times, once with the Viennese Symphony Orchestra, twice with the Berlin Philharmonic Orchestra

Seit der Saison 1955/56 war ich Abonnent der Sinfoniekonzerte, mein erstes großes Konzerterlebnis in dieser Reihe war das Gastspiel des Rias-Symphonie-Orchesters Berlin unter der Leitung von Ferenc Fricsay am 18. Oktober 1955.

Karajans Auftritte in Viersen waren umjubelte Höhepunkte, die in der Presse eine entsprechende Resonanz fanden.

certs, my first big concert experience in this series being the guest performance of the Rias Symphony Orchestra Berlin under the direction of Ferenc Fricsay on 18 October 1955.

Das erste Festhallen-Konzert mit den Berliner Philharmonikern unter Karajans Leitung am 10. Mai 1956 – im Rahmen einer Tournee durch Frankreich, Belgien und Westdeutschland – wird in der Rheinischen Post von Tristram zum Anlass genommen, darauf hinzuweisen, dass die niveauvollen Darbietungen in der Festhalle „mit zum Besten gehören, was das Musikleben unserer Zeit in Westeuropa zu bieten hat":

„In der Tat, Viersen hat den Musikfreunden des linken Niederrheins manche erlesenen Gaben, darunter ästhetische Genüsse von einmaligem Rang vermittelt und hat uns ein Stück Kulturgeschichte miterleben lassen, wie es nur wenige deutsche Großstädte zu bieten vermögen. Grund genug, die weitsichtige Viersener Kulturpolitik zu loben und zu hoffen, dass diese Linie nicht aufgegeben wird".[154]

Das Konzert begann mit Georg Friedrich Händels Concerto grosso op. 6 Nr. 12, bei dem Karajan das Orchester vom Continuo-Cembalo aus leitete. Es folgten die „Sinfonie Liturgique" von Arthur Honegger und Tschaikowskys 6. Sinfonie h-moll, op. 74 (Pathétique).

In der Beurteilung der optischen Erscheinung Karajans kommen die Rezensenten zu unterschiedlichen Beurteilungen, ob sein Dirigierstil frei von Show-Elementen ist oder nicht.

Tristram in der Rheinischen Post:
„Schlank, elastisch und zäh, mit überlegener Geste und ohne jede dekorative Pose stand Karajan am Pult. Die knappe, präzise Zeichengebung dieses Dirigenten wirkt beruhigend und beflügelnd auf die Musiker. Sie wissen, dass er trotz allen Auswendig-Dirigierens da ist, sie ‚abholt' und dennoch nicht die große Konzeption einer völlig durchdachten und zugleich visionären Interpretation verliert".[155]

Karajan's performances in Viersen were acclaimed highpoints, which found a corresponding resonance in the press. The first Festival Hall concert with the Berlin Philharmonic under the direction of Karajan on 10 May 1956 – in the course of a tour through France, Belgium and West Germany – prompted Tristram to point out in the Rheinische Post, that the sophisticated performances in the Festival Hall "were amongst the best that the musical life of our time had to offer in Western Europe":

" Viersen has given the music enthusiasts of the left Lower Rhine region some exquisite gifts, among them aesthetic delights of a unique quality, and has allowed us to experience a part of cultural history which only a few German cities can offer. Reason enough to praise the far-sighted planning of Viersen's cultural politicians and to hope that this course of action would not be abandoned."[154]

The concert began with Georg Friedrich Händel's Concerto Grosso Op. 6 No. 12 in which Karajan conducted the orchestra from the harpsichord. This was followed by the Sinfonie Liturgique by Arthur Honegger and Tschaikowsky's Sixth Symphony in b minor, Op. 74 (Pathétique).

In the evaluation of Karajan's optical appearance, the reviewers come to different conclusions about whether his conducting style is free from show elements or not.

Tristram wrote in the Rheinische Post:
"Slim, lithe and tenacious, clearly in charge and without any decorative pose, Karajan stood on the podium. The spare, precise gestures of this conductor have a calming and inspiring effect on the musicians. They know that in spite of all his directions being from memory, he is there, he 'gathers' them and he does not lose the big picture of his fully thought out and at the same time visionary interpretation."[155]

Eisheuer in der Westdeutschen Zeitung:

*„Die sportlich-federnde Erscheinung des Dirigentenstars fasziniert schon beim Auftritt. Seine Gestik ist weitausholend, dem Taktstock weniger als den schwingenden, runden Bewegungen der Arme verhaftet, öffnet er die Räume einer graduellen Klangintensität. Er präzisiert die Weite ihres Umrisses, zusammenfassend in übersichtlicher Ordnung. Ein Dirigent, der seine Impulse unter die Willenskontrolle rationaler Schau bringt. Da entstehen Wirkungen selten erreichter Perfektion in der Beherrschung der Mittel, durch eine Darstellung, **die auf manch dekorative Beigabe nicht verzichtet**".*[156]

Der Tenor beider Kritiken ist, dass zwar „unter Karajan … das Niveau der Berliner nicht gelitten" (Tristram), wohl aber der Charakter sich verändert habe. Demonstriert werde jetzt „eine metallisch glänzende und ausgewogene Klangdisziplin" (Eisheuer), es sei „eine zeitnahe, straffere und präzisere Darstellungsweise gefunden" worden (Tristram). Was nicht weiter überrascht: „Stürmische Begeisterung für die Berliner und für den Dirigenten, die zum Schluss einer Ovation glich" (Eisheuer).

Die Sängerin Ursula Stamm, Tochter des Viersener Organisten Hubert Stamm (St. Notburga 1928 – 1962), war in den 1950er Jahren als „Blumenmädchen" im Einsatz. Sie erinnert sich an ihren Einsatz bei einem Konzert der Berliner Philharmoniker:

„Bei einem Konzert der Berliner Philharmoniker unter der Leitung von Herbert von Karajan betrat ich klopfenden Herzens das Podium mit meinem Blumenstrauß, musste aber erfahren, dass der Maestro zwar mein Erscheinen wahrgenommen hatte, aber keineswegs bereit schien, die Blumen in Empfang zu nehmen. Er schloss —wie so oft beim Dirigieren— die Augen und ignorierte meine Anwesenheit. Kurz entschlossen überreichte ich die Blumen dem Konzertmeister."

Eisheuer wrote in *Westdeutsche Zeitung*:

*"The sporty, easy manner of the star conductor fascinates from the moment he appears. His gestures are wide reaching, not dictated by the baton so much as by the broad, round movements of the arms; he creates space for a gradually intensifying world of sound. He defines its scope and achieves clear order. A conductor whose rational vision brings his impulses under control. The result is a seldom achieved perfection in mastery of the means, in a performance **which is not without decorative additions.**"*[156]

The tenor of both critiques is that "under Karajan the standard of the Berliners did not suffer" (Tristram), but that its character had changed. Now "a brilliant metallic and well-balanced control of sound" (Eisheuer) is in evidence; "a contemporary, firmer and more precise way of performing has been found" (Tristram). So the reception is unsurprising: "wild enthusiasm for the Berliners and for the conductor, which at the end was similar to an ovation" (Eisheuer).

The singer Ursula Stamm, daughter of the Viersen organist Hubert Stamm (St. Notburga 1928-1962), was assigned as a "flower girl" in the 1950s. She remembers working there during a concert of the Berlin Philharmonic:

"At a concert of the Berlin Philharmonic under the baton of Herbert von Karajan I stepped onto the podium with my bouquet of flowers, my heart pounding, only to see that the Maestro was aware of my presence but did not seem willing to take the flowers. As he did so often when conducting, he closed his eyes – and ignored my presence. Without further ado, I handed the flowers to the first violinist."

Am 2. März 1958 erfolgt der nächste und – vom begeisterten Publikum wohl kaum so eingeschätzt – letzte Auftritt Karajans in der Festhalle.

„Das Publikum", berichtet Wilhelm Schlüter im „Grenzland-Kurier" vom 4. März 1958, „klatschte wohl zehn Minuten lang Beifall, selbst dann noch, als das Orchester bereits die Bühne geräumt hatte, so dass Herbert von Karajan als der gefeierte Meister des Taktstocks sich schließlich ‚solo' vor Parkett und Rängen verneigen musste."

Daran kann ich mich noch gut erinnern, auch daran, dass nicht nur die Wagnerianer im Publikum die „großartige Interpretation"[157] von Vorspiel und Liebestod aus der Oper „Tristan und Isolde" würdigten. Auch Tristram sah „in der konzentrierten, architektonisch großartig entwickelten und hymnisch gesteigerten Darstellung von Karajan" den „Höhepunkt des Abends". Eine mitreißende Darbietung habe „in beglückender Weise die alten und neuen Qualitäten dieses Orchesters zur Geltung" gebracht. Als neue Qualitäten sieht Tristram „eine bemerkenswerte Geschmeidigkeit" sowie einen „straffen rhythmischen Akzent". „Diese neue geschmeidig-strenge, ja von wienerischer Eleganz und weltmännischer Geste bestimmte Linie von Karajan" habe sich „am eindringlichsten in Mozarts Haffner-Symphonie" geäußert.

„Das war ein anderer Mozart, als wir ihn aus früheren Generationen kennen – festlich, mit großem Atem und klaren Dispositionen, nichts von der Zärtlichkeit und den süßen Details, den Ritardandi und den spielerischen Reizen, die man einst liebte, und doch war alles darin, was den Salzburger Meister ausmacht, freilich großzügiger, in sinfonischer Weite und bestechend in der Durchzeichnung der Kompositionslinien".[158]

On 2 March 1958 the next and final Karajan performance was held in the Festival Hall – not a fact that the enthusiastic audience could have been aware of.

"The audience", reported Wilhelm Schlüter in the Grenzland Kurier of 4 March 1958, "applauded for about ten minutes, even after the orchestra had left the stage, with the result that Herbert van Karajan, as the celebrated master of the baton, had to take his bow 'solo' in front of the stalls and balconies."

I can remember it well. It was also not just the Wagnerian enthusiasts in the audience who appreciated the "marvellous interpretation"[157] of the Prelude and the Liebestod from the opera Tristan and Isolde. Tristram also saw "in the concentrated, architectonically magnificent and hymnically graded presentation by Karajan" the "highpoint of the evening". It was a thrilling performance "which brought to the fore the old and new qualities of this orchestra". As new qualities, Tristram saw "a remarkable smoothness" as well as a "firm rhythmical accent". "This new smooth strictness and Karajan's defined line with its Viennese elegance and urbane style" had been expressed "most vividly in Mozart's Haffner Symphony".

"This was a different Mozart to the one we knew from earlier generations – splendid, with large breath and clear arrangement, nothing of the tenderness and the sweet details, the ritardandi and the playful charms which one once loved, and yet everything was there that typifies the Salzburg master, admittedly more liberal in symphonic expanse and more captivating in the lines of composition which emerged."[158]

Auch in Robert Schumanns 4. Sinfonie bestach das Orchester „durch Verve und Farbigkeit, Präzision und Elastizität". Dass „das Reiseprogramm, das man in Viersen spielte, im Klassisch-Romantischen verhaftet blieb und Werke der modernen Musik ausschloss",[159] war für Karajans Programmgestaltung durchaus typisch.

Nach diesem Konzert im März 1958 dauerte es sechs Jahre, bis „die Berliner" noch einmal nach Viersen kamen, zum bisher letzten Mal und nicht mehr unter Herbert von Karajan. Dieses letzte Konzert fand statt am 22. Oktober 1964. Die Vorbereitungen lassen sich zurückverfolgen bis zu einer Postkarte des Dortmunder Konzertbüros E. Berry vom 6. Mai 1964, auf der Berry an die Mitarbeiterin des Kulturamtes Frau Dohmen schreibt:
„Es besteht die schwache Möglichkeit, im Oktober 1964 mit den Berliner Philharmonikern nach Viersen zu kommen; allerdings nicht mit Herrn von Karajan, aber natürlich mit einem guten anderen Dirigenten".[160]

Verpflichtet wurde schließlich Eugen Jochum. Als „Festhonorar" wurden 21.000 DM vereinbart, die, so im Vertrag der Agentur mit dem Kulturamt festgelegt, „am Tage der Veranstaltung ausgezahlt" werden mussten. Die gesamte Summe war in bar „vor dem Konzert auszuhändigen", und zwar: „3.000 DM in 100-Markscheinen und 18.000 DM in 1.000-Markscheinen" (Brief von Erich Berry an Kulturamtsleiter Günter Ochs vom 16. Oktober 1964).

Und: *„In diesem Betrag sind alle Reiseunkosten für Flugreisen, Instrumententransport, Omnibusse usw. enthalten".*[161]

Gespielt wurden Schuberts 8. und Beethovens 7. Sinfonie, dazwischen „Till Eulenspiegels lustige Streiche" von Richard Strauss.

Also in Robert Schumann's *Fourth Symphony* the orchestra was captivating "through its verve and colourfulness, precision and elasticity". It was typical of Karajan's programme design that "the programme for the trip remained firmly in the Classical/Romantic period and excluded modern musical works".[159]

After this concert in March 1958 it was six years before "the Berliners" came to Viersen again, and never again under Herbert von Karajan. This last concert took place on 22 October 1964. The preparations can be traced back to a postcard from the Dortmund concert office of E. Berry, dated 6 May 1964, in which Berry writes to Mrs Dohmen, a clerk in the Culture Department:
"There is a slight possibility, in October 1964, of coming to Viersen with the Berlin Philharmonic, not with Mr von Karajan, however, but of course with another good conductor."[160]

Eventually Eugen Jochum was contracted. "A fixed honorarium" of 21,000 DM was agreed upon, which, as laid down in the contract between the agency and the culture office, had to be paid out "on the day of the event". The whole sum was to be in cash "handed out before the concert", and, in fact, "3,000 DM in 100 Mark notes and 18,000 DM in 1,000 Mark notes" (letter from Erich Berry to the Culture Department Manager Günter Ochs of 16 October 1964).

And: *"in this figure is included all travel costs for airplane trips, transport of instruments, buses etc".*[161]

Schubert's *Eighth Symphony* and Beethoven's *Seventh Symphony* were played with *Till Eulenspiegel's Merry Pranks* by Richard Strauss in between.

Ein solches Programm konnte R. E. Tristram ähnlich ein-ordnen wie das vom Karajan-Konzert 1958:
„Das Programm, das Jochum mitbrachte, war eines der üb-lichen Reiseprogramme, unproblematisch, auf der Ebene der klassisch-romantischen Tradition, virtuos-konzertant … Man hat dieselben Werke im letzten Winter von verschie-denen anderen Orchestern gehört."
Aber, so beurteilt Tristram die Wiedergabe: „Was war das gegen Jochum und die Berliner Philharmoniker". Jochum komme „von allen (damals) lebenden Dirigenten … in Deutung, charaktervoller Haltung und Verantwortung vor dem Werk Furtwängler am nächsten." Gesamturteil: „Es war ein Fest"![162]

Es kamen noch viele andere berühmte Orchester und Di-rigenten nach Viersen, aber die Berliner Philharmoniker waren nicht mehr zu gewinnen. Karajan setzte für die Richtlinien des Orchesters deutlich andere Akzente als Furtwängler. Konzerte im Ausland, vor allem in Japan, wurden finanziell interessanter. Karajan, durchaus im Wi-derspruch zu vielen Orchestermitgliedern, legte auf Kon-zerte in Deutschland immer weniger Wert, schon gar nicht auf Auftritte in kleineren Städten. Werner Thärichen, ein berufener Zeitzeuge, nennt Viersen in diesem Zusammen-hang expressis verbis:
„Im Orchester wurde kritisiert, dass die ‚kleineren' Städte, wie z. B. Viersen oder Landau, auf den Reiseplänen nicht mehr zu finden waren. Mit Furtwängler hatte das Orchester das Publikum mittlerer Städte aufgeschlossener und dankbarer erlebt als das mancher Großstadt. Jetzt waren die Reiseziele höher gesteckt, sentimentale Bindungen konnte man sich nicht mehr leisten.
Die Philharmoniker waren gespalten: Ein Teil von ihnen nahm die neuen Annehmlichkeiten gelassen hin, bei anderen rührte sich das Gewissen, als nicht nur diese, sondern auch

R.E. Tristram was able to compare it to a programme like that of the Karajan concert of 1958:
"The programme Jochum brought was one of the usual travel programmes, unproblematic, in the classical-ro-mantic tradition, virtuoso concertante … We had heard these works last winter played by different orchestras."
But Tristram said of the performance: "What were those performances compared to those of Jochum and the Berlin Philharmonic?" Jochum was "of all conductors living at that time … closest to the work of Furtwängler in interpretation, in his character, and in his responsible attitude to the work." Overall evaluation: "It was a cele-bration!"[162]

Many other famous orchestras and conductors came to Viersen, but the Berlin Philharmonic could no longer be attracted to come. Karajan laid down guidelines for the orchestra which had different emphases than those of Furtwängler. Concerts abroad, particularly in Japan, were financially more attractive. Karajan, definitely in disagree-ment with many orchestra members, attached less and less importance to concerts in Germany and certainly to concerts in the smaller towns. Werner Thärichen, a recognized contemporary witness, names Viersen in this context *expressis verbis*:
"In the orchestra there was criticism that the 'smaller' towns, like for example Viersen or Landau, were no longer part of travel plans. With Furtwängler the orchestra had found the audiences in middle-sized towns to be more open and appreciative than those in some cities. Now that the trip destinations were different there was no place for sentimental connections.
The Philharmonic was split: one part of them took on the new conveniences in a relaxed manner, others felt bad when not just Viersen, but also other cities were removed

weitere Städte vom Programm gestrichen wurden. Offensichtlich hatte die Bundesrepublik Deutschland, wenn Konzertreisen abgesagt oder gar nicht erst geplant wurden, ein für Karajan zu vernachlässigendes Publikum".[163]

Es ist nur die Spitze des Eisberges, die hier sichtbar wird. Gewiss, 1958 bzw. 1964 ist kein Absturz des Niveaus in Sicht. Nach wie vor kommen große Namen in die Festhalle. Aber es zeichnet sich eine Trendwende ab. Symptomatisch für die veränderte Situation ist die Tatsache, dass unmittelbar nach Furtwänglers Tod die erste Amerikatournee der Berliner Philharmoniker auf dem Terminplan steht. Die musikalische Leitung wird nach intensiven Debatten Herbert von Karajan anvertraut.[164]

Die Zeiten hatten sich geändert. Immer mehr Konzerthallen wurden wieder oder neu aufgebaut. Viersens Festhalle war nur noch ein geeigneter Konzertsaal unter anderen. Die Durchführung von Auslands-Tourneen war einfacher geworden. Andere Veranstalter waren inzwischen zahlungskräftiger als die Stadt Viersen, der finanzielle Aspekt wurde für das Orchester und seinen neuen Dirigenten immer wichtiger. Zwar zeigt die Auflistung der Gastkonzerte in der Festhalle, dass in den 1950er und 1960er Jahren nach wie vor Orchester und Dirigenten von Rang und Namen nach Viersen kommen – und in späteren Jahren auch noch. Aber allmählich geht es etwas gemischter zu. Zwischen Konzerten von höchstem Niveau finden sich auch solche von mehr oder weniger durchschnittlicher Qualität. Der Viersener Kulturverwaltung ist deswegen kein Vorwurf zu machen. Die Zeiten, in denen man mit Textilien und Nahrungsmitteln sowie der einzigen funktionsfähigen Konzerthalle weit und breit die Berliner Philharmoniker nach Viersen locken konnte, waren in der Mitte der 1960er Jahre unwiderruflich vorbei.

from the programme. Clearly, when concert journeys were cancelled or not even planned, Karajan was willing to neglect some West German audiences.[163]

It was only the tip of the iceberg which was visible here. Certainly in 1958 or rather 1964 there was no collapse of standard in sight. The big names were still coming to the Festival Hall. But the changing trend was emerging. Symptomatic of this is the fact that directly after Furtwängler's death the first American tour of the Berlin Philharmonic was planned. After intense debate, the musical direction was entrusted to Herbert von Karajan.[164]

Times had changed. More and more concert halls were being rebuilt or newly built. Viersen's Festival Hall was now just one suitable concert hall amongst others. The holding of tours abroad had become easier. Other organizers were meanwhile able to pay more than the town of Viersen, and the financial aspect became more and more important to the orchestra and its conductor. In fact, the list of the guest concerts in the Festival Hall showed that in the 1950s and 1960s orchestras and directors of high rank and fame still came to Viersen – and in later years this continued. But gradually it became more mixed. Between concerts of the highest standard there were performances of a somewhat average quality. However, the Viersen Cultural Department is not to be reproached. The times in which one could attract the Berlin Philharmonic with textile fabrics and food and in which this was far and wide the only fully-functional concert hall were irrevocably over in the mid-1960s.

This was also confirmed by Dr Hans-Christian Vollert, Viersen's Town Clerk from 1974-1989. He remembered: *"For the young new Town Clerk, it was part of the job – a matter of course – to attend all Viersen symphony concerts.*

Das wird auch von Dr. Hans-Christian Vollert bestätigt, Viersens Stadtdirektor von 1974 – 1989. Er erinnert sich: *„Für den jungen neuen Stadtdirektor gehörte es sich – eine Selbstverständlichkeit – alle Viersener Sinfoniekonzerte zu besuchen. Das war für mich mehr Kür als Pflicht, trotz vieler Abendtermine in der Woche. Das Programm war attraktiv und man sprach in Viersen von Großstadtniveau. – Allerdings waren die Kostenprobleme der Mittelstadt am Nieder-rhein damals schon unübersehbar. Es gab auch Fragen, ob die Honorare für Spitzenorchester angesichts der allgemeinen Haushaltslage für uns noch vertretbar wären. Rat und Kulturausschuss stabilisierten aber mit Mut und Engagement den Kulturhaushalt. Viersen als die ‚Kulturstadt im Grenzland‘ – das war ein Markenzeichen und das wurde hochgehalten. Ganz große Namen und Orchester von internationalem Rang blieben aber die Ausnahme, sozusagen die Highlights des Programms.“* [165]

2.2 Nicht nur „die Berliner": Die Sinfoniekonzerte

Ohne die hohe Qualität der Kammerkonzerte, der Schauspiel- und Opernaufführungen in den 1950er Jahren im Geringsten unterschätzen zu wollen, war doch das Sinfoniekonzert-Abonnement eindeutig „das Herzstück der Viersener Kulturveranstaltungen", wie es Oberstadtdirektor Dr. Carl Schaub in der Programmübersicht „Viersen – Kulturstadt im Grenzland 1957 – 1958" formulierte. [166]

Schon zu Beginn der 1950er Jahre gastieren beachtliche Orchester in Viersen. Im Vorwort des Oberstadtdirektors Schaub zur Spielzeit 1951/52 heißt es:
„In dieser Spielzeit … wird … die Serie mit Instrumentalkonzerten verschiedener bedeutender Orchester bespielt. Nach der Eröffnung des Konzertabonnements durch das angesehene Kölner Rundfunk-Sinfonieorchester folgt ein Konzert der Bamberger Symphoniker, denen ein ausgezeichneter Ruf vorausgeht.

For me that was more like a choice than a duty, despite the many evening appointments I had during the week. The programme in Viersen was attractive, and one spoke in Viersen of big city standards. – However, the problems of cost for the middle-sized town were already evident. There was also the question about whether, in light of the general budget, the fees for top orchestras were still justifiable. The Council and Culture Committee stabilized the culture budget with courage and commitment. Viersen as the 'Cultural Town in the border region' – this was a trademark and it was upheld. However, very big names and orchestras of international standard remained the exception, the highlights of the programme, as it were." [165]

2.2 Not Just "the Berliners": The Symphony Concerts

Without wanting to underestimate the high quality of the chamber concerts, the plays and opera performances in the 1950s, the symphony concert subscriptions were clearly "at the heart of the Viersen cultural events", as the Town Manager Dr Carl Schaub wrote in the programme review "Viersen – Cultural town in the Border Area 1957-1958". [166]

Already at the beginning of the 1950s, significant orchestras came as guests to Viersen. In the foreword written by Town Manager Schaub for the season 1951/52 we read:
"In this season … the series will have instrumental concerts with different important orchestras. Following the opening of the concert subscriptions with the respected Cologne Radio Symphony Orchestra, there is a concert of the Bamberg Symphony Orchestra, who come with an excellent reputation.

Furthermore, concerts will be given by the Cologne Radio Symphony Orchestra and the well-known Bavarian Radio Symphony Orchestra, Munich. The inclusion of the Ber-

Eugen Jochum war zwischen 1952 und 1964 siebenmal in Viersen zu Gast.

Eugen Jochum performed seven times in Viersen between 1952 and 1964

rechts oben: „Zum zweiten Mal in Ihrer so schönen und akustisch prachtvollen Konzerthalle mit großem Vergnügen", schrieb Eugen Jochum am 28. September 1952 ins Gästebuch der Stadt Viersen.

upper right: "I was in your beautiful and acoustically magnificent Festival Hall for the second time and really enjoyed myself", wrote Eugen Jochum on 28 September 1952 in the guest book of the town of Viersen

Es folgt je ein Konzert mit dem Kölner Rundfunk-Sinfonie-Orchester und dem bekannten Bayerischen Rundfunk-Sinfonieorchester, München. Den Höhepunkt und Abschluss der Konzertserie stellt die Aufnahme des Konzerts der Berliner Philharmoniker in das Abonnement dar. Fünf europäische Dirigentenpersönlichkeiten werden anlässlich der Konzerte in der Städt.

lin Philharmonic concert in the subscription constitutes the culmination and conclusion of the concert series. Five leading European conductor personalities will be directing concerts in the Municipal Festival Hall: Igor Markevitch, Clemens Krauß, Günter Wand, Eugen Jochum and Dr Wilhelm Furtwängler."[167]

Festhalle dirigieren: Igor Markevitch, Clemens Krauß, Günter Wand, Eugen Jochum und Dr. Wilhelm Furtwängler".[167]

Nachdem Schaub 1958 aus Altersgründen aus dem Amt des Oberstadtdirektors schied, machte sein Nachfolger Dr. Karl-Heinz van Kaldenkerken gleich zu Beginn seiner Tätigkeit unmissverständlich klar, dass am Stellenwert und am Niveau der Sinfoniekonzerte nichts reduziert werden dürfe. Im ersten von ihm verantworteten Programmheft 1959/60 führt er aus:

„Viersens Festhalle, wegen ihrer baulichen Gediegenheit und ihrer hervorragenden akustischen Qualität besonders bei Sinfonie-Konzerten von einer großen niederrheinischen und holländischen Hörergemeinschaft sehr geschätzt, ist immer mehr zum Treffpunkt philharmonischer Musikkörper und bedeutender Rundfunk-Orchester geworden und hat durch häufige Übertragungen einen guten Ruf in der Bundesrepublik erworben. Die Gunst dieser Umstände, die sich durch eine sehr große Beständigkeit auszeichnen, hat es folgerichtig gemacht, die Sinfoniekonzertreihe als beherrschendes Mittelstück der Viersener Kulturpflege zu erhalten.

Diese Konsequenz wird auch in der neuen Spielzeit gezogen durch die Verpflichtung internationaler Orchester und Dirigenten von Weltruf.

Eine angemessene, in besonderen Fällen mit Verbilligungen ausgestattete Preisfestsetzung ermöglicht es allen Kreisen der Bevölkerung, an diesen festlichen Konzertstunden in Viersen teilzunehmen."[168]

Die Sinfoniekonzerte erfreuten sich nicht nur bei Viersener Musikfreunden größter Beliebtheit. Sie waren ständig ausverkauft. Wer kein Abonnement hatte, musste lange warten, bis er eins bekam – nicht selten auch vergeblich. Auch von der Nachbarstadt Mönchengladbach und aus dem niederländischen Venlo kamen die Konzertbesucher. Man hörte nicht nur Niederländisch im Foyer; auch eine

After Schaub retired from the office of Town Manager in 1958 on grounds of age, his successor Dr Karl-Heinz van Kaldenkerken made it unequivocally clear at the beginning of his tenure that the importance and standard of the symphony orchestra concerts should be retained. In the first programme booklet for which he was responsible he wrote:

"Viersen's Festival Hall, because of its structural soundness and its excellent acoustic quality, particularly for symphony concerts, is much treasured by a large lower Rhine and Dutch audience, and has become more and more a meeting point of philharmonic musical bodies and significant radio orchestras. Through many transmissions it has earned a good reputation in West Germany. These favourable circumstances, which feature a measure of consistency, have made it logical to retain the symphony concerts as a continued centrepiece of Viersen's promotion of culture.

This conclusion will be evident in the next season through the engagement of international orchestras and conductors.

An appropriate ticket pricing system, in particular cases with reductions, makes it possible for all sections of the population to be involved in these celebratory concerts in Viersen.[168]

The symphony concerts were not just popular with the music fans of Viersen. They were constantly sold out. Those who did not have a subscription had to wait a long time to get one – often in vain. The concert attendees came from the neighbouring town of Mönchengladbach as well as from the Dutch town of Venlo. Not only did one hear Dutch in the foyer; a separate sales point in Venlo proves the appeal (the concerts) had on the other side of the neighbouring border.[169]

eigene Verkaufstelle in Venlo beweist die damalige Attraktivität über die benachbarte Grenze hinweg.[169]

Die ersten Sinfoniekonzerte nach dem Krieg wurden mit dem Orchester der Nachbarstädte Mönchengladbach, Rheydt und Krefeld durchgeführt. Als Dirigenten kamen Franz-Paul Decker, Franz Oudille und Romanus Hubertus.

An anderer Stelle wurde bereits berichtet, dass es nach dem Krieg eine kulturpolitische Diskussion über die Verpflichtung von Rundfunkorchestern gab und dass die Stadt Viersen die Möglichkeit nutzte, das Kölner Rundfunk-Orchester zu holen.

Für die Spielzeit 1947/48 lassen sich drei parallel laufende Entwicklungen konstatieren:
1. Das Städtische Orchester M.Gladbach-Rheydt kommt mit fünf Sinfoniekonzerten nach Viersen.
2. Es gelingt, die Berliner Philharmoniker im Oktober 1947 zum ersten Mal nach Viersen zu holen.
3. Am 26. Januar 1948 kommt das Kölner Rundfunk-Sinfonieorchester zum ersten Mal nach Viersen und wird schon in der Spielzeit 1948/49 fünf Sinfoniekonzerte übernehmen. Eine wesentliche Rolle spielt hierbei, dass die intakte Festhalle für den Rundfunk als geeigneter Ersatz für den zerstörten Sendesaal genutzt wurde.

Bemerkenswert ist, dass bereits mit der Saison 1949/50 ein sehr hohes Niveau der Viersener Sinfoniekonzerte erreicht ist. Es finden vier Konzerte mit dem Kölner Rundfunk-Sinfonie-Orchester statt, die Berliner Philharmoniker kommen mit Wilhelm Furtwängler, und Georg Ludwig Jochum führt mit dem Städtischen Gesangverein und dem Orchester der Stadt Duisburg Beethovens neunte Sinfonie auf. Mit den vier Konzerten „der Kölner" kamen als Diri-

The first symphony concerts after the war were carried out with the orchestra of the neighbouring towns of Mönchengladbach, Rheydt and Krefeld. The conductors who came were Franz-Paul Decker, Franz Oudille and Romanus Hubertus.

As was elsewhere reported, after the war there was a cultural political discussion about the engagement of radio orchestras and that the town of Viersen used the opportunity to engage the Cologne Radio Orchestra.

For the 1947/48 season, three developments were established running parallel:
1. The Municipal Orchestra M. Gladbach-Rheydt comes to Viersen for five symphony orchestra concerts.
2. The Berlin Philharmonic is attracted to Viersen for the first time in October 1947.
3. On 26 January 1948 the Cologne Radio Symphony Orchestra comes to Viersen for the first time and will take on five symphony concerts in the 1948/49 season. The main reason for this is that the intact Festival Hall served as a replacement for the Radio Orchestra for its destroyed studio.

It is worth noting that even in the 1949/50 season the Viersen symphony concerts reached a very high standard. Four concerts took place with the Cologne Radio Symphony Orchestra. The Berlin Philharmonic came with Wilhelm Furtwängler, and Georg Ludwig Jochum performed Beethoven's *Ninth Symphony* with the Town Choral Society and the Duisberg City Orchestra. For the four concerts "of the Cologne orchestra" in Viersen, the conductors were Günter Wand, Georg Solti, Ferenc Fricsay and Richard Kraus.

It was a longstanding policy of the Cologne Radio Symphony Orchestra to work without a permanent conduc-

genten nach Viersen: Günter Wand, Georg Solti, Ferenc Fricsay und Richard Kraus.

Es gehörte lange zum Konzept des Kölner Rundfunk-Sinfonie-Orchesters, ohne eigenen ständigen Dirigenten zu arbeiten. Bewusst wurde auf eine einheitliche Linie verzichtet, um sich verschiedenen Auffassungen und Interpretationsmustern der europäischen Spitzen-Dirigenten zu öffnen.

Darüber urteilt Eisheuer in der Spielzeit 1949/50:
„Seine besondere Eigenart, unter verschiedenen Gastdirigenten zu arbeiten, hat ihm die Möglichkeit einer intensiven Leistungssteigerung gegeben, und mit großer Freude werden die zahlreichen Konzertbesucher festgestellt haben, dass zwischen den ersten Konzerten unter G. Wand und dem letzten unter dem Berliner Dirigenten Fricsay ein erheblicher Unterschied sichtbar wird. Ohne Übertreibung kann man nach den letzten Darbietungen diesem Orchester das volle philharmonische Maß zubilligen".[170]

„Ein in der musikalischen Aussage neues und vollendetes Kölner Rundfunk-Sinfonie-Orchester", schwärmt Eisheuer über die Leitung von Georg Solti am 28. November 1949. Mozarts Prager Sinfonie sei „in seltener Stilreinheit" erklungen. Auch wenn Bartók dem „mit einem traditionellen Konzertprogramm verwöhnten und im Geschmack nicht mehr wandlungsfähigen Konzertbesucher vielleicht wenig" gebe, so habe Solti die „feinen Klangfarben mit

tor. They consciously did without a unified direction in order to open themselves up to the varied conceptions and patterns of interpretations of the top European conductors.

Eisheuer states his opinion about this in the season 1949/50:
"Their particular characteristic of working under different guest directors gave them the chance of an intense improvement in performance, and with great joy the large concert audiences will have

noticed that between the first concerts under G. Wand and the last under the Berlin conductor Fricsay a significant difference was noticeable. Without exaggeration, after the last performances one can accord this orchestra full philharmonic status."[170]

"A new and, in its musical expression, perfected Cologne Radio Symphony Orchestra", enthuses Eisheuer about the conducting of Georg Solti on 28 November 1949. Mozart's Prague Symphony reflected "a rare clarity of style". Even if Bartók meant little to an audience accustomed to "a traditional concert programme and perhaps not very open to change", Solti, with superiority of ges-

Am 13. Mai 1955 dirigierte Georg Ludwig Jochum das RIAS-Symphonie-Orchester in der Festhalle.

On 13 May 1955 Georg Ludwig Jochum directed the RIAS Symphony Orchestra in the Festival Hall

einer überlegenen Zeichengebung in das rhythmische Fundament des Werkes" einbezogen.[171]

Bei Ferenc Fricsay konstatiert Eisheuer eine „eigenwillige meisterhafte Dirigentenleistung".[172]

Anlässlich des Konzerts mit demselben Orchester unter Richard Kraus im März 1950 schreibt Eisheuer, dass sich

ture, drew the "fine colours of sound into the rhythmic depth of the work".[171]

Eisheuer attributed to Ferenc Fricsay an "idiosyncratic masterful display of conducting".[172]

On the occasion of the concert with the same orchestra under Richard Kraus in March 1950, Eisheuer wrote that

das Kölner Rundfunk-Sinfonieorchester „mit seinen Konzerten in der Festhalle viele Freunde erworben und volle Erfolge erzielt" habe und fügt hinzu: „Wir möchten es in der nächsten Saison gerne wiedersehen".[173]

Die Viersener Sinfoniekonzerte der 1950er und 1960er Jahre: Mythos oder Wahrheit? Die Frage ist mit einer Auflistung der Orchester und der Dirigenten leicht zu beantworten.

Zwischen dem 1. Januar 1950 und dem 31. Dezember 1960 gastierten in Viersen, zum Teil mehrfach, die Dirigenten:

the Cologne Radio Symphony Orchestra "had gained many friends through their concerts in the Festival Hall and attained huge success", and added: "We'd like to see it again in the next season".[173]

The Viersen Symphony Concerts of the 1950s and 1960s: myth or truth? The question is easily answered with a list of the orchestras and the directors.

Between 1 January 1950 and 31 December 1960 the following orchestral directors held guest concerts in Viersen: (left column)

Ancerl, Karel	Jochum, Eugen
André, Franz	Knappertsbusch, Hans
Barbirolli, Sir John	Karajan, Herbert von
Beecham, Thomas	Keilberth, Hans
Beinum, Eduard van	Kempe, Rudolf
Böhm, Karl	Konwitschny, Franz
Bongartz, Heinz	Krauss, Clemens
Boult, Sir Adrian	Kubelik, Rafael
Celibidache, Sergiu	Markewitsch, Igor
Cluytens, André	Martinon, Jean
Dixon, Dean	Müller-Kray, Hans
Ferencsik, Janos	Otterloo, Willem van
Fricsay, Ferenc	Ramin, Günther
Furtwängler, Wilhelm	Sawallisch, Wolfgang
Haitink, Bernard	Solti, Georg
Janigro, Antonio	Toyama, Yuzo
Jochum, Georg Ludwig	Wand, Günter

1956 kam Rafael Kubelik mit den Wiener Philharmonikern, 1962 mit dem Bayrischen Rundfunk-Sinfonieorchester in die Festhalle.

In 1956 Rafael Kubelik came to the Festival Hall with the Vienna Philharmonic and in 1962 with the Bavarian Radio Symphony Orchestra

Also: kein Mythos, sondern überprüfbare Realität. Und hier die Orchester, mit denen diese Dirigenten in Viersen gastierten:

So: no myths, but a verifiable reality. And here is a list of the orchestras with which these conductors performed as guests: (left column)

Bamberger Symphoniker
Bayrisches Rundfunk-Sinfonie-Orchester
Berliner Philharmonisches Orchester
Concertgebouw Orchester Amsterdam
Dresdener Philharmoniker
Gewandhaus-Orchester Leipzig
Großes Symphonie-Orchester des Nationalen
 Rundfunks (NIR) Brüssel
Hallé-Orchester Manchester
Het Residentie-Orkest Den Haag
Kölner Rundfunk-Sinfonie-Orchester
London Philharmonic Orchestra
National Philharmonie Budapest
Orchestre Symphonique de la Radiodiffusion Française
Radio Philharmonisch Orkest
 und der Groot Omroepkoor (Hilversum)
Rias Symphonie-Orchester
Royal Philharmonic Orchestra London
Sinfonie-Orchester des Süddeutschen Rundfunks
Städt. Gürzenich-Orchester Köln
Städt. Symphonie-Orchester Duisburg
Tokio NHK-Sinfonie-Orchester
Tschechische Philharmonie Prag
Wiener Philharmoniker
Wiener Symphoniker

Zweimal leitete Wolfgang Sawallisch die Wiener Symphoniker in Viersen.

Wolfgang Sawallisch conducted the Vienna Symphony Orchestra twice in Viersen

Als im Rahmen der Sinfoniekonzerte 1953 das Gewandhaus-Orchester und der Thomaner-Chor unter Leitung von Günther Ramin Bachs Weihnachtsoratorium aufführten, muss in mindestens einem Fall die Unterbringung in

When, in the course of the symphony concerts in 1953, the Gewandhaus Orchestra and the Thomaner Choir performed Bach's *Christmas Oratorio* under the direction of Günter Ramin, in at least one case the accommoda-

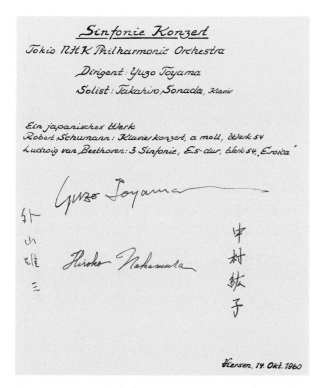

Sinfonie Konzert

Tokio NHK Philharmonic Orchestra

Dirigent: Yuzo Toyama

Solist: Takahiro Sonada, Klavier

Ein japanisches Werk
Robert Schumann: Klavierkonzert, a moll, Werk 54
Ludwig van Beethoven: 3 Sinfonie, Es-dur, Werk 54, "Eroica"

Gäste aus Japan am 14. Oktober 1960: das Tokio NHK-Sinfonie-Orchester, geleitet von Yuzo Toyama

Guests from Japan on 14 October 1960: the Tokyo NHK Symphony Orchestra, directed by Yuzo Toyama

Anders, als im Album vermerkt, spielte am 14. Oktober 1960 Hiroko Nakamura Chopins Konzert für Klavier und Orchester Nr. 1 e-moll, op. 11.

Unlike what is written in the Album, Hiroko Nakamura played Chopin's Piano Concerto no 1 in E Minor opus 11 Min on 14 October 1960

Privatquartieren so herzlich gewesen sein, dass es zu einem unerwarteten Problem kam. Renate Marten (geb. Hirschenkrämer) berichtete, dass bei ihrer Familie ein Chormitglied zu Gast war. Der etwa zehnjährige Junge hatte sich zusammen mit den Hirschenkrämer-Söhnen so sehr in das Spiel mit der elektrischen Eisenbahn vertieft, dass er darüber die Abfahrt des Tourneebusses nach Düsseldorf verpasste. Ramin soll am vereinbarten Treffpunkt Neumarkt (heute Gereonsplatz) sehr ungehalten gewesen sein.

tion in private homes must have been so cordial that it led to an unexpected problem. Renate Marten (née Hirschenkrämer) reported that a choir member was staying with her family. The ten-year-old boy was so involved with the Hirschenkrämer sons in playing with the electric railway that he missed the departure of the tour bus. Ramin was said to have been very annoyed at the agreed meeting point of Neumarkt (now Gereonsplatz). The

Der Bus fuhr ohne den Hobby-Eisenbahner ab. Vater Hirschenkrämer sorgte dafür, dass der Thomaner mit einem Auto nach Düsseldorf gebracht wurde.[174]

Gelegentlich wird von der Kritik vermerkt, dass die Programme der Sinfoniekonzerte zu wenig die zeitgenössischen Komponisten berücksichtigen. So bemängelt beispielsweise Friedrich Schmidtmann in der Rheinischen Post, dass Franz André, ein Dirigent, „der für seine authentischen Wiedergaben neuer Musik … europäischen Ruf genießt", kein „gültiges Werk der Gegenwart" aufs Programm setzte.[175]

Es stimmt, dass in diesem Konzert kein Komponist der Moderne berücksichtigt wurde. Andererseits wurde aber auch kein typisches Reiseorchesterprogramm mit Wunschkonzertcharakter geboten. Camille Saint-Saëns' Sinfonie mit Orgel und zwei Klavieren begegnete man damals wie heute nur selten in Konzerten, Antonio Sacchini (1730–1786) ist kein oft gehörter Komponist, und Ottorino Respighis „Pini die Roma" gehört auch nicht zum Standard-Repertoire eines Tourneeorchesters.

Im Übrigen war die Neigung, moderne Werke aufzuführen, bei den gastierenden Dirigenten durchaus vorhanden. Komponisten des 20. Jahrhunderts waren in der Festhalle sehr wohl zu hören.

Schon in ihrem ersten Konzert in Viersen führen die Berliner Philharmoniker unter Sergiu Celibidache Igor Strawinskys Feuervogel-Suite auf; 1948/49 sind vom Kölner Rundfunk-Orchester Igor Strawinskys Suite aus dem Ballett „Orpheus" sowie Kompositionen von Arthur Honegger, Sergei Prokofieff und Erich Wolfgang Korngold zu hören. Dazu kommt eine deutsche Erstaufführung mit der Rhapsodie für Orchester von Marcel Poot. 1949/50 werden vom Kölner Rundfunk-Sinfonieorchester – verteilt

Occasionally critics have remarked that, in the programmes of the symphony concerts, contemporary composers did not feature enough. Friedrich Schmidtmann in the *Rheinische Post* criticized the fact that Franz André, a conductor "who enjoyed a Europe-wide reputation for his authentic performances of modern music", did not put "a good contemporary work" on the programme.[175]

It is true that no modern composer featured in this concert. On the other hand, no typical touring orchestra programme in the style of a "request" concert had been offered. One came across Camille Saint-Saëns' symphony with organ and two pianos relatively rarely in concerts; Antonio Sacchini (1730-1786) was not a composer often heard, and Ottorino Respighi's *Pini die Roma* did not feature in the standard repertoire of a touring orchestra.

Apart from that, the inclination to perform modern works did certainly exist amongst the guest conductors. Composers of the 20th century were heard in the Festival Hall to be sure.

Even in their first concert in Viersen, the Berlin Philharmonic performed Igor Stravinsky's *Firebird Suite* under Sergiu Celibidache: in 1948/49 Igor Stravinsky's Suite from the Ballet *Orpheus* as well as compositions by Arthur Honegger, Sergei Prokofiev and Erich Wolfgang Korngold were performed. There was, in addition, the German Premiere of the *Rhapsody for Orchestra* by Marcel Poot. In 1949/50 Hindemith, Bartók, Boris Blacher and Karl Amadeus Hartmann were performed by the Cologne Radio Symphony Orchestra in a series of four concerts.

Auch eine japanische Komposition war vom Tokio NHK-Sinfonie-Orchester zu hören: „Enburi", ein japanisches Orchesterstück nach alten Bauerntänzen von Michio Mamiya.

There was also a Japanese composition played by Tokyo NHK Symphony Orchestra: Enburi, a Japanese orchestral piece based on farm dances by Michio Mamiya

rechts: Zwischen 1951 und 1969 kamen die Bamberger Symphoniker neunmal in die Festhalle, dabei viermal mit Joseph Keilberth.

right: Between 1951 and 1969 the Bamberg Symphony Orchestra came to the Festival Hall nine times, four times with Joseph Keilberth

JOSEPH KEILBERTH

auf vier Konzerte – Hindemith, Bartók, Boris Blacher und Karl Amadeus Hartmann aufgeführt.

Gewiss gibt es Konzerte mit Programmen, bei denen das 20. Jahrhundert völlig unberücksichtigt bleibt. Adrian Boult und das Londoner Philharmonische Orchester kommen im Januar 1951 mit Haydns 104. sowie Schumanns 4. und Brahms' 1. Sinfonie. Im Oktober 1952 sind die Berliner Philharmoniker mit Hans Knappertsbusch zu Gast mit zweimal Beethoven (Egmont-Ouvertüre und 1. Sinfonie) sowie der 3. Sinfonie von Johannes

Certainly, there were concert programmes in which the 20th century was completely overlooked. In January 1951, Adrian Boult and the London Philharmonic Orchestra came with Haydn's *104th Symphony*, Schumann's *Fourth Symphony* and Brahms' *First Symphony*. In October 1952 the Berlin Philharmonic under Hans Knappertsbusch played Beethoven's *Egmont Overture* and *First Symphony* as well as Johannes Brahms' *Third Symphony*. But in

Das Orchestre Philharmonique RTF Paris unter der Leitung von Jean Martinon

The Orchestre Philharmonique RTF Paris under the direction of Jean Martinon

Jean Martinon dirigierte 1955, 1959, 1961 und 1962 in der Festhalle.

Jean Martinon conducted in the Festival Hall in the years 1955, 1959, 1961 and 1962

Brahms. Aber in den beiden folgenden Programmen setzen Günter Wand Paul Hindemith und Joseph Keilberth Igor Strawinsky aufs Programm.

Kein Zweifel: den Schwerpunkt der Programme bildeten die großen sinfonischen Werke des 18. und 19. Jahrhunderts, der Wiener Klassik und der deutschen Romantik. Aber die Moderne wurde nicht ausgespart. Das lässt sich auch für die späten 1950er Jahre sagen. Auch Herbert von Karajan, dem – sicher nicht zu Unrecht – mangelndes Engagement für die musikalische Moderne vorgeworfen wurde, beeindruckte 1956 in Viersen mit Honeggers „Sinfonie Liturgique".

Erwähnenswert ist, dass im Rahmen der Konzerte französischer Spitzenorchester authentische Wiedergaben französischer Komponisten, nicht zuletzt impressionistischer Werke zu hören waren. Zu nennen ist hier beispielsweise

both subsequent programmes Günter Wand put Paul Hindemith and Joseph Keilberth put Igor Stravinsky on the programme.

There is no doubt that the main focus of the programmes was the big symphonic works of the 18th and 19th centuries, the Viennese Classics and the German Romantics. But there was no lack of modern works. This can also be said of the late 1950s. Even Herbert von Karajan, who was accused – and not unjustly – of insufficient involvement in modern music, captivated audiences in Viersen in 1956 with Honegger's *Sinfonie Liturgique*.

It is worth mentioning that, among the concerts of top French orchestras, there were authentic performances of French composers, not least of impressionist works. Among those who deserve mention are, for example, Jean Martinon with the "Orchestre Symphonique de

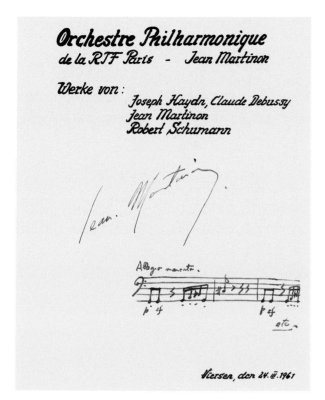

Das Orchestre Philharmonique de la Radiodiffusion-Télévision Paris, Unterschrift von Jean Martinon

The Orchestre Philharmonique de la Radiodiffusion-Télévision Paris, signed by Jean Martinon

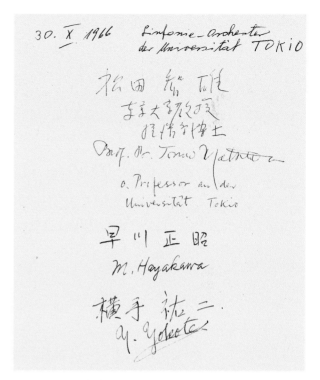

Japanische Unterschriften: Masaaki Hayakawa und das Sinfonieorchester der Universität Tokio am 30. Oktober 1966

Japanese Signatures: Masaaki Hayakawa and the Symphony Orchestra of Tokyo University on 30 October 1966

Jean Martinon mit dem „Orchestre Symphonique de la Radiodiffusion Française" im November 1955 mit Rameau, Berlioz, Fauré, Debussy, Ravel und Jean Français, oder sieben Jahre später, mit Claude Debussys „Prélude à l'après-midi d'un Faune" sowie „Bacchus et Ariane" von Albert Roussel. 1956 kam das „Orchestre National de la Radiodiffusion Française" mit André Cluytens und begeisterte mit der „Symphonie fantastique" von Hector Berlioz sowie der „Suite provençale" von Darius Milhaud und Maurice Ravels zweiter „Daphnis et Cloé"-Suite.

la Radiodiffusion Française" in November 1955 with Rameau, Berlioz, Fauré, Debussy, Ravel and Jean Français; or seven years later, with Claude Debussy's *Prélude à l'après-midi d'un Faune* as well as *Bacchus et Ariane* by Albert Roussel. In 1956 the "Orchestre National de la Radiodiffusion Française" came with André Cluytens and inspired audiences with Hector Berlioz's *Symphonie fantastique* and the *Suite Provençale* by Darius Milhaud and Maurice Ravel's second *Daphnis et Cloé Suite*.

Eisheuer schrieb über die Interpretation der „Symphonie fantastique":

„*Unter dem Dirigenten André Cluytens, seiner vital beherrschten und vom Impuls männlichen Willens geprägten Führung, wird diese Sinfonie aus einer bloßen al-fresco-Darstellung herausgenommen. Vom melodisch durchsichtigen Maß her zeichnet Cluytens die Architektur des thematischen Aufbaues und lässt so die Partitur in der Gliederung ihrer rhythmischen Gangarten sichtbar werden. Hier wurde die ganze Fülle dieser Sinfonie aufgedeckt, bis ins instrumentale Detail im runden Ton der Flöte, in den schlanken Hörnern, im gelichteten Klang der Celli, in den geschlossenen Streichergruppen … Mit strahlendem Glanz und kraftvoller Potenz erfüllte Cluytens mit seinem Orchester die Partitur*".[176]

Wilhelm Schlüter fasst zusammen: „*Cluytens ist der große französische Dirgent, der eine echte Musikbesessenheit mit der überzeugenden Suggestivkraft verbindet, mit der ein so großer Klangkörper zu einer derartig geschlossenen Ensembleleistung werden kann, wie wir sie hier entgegennehmen konnten … Das musikverständige und musikbegeisterte Viersener Konzertpublikum spendete den hervorragenden Interpreten dieser glanzvollen Musizierkunst und allen voran ihrem großen Dirigenten minutenlangen Beifall*".[177]

Deutlich war damals in der Festhalle zu erleben, dass die französischen Orchester anders klangen als die deutschen. Ich erinnere mich daran, dass in den 1950er Jahren den französischen Fagotten ein eigentümlich schnarrender Ton eigen war und die Hornisten – im Gegensatz zu ihren deutschen Kollegen – grundsätzlich mit Vibrato spielten.

Bei den Rezensenten fanden die Interpretationen der französischen Komponisten begeisterte Zustimmung, die Wiedergabe deutscher Kompositionen durch französische Orchester stieß dagegen auf Kritik, zum Teil sogar sehr

Eisheuer wrote about the interpretation of the *Symphonie fantastique*:

"*Under the baton of André Cluytens with his intense, controlled conducting, shaped by a strong male impulse, this symphony is prevented from being a mere al-fresco representation. With melodic transparency, Cluytens reveals the architecture of the thematic structure and so exposes the rhythmic moves of the piece. Here the complete wealth of this symphony is revealed in every detail in the round tone of the flutes, in the slender horns, in the distinct sound of the cellos and in the closed string sections … With great splendour and great power Cluytens executed the score.*"[176]

Wilhelm Schlüter summarized:

"*Cluytens is the great French conductor who combines an addiction to music with a convincing power of suggestion through which such a large body of sound can be reduced to such tight ensemble playing as we could experience here … The Viersen concert-going public, who both understand and love music, afforded this marvellous interpretation of wonderful music – and, most of all, their famous director – an applause which lasted for minutes.*"[177]

It was clearly noticeable in the Festival Hall that the French orchestras sounded different to the German. I remember that in the 1950s a peculiar, jarring tone was characteristic of the French bassoons and that the horn players, unlike their German counterparts, always played with vibrato.

In the reviews, whereas the interpretations of the French composers were greeted with enthusiastic approval, the performances of German compositions by French orchestras came in for criticism, sometimes even very strong criticism. At the concert of the Parisian Orches-

harte. Beim Konzert des Pariser „Orchestre de la Radio-diffusion Française" unter der Leitung von Paul Paray im April 1964 äußerte sich Eisheuer begeistert über die „beispielhafte Klarheit im gesammelten instrumentalen Ausdruck" bei der Wiedergabe der „Symphonie fantastique" von Berlioz. Aber der Interpretation von Wagners Vorspiel zu „Tristan und Isolde" und „Isoldes Liebestod" konnte er ebenso wenig abgewinnen wie der des „Till Eulenspiegel" von Richard Strauss. Bei Strauss fehlte es nach Ansicht des Kritikers „an rhythmischem Impuls", bei Wagner habe der Dirigent „die Tragweite der Konzeption nicht souverän übersehen" können und die Musik lediglich „von der Oberfläche, vom bloßen Klangeffekt her gezeichnet".[178]

tre de la Radio-diffusion Française under the direction of Paul Paray in April 1964, Eisheuer spoke enthusiastically about the "exemplary clarity in the collective instrumental expression" of the performance of the *Symphonie fantastique* by Berlioz. But he could take very little pleasure in the interpretation of Wagner's Prelude to *Tristan und Isolde* and *Isoldes Liebestod* as well as *Till Eulenspiegel* by Richard Strauss. In the Strauss piece there was, according to the critics, a lack "of rhythmic impulse"; in the Wagner piece, the conductor was not able to "grasp the scope of the conception with confidence", and the music was only "portrayed on the surface, merely the sound effect".[178]

„En souvenir": Am 23. April 1964 spielte das Orchestre National de la Radiodiffusion-Télévision Française …

"En souvenir": On 23 April 1964 the Orchestre National de la Radiodiffusion-Télévision Française

… unter der Leitung von Paul Paray.

… under the baton of Paul Paray

Unbestritten blieb bei den französischen Interpreten aber immer die Kompetenz für den französischen Impressionismus. Debussys „Nuages et Fêtes", von demselben Pariser Orchester im März 1961 unter der Leitung des damaligen Düsseldorfer Generalmusikdirektors Jean Martinon aufgeführt, fand einhellige Zustimmung. Theo Zart lobte in der Westdeutschen Zeitung „die Transparenz des Klanges" und die „Beweglichkeit" einer Interpretation, die „sich wohlig von der oft dickflüssig schwermütigen mancher deutscher Dirigenten abhob".[179] Und in der Rheinischen Post wurden die klanglichen Abstufungen herausgestellt, die eine „faszinierende Wirkung" auf die Zuhörer ausgelöst hätten.[180]

Englische Spitzenorchester gehörten ebenfalls zu den Festhallengästen. Als 1958 das Hallé-Orchester Manchester unter der Leitung von Sir John Barbirolli nach Viersen kommt, berichtet Paul Müller in der Rheinischen Post:
„Das Ereignis zog Besucher von nah und fern an. Ein weltstädtisch anmutender Autopark vor der Konzerthalle kennzeichnete schon das Besondere.
Das Hallé-Orchester, das seit Jahren von Sir John Barbirolli geleitet wird, gehört zu den ältesten und den bedeutenden europäischen Orchestern. Es ist in etwa das englische ‚Gewandhausorchester'".

Über den charakteristischen Klang dieses Orchesters ist an gleicher Stelle zu lesen:
„In dieses Orchester sind noch keine Amerikanismen, keine scharfen, schneidenden Funksitten eingedrungen. Dafür federt alles und atmet ganz und gar menschlich. ... Man strebt nicht nach Klangsensationen. Schöneres ist im Konzertsaal nicht zu denken".[181]

Im Grenzland-Kurier schwärmt Wilhelm Schlüter davon, dass „sich die subtile Farbigkeit des in allen Sparten vorzüglich

There was never any doubt about the competence of the French interpreters with regard to performance of French impressionist pieces. Debussy's *Nuages et Fêtes*, performed by the same Parisian orchestra in March 1961 under the direction of the Düsseldorf General Music Director Jean Martinon, found unanimous approval. Theo Zart, in the *Westdeutsche Zeitung*, praised "the transparency of sound" and the "flexibility" of an interpretation which "nicely avoided the often viscous melancholy of some German conductors".[179] And in the *Rheinische Post* it was emphasized that the tonal gradations had had a "fascinating effect" on the listeners.[180]

There were also English top orchestras as guests at the Festival Hall. When in 1958 the Hallé Orchestra Manchester came to Viersen under the baton of Sir John Barbirolli, Paul Müller reported in the *Rheinische Post*:
"The event attracted people from far and near. In front of the Festival Hall a vehicle fleet one would expect to see in a metropolitan city was an indication of something special. The Hallé Orchestra, which has for years been directed by Sir John Barbirolli, is one of the top major European orchestras. It is, as it were, the equivalent of an English 'Gewandhaus orchestra'."

One can also read here about the characteristic sound of the orchestra:
"No Americanisms, no sharp, penetrating funk characteristics have invaded this orchestra. Instead everything moves along lightly and breathes in a completely human way. ... There is no seeking for sound sensations. Nothing more beautiful is imaginable for a concert hall."[181]

In the *Grenzland Kurier*, Wilhelm Schlüter enthuses about the fact that *"the subtle colourfulness of the orchestra, splendid in all sections, could be enjoyed with*

„Herzlichst": 1960 kam Rudolf Kempe mit den Bamberger Symphonikern, 1963 mit dem Royal Philharmonic Orchestra London und 1970 mit den Münchner Philharmonikern.

"Warmest greetings": in 1960 Rudolf Kempe came with the Bamberg Symphony Orchestra, in 1963 with the Royal Philharmonic Orchestra London, and in 1970 with the Munich Philharmonic

Unter dem "Union Jack": Sir Thomas Beecham und das Royal Philharmonic Orchestra London am 15. Oktober 1959

Under the "Union Jack": Sir Thomas Beecham and the Royal Philharmonic Orchestra, London on 15 October 1959

besetzten Orchesters in schönster Leuchtkraft zeigen konnte … Sir John Barbirolli, der Kolorit und Atmosphäre schaffende Künstler des Taktstocks mit einem trotz seiner Akklimatisierung unverkennbar südlichen Temperament, führte sein Orchester zu einem Triumph des Erfolges, der ihm auch in der Viersener Halle in minutenlangen Ovationen des begeisterten Publikums bestätigt wurde".[182]

Dieses Konzert war das zweite eines englischen Orchesters in Viersen, das erste lag zu diesem Zeitpunkt schon etwas zurück – mit dem Besuch 1951 der Londoner Philharmo-

all its beautiful vibrancy … Sir John Barbirolli, who could achieve colour and atmosphere using his baton with his unmistakable southern temperament – despite his acclimatization – led his orchestra to a triumphal success which was confirmed to him in the Viersen Festival Hall with enthusiastic ovations which lasted for minutes".[182]

This concert was the second to be played by an English orchestra in Viersen. The first one dated back to the visit in 1951 of the London Philharmonic under Sir Adrian Boult. The Royal Philharmonic Orchestra also came to

Sir Thomas Beecham und das Royal Philharmonic Orchestra London mit Haydns 101. Sinfonie „Die Uhr", der von Beecham bearbeiteten Händel-Suite „Love in Bath" und Beethovens 7. Sinfonie

Sir Thomas Beecham and the Royal Philharmonic Orchestra London with Haydn's "Clock" Symphony, No. 101, the Handel Suite Love in Bath arranged by Beecham, and Beethoven's Seventh Symphony

niker unter Sir Adrian Boult. Auch das „Royal Philharmonic Orchestra" kam nach Viersen, 1959 unter Sir Thomas Beecham und 1963 unter Rudolf Kempe.

Als Sir Thomas Beecham 1959 nach Viersen kam, war der 1879 geborene britische Altmeister bereits 80 Jahre alt. Mehrere Sinfonieorchester hatte er gegründet, so das „New Symphonie Orchestra", das „London Philharmonic Orchestra" und das "Royal Philharmonic Orchestra London", das er in der Festhalle dirigierte.

Beecham konnte auf ein langes Dirigentenleben zurück-blicken. Schon kurz nach der Jahrhundertwende, von 1902 bis 1904, leitete er ein kleines Opern-Ensemble. Während

Viersen in 1959 under Sir Thomas Beecham and in 1963 under Rudolf Kempe.

When Sir Thomas Beecham came to Viersen in 1959, the British doyen who was born in 1879 was already 80 years old. He had founded several symphony orchestras, including the "New Symphonie Orchestra", the "London Philharmonic Orchestra" and the "Royal Philharmonic Orchestra London", which he conducted in the Festival Hall.

Beecham could look back on a long career in conducting. Even at the turn of the century, from 1902 until 1904, he directed a small opera ensemble. During World War I

des Ersten Weltkriegs gründete er die „Beecham Opera Company", die er bis 1920 als eigenes Ensemble leitete.

Beecham wurden Schlagfertigkeit und Witz nachgesagt. Da es ihm schwer fiel, auf das Podium zu steigen, hatte man ihm zur Erleichterung einige Ziegelsteine als Zwischenstufe ausgelegt. Beecham ließ es sich nicht nehmen, einen Stein in die Höhe zu heben und – auf Englisch – eine scherzhafte Bemerkung zu machen. Er habe, ließ sich „Sir Thomas" vernehmen, nie vorgehabt, Maurer zu werden.[183]
In den 1960er Jahren kamen regelmäßig osteuropäische Orchester nach Viersen, einige von ihnen mehrfach:

he founded the "Beecham Opera Company", which until 1920 he directed as his own ensemble.

Beecham was known for his wit and repartee. As he found it difficult to climb onto the podium, they had eased it for him by laying some bricks as steps along the way. Beecham did not miss the chance of lifting one up and joking in English: "I never intended to become a bricklayer."[183] In the 1960s, Eastern European orchestras came regularly to Viersen, some of them several times: The National Philharmonic Budapest (1962, 1964, 1968, 1970), The Warsaw National Philharmonic (1962, 1966),

Blumen für den Dirigenten der Warschauer National Philharmonie Witold Rowicki am 14. Oktober 1962

Flowers for the conductor of the Warsaw National Philharmonic, Witold Rowicki on 14 October 1962

Die National Philharmonie Budapest (1962, 1964, 1968, 1970), die Warschauer National Philharmonie (1962, 1966), die Tschechische Philharmonie Prag (1963, 1965), die Belgrader Philharmonie (1964, 1967), das Sinfonieorchester des Tschechoslowakischen Rundfunks Prag (1966, 1969), die Slowakische Philharmonie (1967), das Zagreber Radio-Sinfonieorchester (1968), die Rumänische Staatsphilharmonie (1969) und die Staatliche Philharmonie Brünn (1970).

Auch 1970/71 waren, wie in der Westdeutschen Zeitung vom 15. Juli 1970 zu lesen, noch gute Orchester in Viersen zu hören:
„Die Reihe der Sinfoniekonzerte eröffnet die Bulgarische Staatskapelle, der die Wiener Symphoniker, das Orchestre Philharmonique ORTF, die Tschechische Philharmonie und das Sinfonieorchester des Rumänischen Rundfunks nachfolgen".[184]

the Czech Philharmonic, Prague (1963, 1965), the Belgrade Philharmonic (1964, 1967), the Symphony Orchestra of Czechoslovakian Radio, Prague (1966, 1969), The Slovakian Philharmonic (1967), the Zagreb Radio Symphony Orchestra (1968), the Romanian State Philharmonic (1969) and the State Philharmonic Brno (1970).

Even in 1970/71, according to the *Westdeutsche Zeitung* on 15 July 1970, there were still good orchestras to be heard in Viersen:
"The series of symphony concerts was opened by the Bulgarian State Orchestra, and they were followed by the Vienna Symphony Orchestra, the Orchestre Philharmonique ORTF, the Czech Philharmonic and the Rumanian Radio Symphony Orchestra."[184]

In Anbetracht des hohen Niveaus der Sinfoniekonzerte war und blieb es schwierig, Karten zu bekommen. Zunächst gab es bei den ersten Konzerten der Berliner Philharmoniker das schon erwähnte Problem, dass ein großer Teil der Festhallenplätze für die Quartiergeber, die Spender der Gabenpakete, die Vertreter von Politik und Wirtschaft und schließlich noch die Repräsentanten der Nachbarstädte reserviert blieb.

In dem Maße freilich, in dem die Übernachtungen in Hotels stattfinden konnten und die Honorierung in Geld statt in Naturalien möglich wurde, wuchs jedenfalls vorübergehend die Chance, Karten im freien Verkauf zu bekommen. Allerdings führte die Attraktivität der Sinfoniekonzerte in Kombination mit dem Abonnement-Prinzip dazu, dass später die Plätze fest in der Hand derselben Abonnenten blieben und allenfalls unter der Hand weitergegeben wurden. Ich erinnere mich, dass mir in den 1960er Jahren der damalige Kulturamtsleiter Günter Ochs von seinem Plan berichtete, alle Sinfoniekonzert-Abonnements zu kündigen und neu zu verkaufen, weil die registrierten Abonnenten immer weniger mit den tatsächlichen Hörern identisch seien. So bekannt das Problem und so verständlich dieses Vorhaben auch war, so schwierig wäre die Realisierung gegen vielfachen massiven Widerstand gewesen. Folglich blieb es bei der Absicht.

In view of the high standard of the symphony concerts it had already been, and remained, difficult to obtain tickets. As mentioned earlier, the problem with the early concerts of the Berlin Philharmonic was, that many tickets for the Festival Hall remained reserved for those who provided accommodation, those who provided gift parcels, the political and economic representatives, and finally the representatives from neighbouring cities.

To the extent, however, that overnights could take place in hotels and the fees were paid in money instead of natural produce, there was an increasing opportunity, at least temporarily, to get tickets which were on sale. However, the appeal of symphony concerts in combination with the subscription principle led to seats staying in the hands of the same subscribers or were sometimes secretly passed on. I remember that in the 1960s the Head of the Cultural Office at the time, Günter Ochs, reported his plan to terminate all symphony concert subscriptions and sell them again, because the registered subscribers were less and less often the actual audience. As well-known as this problem was and as understandable as the plan was, implementing it would have been very difficult in the face of often extreme opposition. Consequently, it went no further.

2. SINFONIEKONZERT
„WIENER SYMPHONIKER"
Dirigent: EUGEN JOCHUM

Ludwig van Beethoven: Egmont- Ouvertüre op.84
Sinfonie Nr. 2 D-dur op. 36
Johannes Brahms: Sinfonie Nr. 4 E-moll op. 98

Viersen I , den 4. Nov. 1970

„Wieder ein-mal"... Eugen Jochum, am 4. November 1970 mit den Wiener Symphonikern

"Once again" ...Eugen Jochum, on 4 November 1970 with the Viennese Symphonic Orchestra

2.3 Die Kammerkonzerte

Bei den Kammerkonzerten verlief die Entwicklung ähnlich wie bei den Sinfoniekonzerten. Zunächst knüpfte man an die Tradition der Vorkriegszeit an, belebte die alten Kontakte und arbeitete vorwiegend mit Musikern aus der Region wie der Altistin Ruth Siewert-Schnaudt, dem Schulmusiker Theo Zart oder dem Neusser Geiger August Kreuter zusammen.

In den beiden ersten Spielzeiten nach dem Krieg, 1945/46 und 1946/47, wurden Sinfonie- und Kammerkonzerte gemeinsam unter der Rubrik „Konzertring" geführt und durchnummeriert. In der Übersicht über die Konzerte in den Kapiteln 7.2 und 7.3 werden sie um der Systematik der späteren Jahre willen getrennt aufgeführt. Die Nummerierung wird aber aus der „Konzertring"-Systematik übernommen.[185] Die Aufteilung der Konzerte auf zwei Abonnements erfolgt in der dritten Nachkriegsspielzeit. In den „Viersener Mitteilungen" wird verlautbart, dass „für die Konzertsaison 1947/48 die Auflage eines Abonnements für Kammermusik vorgesehen" ist und „im Rahmen dieses Kammermusik-Abonnements vier Veranstaltungen geplant" sind.[186]

Gleich in der Saison 1945/46 gab es ein Wiedersehen mit dem Peter-Quartett aus Essen. Es kam im

„Das Wiener Oktett freut sich jedes Mal, in dieser musikliebenden Stadt zu konzertieren. Mit vielem Dank und herzlichen Wünschen! 25. Februar 1955, Willi Boskovsky"

2.3 The Chamber Concerts

With the chamber concerts the development went similarly to that of the symphony concerts. At first it was tied in with the pre-war tradition, old contacts were revived, and they worked mainly with musicians from the region such as the alto, Ruth Siewert-Schnaude, the school musician, Theo Zart or the violinist from Neuss, August Kreuter.

In the first couple of seasons after the war, 1945/46 and 1946/47, symphony and chamber concerts were held under the heading "concert cycle" and numbered. In the listing of concerts in chapters 7.2 and 7.3 they are entered separately to match the system which was used in later years. The numeration is taken from the concert cycle system.[185] The division of concerts into two subscriptions took place in the third post-war season. In the "Viersener Mitteilungen" it was announced that "for the concert season 1947/48 a subscription series for chamber music is planned" and "in the context of this chamber music subscription four events are planned".[186]

As early as the 1945/46 season there was a reunion with the Peter-Quartet from Essen. They came in March 1946 for a concert with works by Haydn,

"The Viennese Octet is always happy to perform in this music-loving town. Many thanks and best wishes. 25 Feb-ruary 1955, Willi Boskovsky"

März 1946 zu einem Konzert mit Werken von Haydn, Beethoven und Schubert. Dieses Ensemble war nicht zum ersten Mal in Viersen. Bereits 1941, während des Krieges, hatten die vier Musiker, auf Anregung von Dr. Ernst Klusen, das A-Dur-Quartett des damals unbekannten Beethoven-Zeitgenossen Johann Wilhelm Wilms in Viersen aufgeführt.[187] Inzwischen hat der deutsch-niederländische Komponist dank der Aktivitäten der Internationalen Johann Wilhelm Wilms Gesellschaft einen größeren Bekanntheitsgrad erreicht.[188]

Im Laufe weniger Jahre führte der Domino-Effekt auch bei den Kammerkonzerten zu einem beachtlichen Niveau. Als erst einmal Künstler wie Furtwängler oder Gründgens regelmäßig in der Festhalle auftraten, wurde es für immer mehr Spitzenkünstler und -ensembles interessant, ebenfalls nach Viersen zu kommen.

Beethoven and Schubert. This was not the first time this ensemble had been in Viersen. In 1941, during the war, the four musicians, encouraged by Dr Ernst Klusen, had performed in Viersen the "A major quartet" by an – at that time – unknown contemporary of Beethoven, Johann Wilhelm Wilms.[187] In the meantime, the German-Dutch composer had achieved a higher level of prominence because of the activities of the International Johann Wilhelm Wilms Society.[188]

In the course of a few years, the domino effect led to the chamber concerts achieving a significant standard. When, first of all, artists such as Furtwängler or Gründgens regularly performed in the Festival Hall, it was more and more attractive for top artists and ensembles to come to Viersen.

Das Borodin-Quartett aus Leningrad am 11. Oktober 1960

The Borodin Quartet from Leningrad on 11 October 1960

„Notierte Unterschriften" vom Quartetto di Roma am 30. Januar 1950

"Signatures" from the Quartetto di Roma on 30 January 1950

1950 kam der aus Ungarn nach Deutschland geflüchtete Tibor Varga zu einem Violinabend in die Festhalle, die Pianistin Elly Ney und das Trio de Trieste waren in der Spielzeit 1951/52 ebenso zu Gast wie der Pianist Hans Richter-Haaser als Klavierbegleiter des Cellisten Ludwig Hoelscher. Der Violinvirtuose Váša Přihoda kam 1953. 1954 durften unter anderem das Végh-Quartett, der Pianist Wilhelm Kempf und das Trio de Trieste (zum zweiten Mal) in Viersen begrüßt werden. In den folgenden Jahren kamen 1956 aus London das Amadeus-Quartett, 1958 aus Paris das Loewenguth-Quartett und aus New York das Juilliard String-Quartett.

Als 1954 das Trio de Trieste zum zweiten Mal nach Viersen kam, erinnerte die Rheinische Post an das „unvergessene" Konzert 1951 und schwärmte davon, dass auch diesmal „dies … die ideale, vollkommene Art (war), Musik zu

Ingrid Heiler am Cembalo, 12. Dezember 1961 …

Ingrid Heiler on the harpsichord, 12 December 1961

In 1950, Tibor Varga, who had fled from Hungary to Germany, came for a violin evening in the Festival Hall; also the pianist Elly Ney and the Trio de Trieste played in the season 1951/52 as well as the pianist Hans Richter-Haaser as piano accompanist of the cellist Ludwig Hoelscher. The violin virtuoso Váša Přihoda came in 1953. In 1954, among others, the Végh Quartet, the

Ingrid Heiler „mit allen guten Wünschen"

Ingrid Heiler "with all good wishes"

machen" und die Zuhörer „das seltene Erlebnis vollkommenen Musizierens" gehabt hätten.[189]

1956 kam das Végh-Quartett zum dritten Mal aus Paris nach Viersen. In der Westdeutschen Zeitung war von „neuen und anders wirkenden Perspektiven" zu lesen: „Hier wurden die formalen Gestaltungsprinzipien bis zur Grenze des instrumentalen Ausdrucksvermögens verdichtet".[190] Der Rezensent der Rheinischen Post kam zu dem Schluss, „dass die vier Meister, die ohnehin kaum einen Vergleich zulassen, an diesem Abend vollends den Gipfel der Quartettkunst erreicht hatten." Er schloss mit den Worten: „Die Véghs machen dem Kritiker sein Amt nicht leicht, denn es gibt kaum etwas Schwierigeres und Vergeblicheres, als über etwas Vollkommenes zu berichten".[191]

1958 zählte die Rheinische Post das Végh-Quartett „schon zu den Stammgästen", so dass „nicht mehr eigens festge-

pianist Wilhelm Kempf and the Trio of Trieste (for the second time) were welcomed in Viersen. In subsequent years the Amadeus Quartet came from London in 1956, in 1958 the Loewenguth Quartet came from Paris and from New York the Juilliard String Quartet.

When the Trio de Trieste came to Viersen for the second time in 1954, the *Rheinische Post* reminded readers of the "unforgettable" concert of 1951 and enthused that on this occasion too "this ... was the ideal, the perfect way to make music" and that the audience "had had the rare experience of perfect music-making.[189]

In 1956 the Végh Quartet came to Viersen from Paris for the third time. In the *Westdeutsche Zeitung* one could read about "new and different perspectives ": "Here the formal organizational principles were condensed to the limit of instrumental capability of expression".[190] The reviewer of *Rheinische Post* came to the conclusion "that the four masters, who in any case are incomparable, had totally reached the pinnacle of the art of quartet playing on that evening". He closed with the words: "The Véghs do not make the critic's job easy, because there is nothing more difficult and more futile than writing about the perfect".[191]

In 1958 the *Rheinische Post* saw the Végh Quartet "already as regular guests", and that "it no longer needed to be mentioned specially" that this ensemble "is good – no, is actually brilliant". Even when the correspondent (Ekl) was not in agreement with all the details of the interpretation, he wrote: "the large, very attentive, very informed and very grateful audience felt, and rightly so, that they had received the gift of a wonderful performance.[192]

In 1958, likewise, "celebrated in the liveliest and most grateful of fashions", as was stated in the *Rheinische Post*,

stellt zu werden braucht", dass dieses Ensemble „gut, nein hervorragend ist." Auch wenn der Berichterstatter (Ekl) nicht mit allen interpretatorischen Details einverstanden war, konstatierte er: „Das sehr zahlreiche, sehr aufmerksame, sehr verständige und sehr dankbare Publikum empfand sich – zu Recht – als reich beschenkt."[192]

Ebenfalls „auf das Lebhafteste und Dankbarste gefeiert" wurde 1958, wie in der Rheinischen Post zu lesen war, das Bläser-Quintett des Orchestre National de la Radiodiffusion Française: Stelle schon dieses Pariser Ensemble „das Beste dar, was die Gegenwart zu bieten hat", so werde doch „der Ruf, der diesem Ensemble, das wir hier zum ersten Male hörten, vorausging, … noch bei weitem übertroffen von der persönlichen Wirksamkeit, die alle Erwartungen weit in den Schatten stellte".[193]

Für Kammerkonzerte mit Klavier – und damit zugleich für Klavier-Soli in Sinfoniekonzerten – beschloss der Kulturausschuss in der Sitzung am 20. Februar 1959 den Kauf eines Steinway-Flügels zum Sonderpreis von 12.800 statt 18.200 DM. Damit sparte die Stadt jährlich 1.000 bis 1.200 DM „Flügelleihgebühren" und hatte auch die Möglichkeit, „dem städtischen Gymnasium, das über ein äußerst schlechtes Instrument verfüge, den Blüthner-Flügel der Festhalle zur Verfügung zu stellen".[194]

Auch in den 1960er Jahren lohnte sich der Besuch der Kammerkonzerte. Zu erwähnen sind herausragende Pianisten wie Jakob Gimpel (1961), erneut Hans Richter-Haaser (1965), Adam Harasiewicz (1967), Christoph Eschenbach (1968) und Friedrich Gulda (1968), weiter der Cellist Pierre Fournier (1963) sowie – aus der Geiger-Zunft – Christian Ferras (1966) und Edith Peinemann (1969).

Dem „Warschauer Quintett", 1965 zu Gast, gehörten international gefeierte Solisten an wie der Geiger Bronislaw

Jacob Gimpel, der Bruder des Geigers Bronislaw Gimpel vom „Warschauer Quintett", …

Jacob Gimpel, the brother of the violinist Bronislaw Gimpel from the "Warsaw Quintet"

was the wind quartet of the Orchestre National de la Radiodiffusion Française: if this Paris ensemble represented "the best that is currently on offer", "the reputation which preceded this ensemble, heard here for the first time, … was by far surpassed by its personal impact which went way beyond all expectations".[193]

3 Kammerkonzert

Jakob Gimpel, Klavier

Werke von:

Ludwig van Beethoven,
Franz Schubert, Claude Debussy
Felix Mendelssohn-Bartholdy
Frédéric Chopin

... kam am 6. März 1961 zu einem Klavierabend in die Festhalle.

...came on 6 March 1961 to a piano evening in the Festival Hall

Gimpel und Władysław Szpilman, dessen Überlebenskampf in Warschau unter der Regie von Roman Polanski 2002 im vielbeachteten Film „Der Pianist" – nach der Autobiographie „Das wunderbare Überleben" – thematisiert wurde.

Zur Akzeptanz der Kammerkonzerte stellte nach der Pensionierung des Oberstadtdirektors Dr. Schaub sein Nachfolger Dr. Karl-Heinz van Kaldenkerken am Beginn der Saison 1959/60 erfreut fest, dass sich „in Viersen ... schon vor Jahren ein ansehnlicher Hörerkreis dieser kleinen, die Sinfoniekonzerte ergänzenden Serie solistischer Musik zusammengefunden" hatte. Natürlich war allen klar, dass sich die Zahl der Kammermusik-Abonnenten nicht beliebig steigern ließ. So dürfte es auch keine Überraschung ausgelöst haben, als 1964 der Kulturausschuss-Vorsitzende

At a meeting of the Culture Committee on 20 February 1959, it was decided to buy a Steinway grand piano – for the special price of 12,800 DM instead of 18,200 DM – for chamber concerts with piano and also for piano solos in symphony concerts. As a result, the town saved itself between 1,000 and 1,200 DM per year on "rental fees for grand pianos" and also had the opportunity "to make the Blüthner grand piano from the Festival Hall available to the town secondary school, which had a very bad instrument".[194]

In the 1960s, the chamber concerts were also worth attending. Prominent artists who deserve mention are pianists such as Jakob Gimpel (1961), once again Hans Richter-Haaser (1965), Adam Harasiwicz (1967), Christoph Eschenbach (1968) and Friedrich Gulda (1968), and the cellist Pierte Fournier (1963) as well as – from the violinist fraternity – Christian Ferras (1966) and Edith Peinemann (1969).

Internationally acclaimed soloists like the violinists Bronislaw Gimpel and Władysław Szpilman were members of the Warsaw Quintet, which was invited in 1965. Their struggle to survive in Warsaw, seen in the autobiography "The wonderful survival", was made into the high-profile film "The Pianist" in 2002, directed by Roman Polanski.

After the retirement of the Town Manager Dr Schaub, his successor Dr Karl-Heinz van Kaldenkerken, remarked about the acceptance of the chamber concerts, that "in Viersen ... years ago there was already a considerable audience for these small series of solo music, which complemented the symphony concerts".

Of course, it was clear to everyone that the number of chamber music subscribers did not increase arbitrarily.

Franz Jost mitteilte, „dass die Zahl der Freunde der Kammermusik unverändert sei, die Sinfoniekonzerte ausverkauft seien".[195]

Van Kaldenkerken äußerte gleich am Beginn seiner Amtszeit die „Absicht, eine neue Note in diese Konzertreihe hineinzutragen und dadurch weitere Hörerkreise anzusprechen" – indem „ein angesehenes deutsches Kammerorchester verpflichtet wurde".[196] Der erhoffte Erfolg stellte sich ein. Für die Saison 1960/61 durfte nach dem Konzert des Stuttgarter Kammerorchesters unter Karl Münchinger konstatiert werden:
„*Der große Erfolg des letzten Kammerorchester-Konzertes war Anlass, künftig als Mittelstück dieser kleinen Konzertreihe stets ein solches Orchesterkonzert zu bieten. Es erschließt einem weiten Hörerkreis sonst selten gehörte musikalische Kostbarkeiten. Mit großer Erwartung darf man dem Konzert des berühmten Kammerorchesters der Società Corelli, Rom, entgegensehen*".[197]

Die weiteren Namen von Kammerorchestern in den nächsten Jahren lassen aufhorchen, z. B.:
Festival Strings Lucerne mit dem Trompeter Adolf Scherbaum (1961/62), Züricher Kammerorchester und I Virtuosi di Roma (1962/63), Mozarteum-Orchester Salzburg (1963/64), Niederländisches Kammerorchester unter der Leitung von David Zinman (1964/65), Bach-Orchester des Gewandhauses zu Leipzig (1965/66), Kammerorchester der Warschauer Nationalphilharmonie (1966/67), das Orchester der Brühler Schlosskonzerte mit Helmut Müller-Brühl und I Musici di Roma (1967/68). Über das letztgenannte Ensemble schrieb Tristram 1967 im Grenzland-Kurier: „Die Tugenden dieser ohne Dirigenten spielenden Musikanten haben einen hohen Grad an Vollkommenheit erreicht. Jeder war ein Solist, jeder ein Meister."[198]

Therefore it came as no surprise when in 1964 the Chairman of the Culture Committee Franz Jost informed those present "that the number of friends of chamber music was unchanged and that the symphony concerts were sold out".[195]

Van Kaldenkerken stated at the beginning of his term of office that it was his "intention to introduce a new flavour into the concert series and thus reach out to further audiences", for which "a distinguished German chamber orchestra was engaged".[196] The desired success was achieved. During the season 1960/61, after a concert of the Stuttgart Chamber Orchestra under Karl Münchinger, we read:
"*The considerable success of the last chamber orchestra concert was a reason in future always to offer an orchestral concert like this as the centrepiece of this small series of concerts. Musical treasures which are otherwise rarely heard are thus made accessible to a wider audience. With great expectation we can look forward to the concert of the famous chamber orchestra of the Società Corelli, Rome.*"[197]

The names of other chamber orchestras who were invited in subsequent years deserve a mention: for example, Festival Strings Lucerne with the trumpeter Adolf Scherbaum (1961/62), Zürich Chamber Orchestra and I Virtuosi di Roma (1962/63), Mozarteum Orchestra Salzburg (1963/64), Dutch Chamber Orchestra under the direction of David Zinman (1964/65), Bach Orchestra of the Gewandhaus, Leipzig (1965/66), Chamber Orchestra of the Warsaw National Philharmonic (1966/67), the Orchestra of the Brühl Castle Concerts with Helmut Mühler-Brühl and I Musici di Roma (1967/68). Tristram wrote in 1967 about the latter ensemble in the *Grenzland*

Heute gastieren Kammerorchester in der Regel im „Abo Sinfoniekonzert". Das hat vordergründig gewiss mit finanziellen Überlegungen zu tun. Normalerweise ist ein Kammerorchester kostengünstiger als ein großes symphonisches Orchester. Aber unabhängig davon ist diese Lösung auch musikalisch sinnvoll, denn für vor- und frühklassische Sinfonien sind kleine Orchester angebracht, während andererseits durchaus reizvolle Werke wie beispielsweise frühe Haydn- oder Mozart-Sinfonien in der Regel im Repertoire großer Sinfonieorchester kaum zu finden sind.

An eine beachtenswerte Veranstaltung mit einem Kammerorchester in der Reihe Sinfoniekonzerte in den 1980er Jahren erinnert sich der damalige Stadtdirektor Dr. Vollert. Am 19. März 1985 war das „Kammerorchester der Jungen Deutschen Philharmonie" mit einem prominenten Solisten zu Gast, dem international gefeierten Geiger Nathan Milstein. Vollert berichtet von der persönlichen Begegnung mit Milstein nach dem Konzert:
„Er (Milstein, gho) spielte, so die Kritik, ‚fantastisch', wie von einem anderen Stern. Seine Stradivari ließ er vor und nach dem Konzert nicht aus den Augen. Nach dem Konzert konnte ich ihn zu einem kleinen Abendessen überreden. Auch dabei blieb sein Geigenkasten eingeklemmt zwischen den Füßen. Im Gespräch ein nobler und zugleich sympathischer Künstler. Nach einigen Gläsern Wein gestand er mir auf meine Frage, wo er sein Instrument nachts aufbewahren würde: er ginge mit ihr ins Bett. Wohlgemerkt, mit der Stradivari, der unbezahlbaren."

Vollert erinnert sich auch an ein Konzert mit Igor Oistrach, der am 18. April 1980 zu einem Kammerkonzert in die Festhalle kam:
„Igor Oistrach spielte grandios und ich traf mich in der Pause in der Künstlergarderobe mit seinem Agenten. Der war

Kurier: "The virtues of these musicians, playing without a conductor, have reached a high level of perfection. Each player was a soloist, each one a master."[198]

These days chamber orchestras generally play in the "subscriber symphony concerts". That has, of course, to do with financial considerations. Normally a chamber orchestra is more cost effective than a large symphony orchestra. But apart from that this solution is also musically meaningful because small orchestras are appropriate for pre-classical and early-classical symphonies, while, by contrast, quite charming works – as, for example, early Haydn or Mozart symphonies – are generally speaking rarely to be found in the repertoire of large symphony orchestras.

The then town manager Dr Vollert remembered a remarkable event with a chamber orchestra in the series of symphony concerts in the 1980s. On 19 March 1985 "the chamber orchestra of the Young German Philharmonic" was playing with a prominent soloist, violinist Nathan Milstein. Vollert wrote about the personal meeting with Milstein after the concert:
"He (Milstein, gho) played 'fantastically' according to the critique, as if from another star. He never left his Stradivarius out of his sight both before and after the concert. After the concert I managed to persuade him to have a small evening meal. Even at this his violin case remained wedged between his feet. In conversation he was a dignified and at the same time pleasant artist. After several glasses of wine, he admitted to me, when I asked him where he would put the instrument during the night: I take her to bed with me – of course, I am referring to the priceless Stradivarius.

überaus nervös und ging ruhelos hin und her. Es darf keinen Zug geben, beschwor er mich geradezu. Sein Vater habe sich bei dieser Gelegenheit den Tod geholt. Eine Erkältung oder Schlimmeres und das in Viersen – eine Tragödie! ‚Igor gibt immer alles, wir müssen aufpassen.' Ich versuchte zu beruhigen und Igor wirkte relativ entspannt, als er von der Bühne zu uns kam. Erst wischte er über die kostbare Geige dann über sein Gesicht. Er hat den Viersener Auftritt gut überstanden. Einige Jahre später trat er in Kempen in einem Sonderkonzert mit seiner Frau auf. Ein glänzender Virtuose! Er wird in diesem Jahr 70. ‚Man kann bei der Wahl seines Vaters gar nicht vorsichtig genug sein' schrieb die Welt, ‚David Oistrach, der Vater, ist der größte Geiger des Jahrhunderts'. Aber wen stört es, wenn ein Oistrach spielt und wenn man in Viersen dabei sein darf."[199]

Auch renommierte Gesangsolisten fanden den Weg nach Viersen. Hermann Prey war, unter anderem mit Mörike-Liedern, 1965 hier, Anneliese Rothenberger 1966, Erika Köth 1967, Irmgard Seefried 1968 und Agnes Giebel 1969. Dass bei Sängern die Karten-Nachfrage stieg, überrascht nicht weiter. Tristram notierte 1967 anlässlich des Liederabends mit Erika Köth, bei dem die Sopranistin Lieder von Mozart, Schumann, Brahms, Gustav Mahler, Hugo Wolf und Richard Strauss vorgetragen hatte:

„Warum solcher Besuch? Warum solche Begeisterung? Eine Sympathiekundgebung für eine Meisterin der Liedgestaltung im Zeitalter der Schnulzen, der Protestsänger und der verrosteten Trompetenstimmen".[200]

Da, trotz der hervorragenden Akustik, die Festhalle für Kammermusik aufgrund ihrer Größe nur bedingt ein ansprechendes Ambiente bietet, versuchte man es 1951/52 für die Kammerkonzerte mit dem Sitzungssaal des Rathauses. „Die Kammerkonzerte" sollten „erstmalig im stimmungsvollen Sitzungssaal des neuen Rathauses stattfinden. Die-

Der bulgarische Pianist Youri Boukoff ahnte, dass die Sammlung der Fotos und Autogramme von Aloys Klung Bedeutung bekommen würde. Sein Enkel Leo Höfer stellte diese handschriftlich mit Programmen und Interpreten versehenen Alben dankenswerterweise zur Verfügung.

The Bulgarian pianist Youri Boukoff sensed that the collection of photos and autographs of Aloys Klung would become important. His grandson, Leo Höfer, made these albums available, complete with handwritten programmes and names of performers

Vollert also remembered a concert with Igor Oistrach, who on 18 April 1980 played in a chamber concert in the Festival Hall:
"Igor Oistrach played superbly and at the break I met his

Die Sopranistin Anneliese Rothenberger …

The soprano Anneliese Rothenberger

… kam 1966 zu einem Liederabend.

…came in 1966 to an evening of song

agent in the artist's cloakroom. He was exceedingly nervous and walked restlessly up and down. There must not be a draught, he said imploringly. His father had died of an eventuality like that. A cold or worse, and for that to happen in Viersen – a tragedy! 'Igor always gives everything. We have to be careful.' I tried to calm him down, and Igor seemed relatively relaxed when he came over to us from the stage. First he wiped his costly instrument and then his face. He had survived the performance in Viersen well. Several years later he performed a special concert with his wife in Kempen. A brilliant virtuoso! He will be 70 years old this year. 'One cannot be careful enough when choosing one's father', it was written in 'Die Welt'. 'David Oistrach, the father, is the greatest violinist of the century'. But who cares when an Oistrach plays and when one has the opportunity to attend it in Viersen?"[199]

Renowned singer soloists also found their way to Viersen: Hermann Prey, who performed among other things the *Mörike-Lieder* here in 1965; Anneliese Rothenberger was here in 1966, Erika Köth in 1967, Irmgard Seefried 1968 and Agnes Giebel in 1969. It was not surprising that the demand for tickets rose when singers were performing. Tristram noted in 1967, on the occasion of the *Liederabend* with Erika Köth during which the soprano performed songs by Mozart, Schumann, Brahms, Gustav Mahler, Hugo Wolf and Richard Strauss:
"Why such a good attendance? Why such enthusiasm? A demonstration of sympathy for a master of song interpretation in the time of the tear-jerker, the protest singer and the corroded trumpet voice."[200]

Given that, in spite of the marvellous acoustic, because of its size the Festival Hall offers only a partially suitable atmosphere for chamber music, they tried to use the conference room of the Town Hall for chamber concerts

ser Raum gewährleistet die für Kammermusiken so bedeutsame intime Atmosphäre".[201]

Doch mit der Qualität der Darbietungen wuchs auch die
Nachfrage. Also entschloss sich die Kulturverwaltung
1952/53, nur ein Jahr später, „die kommenden Kammerkonzerte wiederum in der Festhalle stattfinden" zu lassen,
weil „einige Kammerkonzerte des vergangenen Jahres
mehr Besucher angezogen hatten, als der Sitzungssaal des
Rathauses fassen konnte.[202] Der Erfolg gab den Planern
Recht, die 1953/54 mitteilen durften, dass nach einem weiteren Jahr „der Besucherstamm der Kammerkonzertreihe
… im vergangenen Jahr um das Doppelte" wuchs.[203] Sieht
man von dem späteren (1965) ebenfalls nicht überzeugenden Versuch mit dem Saal des evangelischen Gemeinde-
hauses ab, ist es schließlich bei der zwar nicht vom Ambiente, wohl aber von der Akustik her zufrieden stellenden
Lösung Festhalle bis heute geblieben.

in 1951/52. "The chamber concerts" were to "take place
in the atmospheric chamber of the new Town Hall. This
room guaranteed the intimate atmosphere which is so
important for chamber musicians".[201]

The demand grew with the quality of the performances.
So in 1952/53, only a year later, the cultural administration decided to have "the coming chamber concerts
in the Festival Hall again", because "some chamber concerts in the past year had attracted more attendees than
the chamber could hold".[202] When it was announced in
1953/54 that after a further year "the attendance at the
chamber concert series … in the last year had doubled", it
was clear that the planners had been right.[203] Apart from
the later (1965) equally unconvincing attempt to use the
room in the Evangelical Community Hall for a chamber concert, they were finally always performed in the
Festival Hall up until today, as it was the most satisfying
solution because of the acoustic – if not the atmosphere.

3. Schauspiel und Musiktheater

3.1 Gustaf Gründgens und das Schauspiel

Gustaf Gründgens zählte zu den renommierten Künstlern, die über mehrere Jahre regelmäßig in Viersen zu Gast waren. Auch wenn es zu seiner Zeit durchaus andere hochqualifizierte Schauspieler und Regisseure gab: ähnlich wie die Berliner Philharmoniker umgibt Gründgens die Aura des Überragenden, ein Mythos. Dass er von 1949 bis 1953 Teil des Viersener Theaterangebots war, gehört mit zu den bemerkenswerten Ereignissen der Festhallengeschichte.

Nach dem Zweiten Weltkrieg kam Gründgens, nachdem er „zwei Jahre fast ausschließlich als Regisseur und Schauspieler am Deutschen Theater in Berlin tätig war", in seine Heimatstadt Düsseldorf und machte sie „zu einem kulturellen Mittelpunkt der Nachkriegszeit".[204] Damit startete er, wie sein damaliger „Stellvertretender Generalintendant und Chefdramaturg" Dr. Rolf Badenhausen[205] notierte, „ein gewagtes Unternehmen".[206]

Von Gründgens, der bis dahin nur „wenig Erfahrung in der Führung eines städtischen Provinztheaters" hatte,[206] wurde erwartet, dass er vier Häuser bespielte: „das Opernhaus, zwei Behelfsbühnen für Schauspiel und gelegentlich Operette und ein Theatersaal in den Henkelwerken Holthausen".[207] Um eine zeitgemäße Organisation zu finden und um Gründgens als „Theaterleiter, Regisseur und Schauspieler in Düsseldorf zu halten, wurde von vier Partnern eine GmbH gegründet, d. h. von der Stadt Düsseldorf, dem Land Nordrhein-Westfalen, der Gesellschaft der Freunde des Düsseldorfer Schauspiels und dem Deutschen Gewerkschaftsbund".[208]

Welches Arbeitspensum von Gründgens und seinen Mitarbeitern verlangt wurde, wird daran deutlich, dass bei-

3. Drama and Music Theatre

3.1 Gustaf Gründgens and Drama

Gustaf Gründgens was one of the renowned artists who for several years were regularly in Viersen as guests. Even though, in his day, there were certainly other highly qualified actors and directors, as with the Berlin Philharmonic, Gründgens was surrounded by an aura of the phenomenal, the mythic. The fact that he featured in theatrical events from 1949 to 1953 is one of the remarkable achievements in the history of the Festival Hall.

After World War II, Gründgens, having spent "two years almost exclusively working in the Deutsches Theater in Berlin as actor and director", returned to his home city of Düsseldorf and made it "a cultural centre of the postwar era".[204] In doing that he began, as was noted by Dr Rolf Badenhausen, his "representative director and head dramaturge"[205] at that time, "a daring undertaking".[206]

It was expected of Gründgens, who until then had only "slight experience in the management of a provincial municipal theatre", that he would operate four theatres: the opera house, two temporary theatres for drama and occasional operetta, and a theatre hall in the Holthausen Henkelwerke.[207] In order to add an up-to-date organization and to keep Gründgens as a "theatre manager, director and actor in Düsseldorf, four partners formed a limited company. These were the City of Düsseldorf, the Federal State of North Rhine-Westphalia, the Society of Friends of Düsseldorf Theatre, and the German Confederation of Trade Unions".[208]

The workload being demanded of Gründgens and his colleagues becomes clear when, for example, in the 1951/52 season in his involvement with 15 productions,

Datum / Abo Date / Subscription	Verfasser / Author	Bühnenwerk / Art Stage work / Type	Regie / Darsteller Director / Actors
28.10.1949 Abo A 1 / Sub A 1	Johann Wolfgang von Goethe	Torquato Tasso Schauspiel / Play	Regie / Director: Gustaf Gründgens mit/with Marianne Hoppe, Horst Caspar, Peter Esser
05.12.1949 Abo A 3 / Sub A 3	Terence Rattigan	Der Fall Winslow The Winslow Boy Schauspiel / Play	Regie / Director: Ludwig Cremer mit / with Gustaf Gründgens
13.03.1950 Abo B 7 / Sub B 7	Thomas Stearns Eliot	Der Familientag The Family Day Schauspiel / Play	Regie / Director: Gustaf Gründgens mit / with Elisabeth Flickenschildt, Paul Henckels, Heinz Drache, Günther Lüders
18.05.1951 Abo B 10 / Sub B 10	Marcel Pagnol	Die Frau des Bäckers The Baker's Wife Schauspiel / Play	Regie / Director: Gustaf Gründgens mit / with Solveig Thomas, Günther Lüders, Heinz Drache, Peer Schmidt
12.10.1951 Abo A 1 / Sub A 1	Friedrich Schiller	Die Räuber The Robbers Schauspiel / Play	Regie / Director: Gustaf Gründgens mit / with Gustaf Gründgens, Heinz Drache, Antje Weisgerber, Hans Schalla
07.10.1953 Abo B 1 / Sub B 1 und / and 12.10.1953 Abo C 1 / Sub C 1	Friedrich Schiller	Wallensteins Tod The Death of Wallenstein Schauspiel / Play	Regie / Director: Ulrich Erfurth mit / with Gustaf Gründgens, Peter Esser, Elisabeth Flickenschildt

Mit diesen Veranstaltungen gastierte Gründgens als Regisseur und Darsteller in Viersen.

Gründgens gave guest performances as director and actor in the above works in Viersen

spielsweise in der Saison 1951/52 Gründgens bei 15 Produktionen sechsmal Regie führte und in drei eigenen Inszenierungen die Hauptrolle spielte. Dazu, und davon profitierte Viersen, sollten die Inszenierungen regelmäßig auch in anderen Gemeinden des Landes NRW vorgestellt werden. Es fanden „*Gesamtgastspiele' des Düsseldorfer Schauspielhauses mit der Originalbesetzung in Dortmund, Iserlohn, Leverkusen, Lünen, Marl, Mühlheim, Viersen und Wuppertal statt*".[209]

Eisheuer berichtet – ohne Quellenangabe und ohne das aufgeführte Werk zu nennen – von „der ersten großarti-

he was the director of six plays and in three further productions was playing the main role. In addition – and Viersen profited from this - the stagings were supposed to be performed regularly also in other communities of North Rhine-Westphalia. There were *"company tours of the Düsseldorf Schauspielhaus with the original cast in Dortmund, Iserlohn, Leverkusen, Lünen, Marl, Mühlheim, Viersen and Wuppertal"*.[209]

Eisheuer reported – without indicating a source and without naming the performed work – "about the first wonderful performance of the Düsseldorf Schauspiel-

gen Vorstellung des Düsseldorfer Schauspielhauses unter Gustaf Gründgens nach dem Kriege in der Festhalle" am 5. Februar 1949.[210] Weitere Hinweise auf diesen Termin ließen sich allerdings nicht finden.

Gründgens kam sowohl mit Klassiker-Aufführungen als auch mit zeitgenössischen Bühnenwerken nach Viersen. Eine deutsche Erstaufführung stellte er 1949 auch in Viersen mit dem Schauspiel des 1911 geborenen englischen Dramatikers Terence Rattigan „Der Fall Winslow" vor. Mit der Paraderolle des Vaters, der von der Unschuld seines Sohnes überzeugt diesen rehabilitieren will, feierte Gründgens auch später noch Erfolge. So streicht die überregionale Kritik der Rheinischen Post vom 27. Oktober 1953 die darstellerische Leistung von „Deutschlands berühmtestem Schauspieler" in diesem Werk heraus:

„Gründgens gibt dem berühmten Anwalt die ganze persönliche Faszination seines Schauspielertums. Er unterstreicht den distanzierenden, gesellschaftlich gebundenen Charakter seiner Rolle. Er spielt einen Gentleman alter Schule mit leicht romantischem Einschlag, einen interessanten, zwielichtig undurchsichtigen Herrn, dem Haltung alles bedeutet."

Über Gründgens' letzten Auftritt in Viersen mit Schillers „Wallensteins Tod" im Oktober 1953 schrieb Tristram, der diese Aufführung ein „künstlerisches Ereignis für Viersen und das Grenzland" nannte:

„Gustaf Gründgens als Wallenstein ist das westdeutsche Theaterereignis des Spielzeitbeginns. Die Düsseldorfer Presse war begeistert. Die regional entferntere kritischer, nicht ohne Schärfen und bittere Spitzen. Aber alle sind sich einig über die einmalige Größe, die Faszination und die Kultur eines solchen Theaterspiels, das heute außer dem Düsseldorfer Schauspielhaus kein anderes Ensemble in Deutschland zu bieten vermag.

haus under Gustaf Gründgens after the war in the Festival Hall" on 5 February 1949.[210] However, there was no more information available about this event.

Gründgens came to Viersen with performances of both classical and contemporary works for the stage. In 1949 in Viersen he presented a German premiere of the *The Winslow Boy*, a play by the English playwright Terence Rattigan who was born in 1911. In the main role of the father, who is convinced of his son's innocence and wants to vindicate him, Gründgens also enjoyed success later on. In the national review of the *Rheinische Post* of 27 October 1953, the brilliant performance of "Germany's most famous actor" in this play was emphasized thus:

"In the role of the famous lawyer, Gründgens brings to bear the complete personal magic of his acting ability. He underlines the distanced, socially hide-bound aspect of his role. He plays the part of a gentleman of the old school with a slightly romantic bent, an interesting, somewhat shady man, to whom composure means everything."

Tristram wrote about Gründgens' last Viersen performance, in Schiller's *Wallensteins Tod* in October 1953, that this performance was an "artistic achievement for Viersen and the border area":

"Gustav Gründgens as Wallenstein is the outstanding West German Theatre event at the beginning of the season. The Düsseldorf Press was delighted. The more distant regional press was more critical, with some sharp and bitter criticism. But everyone is united about the unique greatness, the fascination and the culture of such theatre, which today no other ensemble in Germany apart from the Düsseldorf Schauspielhaus is capable of offering.

... Das ist große Dichtung und großes Theater, das ist Schiller mit einer ungewöhnlichen dialektischen Schärfe und mit einer so modernen Weltsicht, als habe er schon Gedanken eines Ortega y Gasset, eines Kafka vorausgenommen. Gründgens ... ist kein Haudegen, kein machtgieriger Diktator, kein Generalissimus, der Heere aus dem Boden stampft. Gründgens' Wallenstein ist der moderne Mensch, der vergeistigte, der zu viel denkt und sich um die Freiheit des Handelns bringt ... Neben Gründgens ist es die überragende Gestalt der Gräfin Terzky, die in Elisabeth Flickenschildt eine kongeniale Interpretation gefunden hat".[211]

... This is great poetry and great theatre, this is Schiller with an unusual dialectical sharpness and with such a modern world view, as if he were already anticipating Ortega y Gasset and Kafka. Gründgens ... is no swashbuckler, no power-hungry dictator, no generalissimo who produces armies from nowhere. Gründgens' Wallenstein is the modern human being, over-refined, who thinks too much and loses his spontaneity of action ... Next to Gründgens is the formidable figure of the countess Terzky, who found in Elisabeth Flickenschildt a congenial interpretation."[211]

Elisabeth Flickenschildt ist einer von vielen renommierten Namen, die auf den Programmen zu finden sind. Das sollte sich auch unter Gründgens' Nachfolger Karl Heinz Stroux nicht ändern. Das Verzeichnis der damaligen Schauspielerinnen und Schauspieler, die mit dem Düsseldorfer Schauspielhaus in der Festhalle gastierten, liest sich stellenweise wie ein „Who is who" der deutschen Bühnen- und Filmprominenz der 1940er, 1950er und 1960er Jahre:

Elisabeth Flickenschildt is one of many famous names to be found on the programme. That would not change under Gründgens' successor Karl Heinz Stroux. The list of actors and actresses who were guests in the Festival Hall with the Düsseldorf Schauspielhaus reads in part like a "Who's who" of German stage and film stars of the 1940s, 1950s and 1960s:

Hans Abel, Maria Alex, Trude Alex-Hoerle, Wolfgang Arps, Alfred Balthoff, Günter Becker, Georg Beckhaus, Martin Benrath, Günter Berg, Hubert Berger, Sybille Binder, Gerhard Borris, Hans von Borsody, Eva Böttcher, Hermann Brand, Frigga Braut, Thomas Braut, Carl Brückel, Horst Caspar, Hans Walter Clasen, Piet Clausen, Gisela Collande v., Walter Czaschke, Werner Dahms, Adolf Dell, Paula Denk, Ernst Deutsch, Robert Dietl, Ursula Dinkgräfe, Josef Dobski, Käthe Dorsch, Heinz Drache, Hermann Ebeling, Max Eckard, Josef Eichler, Ingrid Ernest, Ulrich Erfurth, Peter Esser, Hans Esters, Helmut Everke, Hannes Felgner, Rosemarie Fendel, Elisabeth Flickenschildt, Wolf Flüs, Rudolf Forster, Anne Frère, Gustav Fröhlich, Helma Fuchs, Birgid Füllenbach, Burkhard Gaffron, Adalbert Gausche, Gerhard Geisler, Siegmund Giesecke, Winfried Görlitz, Emmi Graetz, Otto Griess, Thea Grodtczinsky, Wolfgang Grönebaum, Gustaf Gründgens, Gustl Halenke, Ina Halley, Karl Heinz Hamacher, Heinz Hambitzer, Paul Hartmann, Heidemarie Hatheyer, Ulrich Haupt, Nicole Heesters, Hilde Hellberg, Paul Henckels, Jost Hennen, Alexander Herzog, Helmut Hess, Hellen Hesse, Jürgen Hilken, Elvira Hofer, Willy Hommen, Marianne Hoppe, Attila

Hörbiger, Luitgard Im, Kurt Ingenlath, Manfred Inger, Wolfgang Jarnach, Arthur Jaschke, Irma Kampen, Dietrich Kerky, Heinz Kilian, Ellen Knür, Lieselotte Köster, Rudolf H. Krieg, Ida Krottendorf, Tassilo Kube, Peter Kuiper, Irene Laett, Margret Lahrs, Kurt Langanke, Ellen Lauff, Edith Lechtape, Bert Ledwoch, Wolfrid Lier, Irmgard Lierhaus, Margret Lierhaus, Ludwig Linkmann, Günther Lüders, Eugen Lundt, Ursula Mahnke, Max Mairich, Paul Maletzki, Harald Maresch, Wolf Martini, Gisela Mattishent, Gerda Maurus, Günther Meisner, Krikor Melikjan, Arthur Mentz, Theo Menzen, Willy Meyer-Fürst, Hilde Mikulicz, Erna Möller, Imo Moszkowicz, Ricklef Müller, Hans Müller-Schlösser, Hans Müller-Westernhagen, Richard Münch, Ruth Niehaus, Timm Nolte, Heinrich Ortmayr, Helmut Peine, Erika Pelikowsky, Jakob Pfeffel, Inge Rassaertz, Lotte Rau, Georg Reichel, Franz Reinhardt, Traute Rose, Otto Rouvel, Christoph Runkel, Eva Runkel, Hans Schalla, Immy Schell, Alfred Schieske, Anette Schleiermacher, Karl Maria Schley, Walter Schmidinger, Peer Schmidt, Joachim Schneider, Hermann Schomberg, Elmar Schulte, Adelheid Seeck, Siegfried Siegert, Friedrich Siemers, Klaramaria Skala, Wolfgang Spier, Ernst Stahl-Nachbaur, Magdalena Stahn, Ernst Stankowski, Eva Stöwahse, Walter Strasen, Ruth Strigl, Otto Ströhlin, Friedrich Suppan, Gerda Maria Terno, Rudolf Therkatz, Solveig Thomas, Gilda Vetrone, Wilhelm Wahl, Wolfgang Wahl, Paul Wallner, Edgar Walther, Anneliese Wehner, Ingeborg Weickart, Ingeborg Weirich, Antje Weisgerber, Hermann Weisse, Kurt Weitkamp, Senta Wengraf, Elisabeth Wiedemann, Mathias Wieman, Jürgen Wilke, Maria Wimmer, Haydemarie Wirth, Siegfried Wischnewski, Adolf Wohlbrück, Andreas Wolf, Jürgen Wölffer, Karl Worzel, Ulrike von Zerboni, Renate Ziegfeld, Renate Zillessen.

Dass Gustaf Gründgens nicht immer der Versuchung widerstand, sich selbst in den Vordergrund zu spielen und Auswahl der Stücke und Regie mitunter vorrangig unter dem Aspekt betrieb, selber glänzen zu können, blieb natürlich auch in Viersen nicht verborgen:

„Vielleicht kam das klassische Drama zu kurz, und es wurde der berechtigte Wunsch laut, die virtuosen Leistungen der Gründgensbühne möchten stärker als bisher in den Dienst bedeutender Kunstwerke gestellt werden, wobei man gerne auf das eine oder andere virtuos polierte Kunststückchen verzichten wollte".[212]

Maria Wimmer

Gründgens blieb bis 1955 in Düsseldorf. In der Spielzeit 1955/56 übernahm er die Leitung des Deutschen Schauspielhauses in Hamburg. Er wollte mit Düsseldorf „den Schreibtisch des Ruhrgebiets" hinter sich lassen, um in Hamburg, „dem Tor zur Welt" zu wirken.[213]

Auch wenn „die Düsseldorfer" ohne ihren Intendanten Gründgens nach Viersen kamen, wurde großes Theater geboten. Ich erinnere mich beispielsweise an eine mitreißende Aufführung von Friedrich Schillers Lustspiel „Der Parasit" im Oktober 1954, in der Willi Schmidt Regie führte und Schauspieler wie Hermann Schomberg und Peter Esser brillierten. Von „einem ausgezeichneten Gesamteindruck" war in der „Dreistädte-Zeitung" die Rede:

„Hermann Schomberg glänzte sprachlich und mimisch in allen Registern des Bösewichts, des schmeichlerischen, intrigierenden, heimtückischen, brutalen Taugenichts. Peter Esser personifizierte die feinsinnige Gestalt des Ministers, Maria Alex eine strahlende Madame Belmont, eine recht junggebliebene Großmutter für die heiratsfähige Charlotte, der Rosemarie Fendel ihre Anmut lieh".[214]

Unter den Regisseuren, die sich neben Gründgens mit beachtlichen Inszenierungen einen Namen gemacht haben, findet sich besonders häufig Ulrich Erfurth, der auch später unter Gründgens Nachfolger Karl Heinz Stroux erfolgreich inszenierte. Unter seiner Regie wurde beispielsweise in Gründgens' letzter Düsseldorfer Saison 1954/55 das auf einem Roman von Herman Wouk beruhende und 1954 mit Humphrey Bogart verfilmte Schauspiel „Die Caine war ihr Schicksal" in Viersen aufgeführt. Begeistert berichtete Tristram:

„Die Düsseldorfer Inszenierung durch Ulrich Erfurth hatte eine vom Theatralischen her faszinierende Wirkung. Sie war eine Ensembleleistung, wie man sie nicht vergisst und

That Gustaf Gründgens did not always resist the temptation to place himself in the foreground and sometimes indulged in choices of plays and direction with a view to being able to shine, naturally did not go unnoticed in Viersen:

"Perhaps classical drama was neglected, and there was the justified wish that the virtuoso performances of the Gründgens Theatre should, more strongly than heretofore, be put in the service of significant plays. One would gladly do without a polished sleight of hand or two."[212]

Gründgens remained in Düsseldorf until 1955. In the 1955/56 season he took over the management of the German Theatre in Hamburg. He wanted to leave behind his "Ruhr area desk" in Düsseldorf and to operate in Hamburg, "the gateway to the world".[213]

Even when "the Düsseldorfers" came to Viersen without their director Gründgens, great theatre was on offer. I remember, for example, a thrilling performance of Friedrich Schiller's comedy Der Parasit in October 1954, in which Willi Schmidt directed and actors like Hermann Schomberg and Peter Esser shone. According to the Dreistädte Zeitung it made "an excellent overall impression":

"Hermann Schomberg shone both in speech and in acting, covering all aspects of the villain, the ingratiating, scheming, treacherous, brutal good for nothing. Peter Esser personified the subtle figure of the minister, Maria Alex was a radiant Madame Belmont, an extremely young grandmother for the nubile Charlotte, to whom Rosemarie Fendel lent her charm."[214]

Among the directors who, in addition to Gründgens, made a name for themselves with significant productions was Ulrich Erfurth, who also later collaborated wih

… als eine eindrucksstarke Demonstration großer schauspielerischer Kunst im Bewusstsein bewahrt … In dem zweckbetonten, nüchtern gehaltenen Bühnenbild Robert Pudlichs bewegte sich das Geschehen in schlagartiger Überblendung von dialektischer Schärfe und eindringlicher Darstellung. So erlebte man aktuelles Theater im Sinne der Alten: in der Erschütterung, die zu Boden wirft und erhebt". [215]

Die „große Schauspielkunst" der Mitwirkenden wird gelobt. Richard Münch als medizinischer Sachverständiger Chefarzt Lundeen erhielt Beifall „auf offener Szene", in den anderen Rollen glänzten Mimen wie Ulrich Haupt, der als Anwalt siegesgewiss die „verachtete Offiziersgesellschaft der ‚arroganten Navy' auf die Hörner nimmt", weiter Wolfdieter Lier als paranoider Kommandant Queeg, Max Eckhardt als Oberleutnant Maryk, Kurt Weitkamp (Psychiater Bird), Hermann Brand (Gerichtspräsident), Wolf Martini (Anklagender Kapitänleutnant Challey). [216]

Mit Gründgens' Weggang nach Hamburg war die große Zeit der Theatergastspiele in Viersen keineswegs vorbei. Das Düsseldorfer Schauspielhaus kam unter seinem Nachfolger Karl Heinz Stroux noch viele Jahre regelmäßig nach Viersen.

Zusätzlich zur Düsseldorfer Bühne war es gelungen, das Schauspielhaus Bochum mit seinem Intendanten Hans Schalla zu verpflichten. Ein Jahrzehnt lang, von 1954 bis 1965, waren die renommierten Bühnen Bochum und Düsseldorf jährlich beide mehrfach in der Festhalle zu sehen. Im Heft „Viersen – Die Kulturstadt im Grenzland 1954–1955" wurde hierzu ausgeführt:
„Neuverpflichtet wurden das Schauspielhaus Bochum, dessen jetziger Intendant Hans Schalla die von seinem Vorgänger Saladin Schmitt aufgenommene Shakespeare-Tradition

Gründgens' successor Karl Heinz Stroux. Under his direction there was, for example, in Gründgens' last Düsseldorf season 1954/55, the filmed play *Die Caine War Ihr Schicksal.* This was performed in Viersen and was based on a novel by Herman Wouk. It was filmed with Humphrey Bogart. Tristram reported enthusiastically:
"From a theatrical perspective the Düsseldorf production had a fascinating effect. It was an unforgettable ensemble performance … and will be remembered as an impressive demonstration of great theatrical art. Against Robert Pudlich's pragmatic and soberly presented set, the action was presented with sudden crossfades of dialectical clarity and penetrating presentation. In this way we experienced contemporary theatre like that of the ancients: first you are shattered, then raised up again." [215]

The "great theatrical skill" of the participants was praised. Richard Münch as medical expert Head Physician Lundeen received applause during the performance; in the other roles, actors like Ulrich Haupt shone. As a lawyer, assured of success he "confronts the despised Officers' class in an 'arrogant Navy'"; also Wolfdieter Lier impressed as the paranoid Commander Queeg, Max Eckhardt as First Lieutenant Maryk, Kurt Weitkamp as psychiatrist Bird, Hermann Brand as presiding judge, Wolf Martini as prosecuting Lieutenant Commander Challery. [216]

Gründgens' departure to Hamburg did not mean the end of the great theatre tours in Viersen. The Düsseldorf Schauspielhaus still came regularly with his successor, Karl Heinz Stroux.

In addition to the Düsseldorf company the Bochum Theatre under Hans Schalle was engaged. For a decade, from 1954 to 1965, the famous Bochum and Düsseldorf

Paul Claudel: „Der seidene Schuh". Das Düsseldorfer Schauspielhaus am 9. Mai 1959 mit Otto Rouvel, Werner Damms, W. Görlitz und A. Höckmann

Paul Claudel: The Satin Slipper. The Düsseldorf Schauspielhaus on 9 May 1959 with Otto Rouvel, Werner Damms, W. Görlitz and A. Höckmann

erfolgreich fortsetzt sowie das Düsseldorfer Opernhaus, an dessen künstlerischer Spitze Musikdirektor Professor Eugen Szenkar und Generalintendant Walter Bruno Iltz wirken. Diese zusätzliche Neuverpflichtung von Bühnen ist notwendig geworden, nachdem das Düsseldorfer Schauspielhaus und die Bühnen der Stadt Köln wegen in ihrer Entwicklung zunächst noch nicht abzusehender Überlastungen die Anzahl der auswärtigen Gastspiele auch in Viersen einschränken mussten". [217]

Karl Heinz Stroux (1908–1985), der in Berlin von 1927 bis 1930 Geschichte und Philosophie studiert und zusätzlich die Schauspielschule der Volksbühne besucht hatte, brachte eine reiche Regieerfahrung mit. Er hatte vor seiner Düsseldorfer Zeit an zahlreichen Bühnen inszeniert, unter anderem in Erfurt, Wuppertal und am Burgtheater in Wien. Er war Oberspielleiter in Darmstadt und Wiesbaden, sowie in Berlin am Schiller- und Schlossparktheater. In Düsseldorf wirkte er als Generalintendant von 1955 bis 1972. Auf ein hervorragendes Ensemble konnte er genau so bauen wie sein Vorgänger.

„Im Laufe der Spielzeit wird auch Theo Lingen die Hauptrolle in einer Komödie spielen.
Dem neuen Ensemble des Düsseldorfer Schauspielhauses gehören an die Damen: Maria Alex, Sybille Binder, Paula Denk, Annemarie Frére, Birgid Füllenbach, Elvira Hofer, Ida Krottendorf, Gerda Maurus, Gisela Mattishent, Hilde Mikulicz, Inge Rassaerts, Immy Schell, Ingeborg Weirich.
Die Herren: Alfred Balthoff, Martin Benrath, Hans von Borsody, Hermann Brand, Hans Caninenberg, Adolf Dell, Peter Esser, Otto Griess, Hugo Lindinger, Imo Moszkowicz, Rickleff Müller, Hans Müller-Westernhagen, Peter Kuiper, Hans Ortmayr, Werner Peters, Siegfried Siegert, Friedrich Siemers, Alfred Schieske, Heinrich Schweiger, Wolfgang

companies appeared several times in the Festival Hall. In the booklet *Viersen – Die Kulturstadt im Grenzland 1954-1955* – we read:
"The Bochum Theatre was engaged. Its present director Hans Schalla had inherited the Shakespeare tradition from his predecessor Saladin Schmidt and successfully continued it. The Düsseldorf Opera House was also engaged with Professor Eugen Szenkar as musical director and Walter Bruno Iltz as producer. These additional engagements have become necessary since the Düsseldorf Schauspielhaus and the Cologne theatres had to limit the number of their outside engagements for a time – also those in Viersen – because of the unforeseeable number of local commitments.[217]

Karl Heinz Stroux (1908-1985), who studied history and philosophy in Berlin from 1927 until 1930 and had also attended the acting school of the Volksbühne, brought a rich experience of directing. He had produced in multiple theatres before his time in Düsseldorf, among others in Erfurt, Wuppertal and in the Burg Theatre in Vienna. He was senior director in Darmstadt and Wiesbaden as well as in Berlin at the Schiller- and Schlosspark Theatre. In Düsseldorf he worked as General Director from 1955 until 1972. Just like his predecessor, he was able to build on a marvellous ensemble.

"During the season Theo Lingen will also play the main part in a comedy.
The female members of the Düsseldorf Schauspielhaus new ensemble are: Maria Alex, Sybille Binder, Paula Denk, Annemarie Frére, Birgid Füllenbach, Elvia Hofer, Ida Krottendorf, Gerda Maurus, Gisela Mattishent, Hilde Mikulicz, Inge Rassaerts, Immy Schell, Ingeborg Weirich.
The men: Alfred Balthoff, Mart Benrath, Hans von Borso-

Spier, Otto Ströhlin, Rudolf Therkatz, Edgar Walter, Hermann Weisse.

Mehrere Monate in der Spielzeit wurden an das Düsseldorfer Schauspielhaus verpflichtet: Käthe Dorsch, Rudolf Forster, Werner Krauss, Max Mairisch, Ernst Stahl-Nachbaur.

Folgende Regisseure wurden von Generalintendant Stroux verpflichtet: Boleslaw Barlog, Ulrich Erfurth, Heinrich Koch, Leo Mittler".[218]

Der Bochumer Intendant Hans Schalla (1904–1983) war Schauspieler in Hamburg, Berlin, Breslau, Darmstadt, Bremen, Altona, Kassel und Essen, Regisseur in Stettin, Gera, Aachen und Köln sowie Schauspieldirektor bei den Städtischen Bühnen Düsseldorf. Seinem Wirken als Intendant in Bochum (1949 bis 1972) verdankt das Schauspielhaus den Aufstieg zu einer Bühne von internationalem Ruf. Im Rahmen der Viersener Abonnementsveranstaltungen wurden „die Bochumer" erstmals für die Spielzeit 1954/55 verpflichtet.

In der Spielzeit 1956/57 bilanziert Oberstadtdirektor Dr. Schaub zu Recht:

„Die Theater-Abonnements zeigen in ihrer Aufstellung die unveränderte Verpflichtung der großen und angesehenen westdeutschen Bühnen".[219]

Als Schaub ein Jahr später in den Ruhestand ging, konnte er mit der Konsolidierung des Theaterangebots auf hohem Niveau zufrieden sein:

„Mit den in Viersen gastierenden Bühnen hat sich inzwischen eine feste, bewährte Zusammenarbeit herausgebildet. So werden auch in der neuen Spielzeit wiederum das Schauspielhaus Bochum unter Intendant Hans Schalla, das Düsseldorfer Schauspielhaus unter Generalintendant Karl Heinz Stroux, die Bühnen der Stadt Köln unter Generalintendant Herbert Maisch und das Stadttheater Rheydt unter

dy, Hermann Brand, Hans Caninenberg, Adolf Dell, Peter Esser, Otto Griess, Hugo Lindinger, Imo Moxzkowicz, Rickleff Müller, Hans Müller-Westernhagen, Peter Kuiper, Hans Ortmayr, Werner Peters, Siegfried Siegert, Friedrich Siemers, Alfred Schieske, Heinrich Schweiger, Wolfgang Spier, Otto Ströhlin, Rudolf Therkatz, Edgar Walter, Hermann Weisse.

For several months during the season the following people were contracted at the Düsseldorf Schauspielhaus: Käthe Dorsch, Rudolf Forster, Werner Krauss, Max Mairisch, Ernst Stahl-Nachbaur.

The following producers were engaged by Director Stroux: Boleslaw Barlog, Ulrich Erfurth, Heinrich Koch, Leo Mittler."[218]

The Bochum director Hans Schalla (1904-1983) was an actor in Hamburg, Berlin, Breslau, Darmstadt, Bremen, Altona, Kassel and Essen, a director in Stettin, Gera, Aachen and Cologne as well as a producer in the municipal theatres in Düsseldorf. The Bochum theatre owes its rise to international status through his work there as director (1949 to 1972). The Bochum Theatre was engaged as part of the Viersen subscription events for the first time in the season 1954/55.

In the season 1956/57 the Town Manager Dr Schaub comments:

"The theatre subscriptions show in their line-up the continued engagement of the greatest and most respected West German theatres."[219]

When Schaub retired one year later, he could be content that the theatre had a consolidated high-level programme:

"Meanwhile, with the performances of guest theatres in Viersen a solid and proven collaboration has developed.

Intendant Fritz Kranz die Theaterabonnements A, B und C bespielen".[220]

Auch zu Beginn der 1960er Jahre sieht es noch gut aus. Zu den Düsseldorfer und Bochumer Bühnen kommt jetzt noch das Schauspiel der Kölner Bühnen hinzu:

„Für die Schauspiele konnten die Bühnen der Stadt Köln nach der erfolgreichen Aufführung des von ihrem neuen Generalintendanten Prof. O. F. Schuh inszenierten Eliot-Stückes „Ein verdienter Staatsmann" für drei Gastspiele gewonnen werden. Auch das Düsseldorfer Schauspielhaus hat sich zu einer Erweiterung seiner Gastspieltätigkeit in Viersen bereit gefunden. Das Schauspielhaus Bochum und das Stadttheater Rheydt gastieren in der neuen Spielzeit in eingeschränktem Umfang".[221]

Wenn auch nicht auf gleich hohem Niveau wie die Düsseldorfer, Bochumer und Kölner Bühnen dieser Jahre, darf doch das Rheydter Theater unter seinem Intendanten Fritz Kranz hier nicht unerwähnt bleiben. Diese Bühne war schon kurz nach dem Krieg zu Gast in Viersen und blieb es noch recht lange, bis 1965. Nicht zuletzt durch Aufführungen der Werke zeitgenössischer Autoren trugen „die Rheydter" einen wesentlichen Anteil zur Lebendigkeit und Aktualität der Viersener Theaterlandschaft bei. Das gilt auch für die Jahre, in denen sich die Bühnen aus Düsseldorf und Bochum in Viersen gleichsam den Festhallenschlüssel in die Hand gaben.

Wie bei den Sinfoniekonzerten fing es auch beim Schauspiel erst einmal mit den Aufführungen der Nachbarbühnen an, vor allem mit den Städt. Bühnen M. Gladbach-Rheydt. Auch dabei dürfen die Probleme der Nachkriegszeit nicht übersehen werden – bis hin zu Terminverschiebungen, weil die Festhalle nicht genügend beheizt werden konnte. Einen Eindruck hiervon vermittelt eine Notiz in den Viersener Mitteilungen im Juni 1947:

So again, in the new season the Bochum Schauspielhaus under Director Hans Schalla, the Düsseldorf Schauspielhaus under Director Karl Heinz Stroux, the theatres of the city of Cologne under Director Herbert Maisch and the town theatre of Rheydt under Director Fritz Kranz, will play the theatre subscriptions A, B and C."[220]

Everything still looked fine at the beginning of the 1960s. Added to the Düsseldorf and Bochum theatres was the drama from the Cologne Theatres:

"They were able to engage the theatres of Cologne for three guest performances after the successful performance of Eliot's play 'The Elder Statesman' under their new Director Professor O.F. Schuh. The Düsseldorf Schauspielhaus was also available for additional guest performances in Viersen. The Bochum Theatre and the Municipal Theatre Rheydt performed as guests in the new season to a lesser extent."[221]

Although they were not at the same high standard as the Düsseldorf, Bochum and Cologne theatres of these years, the Rheydt Theatre under their Director Fritz Kranz ought not to go unmentioned. This theatre visited Viersen shortly after the war and kept coming until 1965. Not least because of performances of the works of contemporary authors "the Rheydt players" contributed a significant amount to the liveliness and relevance of the Viersen theatrical landscape. That also holds true for the years in which the theatres from Düsseldorf and Bochum quasi took possession of the keys to the Festival Hall in Viersen.

As with the symphony concerts, in drama things initially developed from performances by the neighbouring theatres, particularly with the municipal theatres of M. Gladbach-Rheydt. And the problems of the post-war period

„Die langdauernde Kälte und die damit zusammenhängende Unmöglichkeit, in den Wintermonaten die Theateraufführungen planmäßig durchzuführen, schiebt die Theatervorstellungen bis Ende Juli hinaus".[222]

Schon 1947 erscheint am 9. August im „Rhein-Echo" ein Artikel, in dem der Autor Rolf Trouwborst ausdrücklich würdigt, „wie die Theater M.Gladbach-Rheydts in einem lebendigen modernen Spielplan hartnäckig ihren Anspruch auf eine gewichtige Position innerhalb der westdeutschen Theaterprovinz anmeldeten". Schaub leitet diesen Artikel am 13.August 1947 mit einem Brief an Oberbürgermeister Hülser weiter, weil er ihn „beachtlich" findet. Gewiss teilte Schaub die Ansicht des Autors, dass „das Theater ... kein ökonomisches, sondern ein Kulturinstitut" ist".[223]

Mit der Spielzeit 1950/51 trennten sich die Bühnen Mönchengladbach und Rheydt. Mönchengladbach fusionierte mit Krefeld, die Stadt Rheydt unterhielt ein eigenes Theater. Mitunter stieß die kleine Rheydter Bühne an Grenzen ihrer Möglichkeiten. Vielleicht waren die Verantwortlichen auch vorsichtig in dem, was sie außerhalb der eigenen Stadtgrenzen zur Aufführung brachten.

So liest man im Mai 1951 im überregionalen Feuilleton der Rheinischen Post unter der Überschrift „Missverstandener Brecht" eine mit J. J. gezeichnete harsche Kritik einer Rheydter Aufführung von „Mutter Courage". Brechts Bühnenwerke, so der Autor, verlangen
„eine Kunst der Darstellung, wie sie Rheydt heute weder personalmäßig (das Stück ist sehr personenreich) noch in der Person des Regisseurs Hans F. Altmann erfüllen kann ... Wenn das, wie in Rheydt, unerreichbar bleibt, dann sollte man lieber die Finger davon lassen".[224]

Weiter ist die Rede davon, dass sich die Schauspieler „in den durchlaufenden Rollen abmühten" und dass die Mu-

should not be overlooked – including postponements because the Festival Hall could not be heated sufficiently. A notice in the *Viersener Mitteilung* in June 1947 reports: *"The enduring cold and the consequent impossibility of planning theatre performances in the winter months led to them being postponed until the end of July."*[222]

Already on 9 August 1947 an article appeared in the *Rhein Echo* in which the author Rolf Trouwborst expressly acknowledged, "how the M. Gladbach-Rheydt theatres with a lively modern programme persistently announced its entitlement to a serious position within the provincial West German Theatre". Schaub forwarded this article with a letter to Lord Mayor Hülser, because he found it "important". Doubtless, Schaub shared the view of the author, that "theatre is ... not an economic, but a cultural institution".[223]

In the 1950/51 season the theatres of Mönchengladbach and Rheydt separated. Mönchenglabach fused with Krefeld, and Rheydt maintained its own theatre. Sometimes the small Rheydt theatre was confronted with its limitations. Perhaps those responsible were being careful about what performances they brought outside their town.

In May 1951 in the national feuilleton of the *Rheinische Post*, under the title "Brecht Misunderstood", there was a harsh critique (signed J.J) of a Rheydt Theatre's performance of "Mother Courage". According to the author, Brecht's stage works demand
"a type of representation which in Rheydt today could neither be achieved in the amount of people (the play has a lot of people in it) nor with Hans F. Altmann as director ... when this remains unattainable, as in Rheydt, it is better to stay away from it".[224]

sik Paul Dessaus „nicht diskret in die Handlung eingestimmt, sondern zu aufdringlicher Sonderwirkung forciert" wurde. Das Publikum habe, „wie nicht anders zu erwarten war, … stellenweise grotesk amüsiert, an anderen Stellen aber schockiert" reagiert".[225]

Jedenfalls hat man, um die Formulierung des Kritikers aufzugreifen, „die Finger davon gelassen", diese „plakathaft vordergründige" Inszenierung auch noch zu exportieren. In Viersen war sie nicht zu sehen.

Aber andere Aufführungen fanden durchaus Beachtung, und so wussten die Rezensenten bei den Gastspielen in der Festhalle zu schätzen, dass das Rheydter Schauspiel, wie es Tristram formulierte, sich „einen ausgezeichneten Ruf als Pflegestätte des modernen und problematischen Stückes erworben hat und in Viersen viele Freunde besitzt".[226]

Es lässt sich hinzufügen: nicht nur des modernen, sondern überhaupt des ernsthaften, menschliche Probleme aufgreifenden Stückes. Von seinen biographischen Daten her lässt sich beispielsweise Anton Tschechow (1860–1904) im Jahre 1952 gewiss nicht mehr als zeitgenössisch einstufen, aber dass die bei ihm behandelten menschlichen Grundprobleme solche vergangener Zeiten seien, lässt sich für die 1950er Jahre mit Sicherheit genau so wenig behaupten wie für die Gegenwart. Der Rezensent der Dreistädte-Zeitung (f. e., sehr wahrscheinlich Dr. Fritz Eisheuer) bescheinigt für die Inszenierung von „Unnütze Menschen" dem Regisseur Fred Schroer, er habe „diesen Tschechow durch eine vorzügliche Abstimmung seines Ensembles in differenzierter, bunt gemischter Typencharakteristik herausgestellt." Auch von den schauspielerischen Leistungen ist er beeindruckt, abgesehen von „geringen Einschränkungen" verdient nach seiner Einschätzung „die rein sprachliche Leistung der Rheydter" volle Anerkennung. Die Proble-

Again, it was said that the actors "struggled in the lengthy roles" and that Paul Dessau's music "did not fit discreetly into the action but worked too intrusively as a special effect". The audience, "as was to be expected, reacted … in some parts with grotesque amusement, and in others with shock".[225]

In any case, to take up the formulation of the critic, people "stayed away from it" and did not export this " shallow, poster-like production". It was not seen in Viersen. But other performances definitely gained attention, and so the reviewers at the guest performances in the Festival Hall appreciated that the Rheydt Theatre, as Tristram formulated it, had gained "an excellent reputation as a centre cultivating modern and problematic plays and has many fans in Viersen".[226]

It should be added: not only modern, but any serious plays which addressed human problems. Going by his biographical dates, for example, Anton Chekhov (1860-1904) could not be considered contemporary in the year 1952, but that the basic problems addressed by him were only those of the past, was no more true of the 1950s than it would be now. The reviewer of the Dreistädte Zeitung (f. e. – very problably Dr Fritz Eisheuer) credited the director Fred Schroer in a staging of Unnütze Menschen that he had produced "this Chekhov with an excellent balancing of his ensemble in differentiated, colourfully mixed character types". He was also impressed with the acting, for which, apart from "minor reservations", "the purely vocal performance of the Rheydt players" in his view deserved full recognition. The problems, according to the reviewer, were on a different plane. He thought "the audience … did not fully appreciate this work and its performance".[227]

matik lag für den Rezensenten auf einer anderen Ebene. Ihm schien „das Publikum … nicht in allem das rechte Verständnis für dieses Werk und die Darstellung" gefunden zu haben.[227]

1954 wurde vom Stadttheater Rheydt Arthur Millers „Hexenjagd" aufgeführt. In der Rheinischen Post würdigt Tristram ausdrücklich sowohl „die ausgefeilte Inszenierung" als auch „gute und teilweise vorzügliche schauspielerische Leistungen".[228] Aus heutiger Sicht ist interessant, dass der Rezensent zwar das Stück um „eine historische Begebenheit aus den dunkelsten Zeiten Nordamerikas" zu Recht nicht als „historisches Stück" eingestuft sehen will. Aber dass es auf die damalige Situation der Kommunistenjagd in der McCarthy-Ära bezogen war, wird mit keinem Wort erwähnt. Zahlreiche Menschen, darunter nicht wenige Künstler, hatten unter den Aktivitäten des „Komitee für unamerikanische Aktivitäten" zu leiden. War das hierzulande damals unbekannt? Wollte der Rezensent das nicht wissen?

Tristram schrieb, was den Aktualitätsbezug des Stücks anbelangte, nur sehr allgemein gehalten über „das zeitlos Menschliche" oder den „Appell an die Toleranz und die Menschlichkeit".[229] Über die Resonanz beim Publikum äußerte er sich allerdings ähnlich wie sein Kollege von der Dreistädte-Zeitung zwei Jahre vorher bei der Tschechow-Aufführung „Unnütze Menschen" und stellte fest, dass sich die Zuschauer zunächst etwas zurückhielten, „um dann den Darstellern zu danken".[230] Von Viersener Theaterbesuchern war damals häufiger die Meinung zu hören, mit den modernen Stücken nicht viel anfangen zu können. Die schauspielerischen Leistungen seien aber durchaus anerkennenswert, ihnen gelte der Applaus. Aus heutiger Sicht sind also die in der Festhalle gastierenden Bühnen, nicht zuletzt das Stadttheater Rheydt, dafür zu loben,

In 1954 Arthur Miller's *The Crucible* was performed by the Rheydt Theatre. In the *Rheinische Post*, Tristram acknowledged both "the sophisticated staging" and the "good and sometimes excellent acting performances".[228]

From today's perspective it is interesting that the reviewer rightly did not want to see the play classified as "an historic play" even though it was about "an historic event from the darkest times of North America". But the fact that it referred to the situation of the time of the pursuit of communists of the McCarthy era is not mentioned at all. Many people, among them many artists, had had to suffer under the activities of the "Committee for Un-American Activities". Was that unknown here at the time? Did the reviewer not want to know this?

Regarding the modern relevance of the play, Tristram wrote only very generally about "the timeless human element" or the "appeal for tolerance and humaneness".[229]

About its resonance with the audience he expressed himself in similar vein to that of his colleague from the *Dreistädte Zeitung* two years previously on the occasion of the Chekhov performance of *Unnütze Menschen*, and confirmed that the audience were at first somewhat restrained and "then showed their appreciation to the performers".[230] It was more usual at that time to hear from the Viersen theatre audiences that they could not make head or tail of the modern plays. They appreciated the actors' performances and applauded them. From today's perspective, the theatres which performed in the Festival Hall, and not least the Rheydt Municipal Theatre, are to be praised for the fact that in the 1950s they had the courage regularly to put current theatre up for discussion. The reviewer (with the abbreviation –so) also saw

dass sie in den 1950er Jahren den Mut hatten, regelmäßig aktuelles Theater zur Diskussion zu stellen. So sah es auch der Rezensent (mit dem Kürzel -so) anlässlich einer Aufführung des Schauspiels „Warten auf Godot" von Samuel Beckett und meinte:

„Dass der ‚Godot' kein Kassenschlager am Niederrhein werden würde, hat man sicher auch in Rheydt gewusst. Dass man aber nach der ganz vorzüglichen ‚Hexenjagd' dennoch dieses Stück in den Spielplan aufnahm, ist ein Beweis dafür, dass sich das Rheydter Stadttheater der größeren Verpflichtungen bewusst ist, die ein Theater hat und sollte dankbar anerkannt werden".[231]

Die letzte Schauspiel-Aufführung des Rheydter Stadttheaters fand am 9. Juni 1965 statt mit J. B. Priestleys „Die Zeit und die Conways". Kurz danach musste diese Bühne ihre Aktivitäten einstellen. Im Dezember 1965 berichtete die Rheinische Post:

„Der Rat der Stadt Rheydt hat gestern Abend einstimmig beschlossen, den eigenen Theaterbetrieb mit dem Ablauf der Spielzeit 1965/66 einzustellen, weil die finanziellen Möglichkeiten nicht mehr vorhanden sind".[232]

Diese Ratsentscheidung, so die Westdeutsche Zeitung vom 9. Dezember 1965, sei „unerwartet und für das gesamte künstlerische Personal völlig überraschend" gekommen.

Grundsätzlich wurde ein Interesse formuliert, sich unter veränderten Strukturen – bei einer „Verbreiterung der Trägerschaft" – an einer Theater-Kooperation zu beteiligen. Als Möglichkeiten wurden genannt:

„1. Bildung eines Landestheaters Rheydt unter spürbarer Beteiligung des Landes Nordrhein-Westfalen und der Städte, die bisher vom Stadttheater Rheydt bespielt werden.

2. Fusion mit dem rheinischen Landestheater in Neuss.

it this way on the occasion of a performance of the play Waiting for Godot by Samuel Beckett:

"That Godot was not going to be a big seller in the Lower Rhine was also understood in Rheydt. That they took up this play after the excellent **The Crucible** is proof that the Rheydt Municipal Theatre is conscious of the more complex obligations that a theatre has, and they should be gratefully acknowledged for this."[231]

The last dramatic performance of the Rheydt Municipal Theatre took place on 9 June 1965 with J.B. Priestley's The Time and the Conways. Shortly after that the theatre had to discontinue their activities. In December 1965 the Rheinische Post reported:

"The council of the Town of Rheydt decided unanimously yesterday evening to cancel their theatre business at the end of the 1965/66 season because the finances are not available."[232]

This council decision, according to the Westdeutsche Zeitung of 9 December 1965, was "unexpected and came as a total surprise for all the artistic staff".

In principle, an interest was expressed in taking part in a theatrical cooperation with changed structures – with a "broadening of sponsorship". The following possibilities were mooted:

"1. Formation of a state theatre Rheydt with appreciable participation of the state North Rhine-Westphalia and of the towns which heretofore had guest performances from the Municipal Theatre of Rheydt.

2. A fusing with the Rhineland State Theatre in Neuss.

3. A revival of the joint theatres of Mönchengladbach and Rheydt.

3. Wiederbelebung des Zweckverbands-Theaters Mönchen-gladbach-Rheydt.

4. Privatisierung des Rheydter Theaters unter Beteiligung der Stadt Rheydt und der von Rheydt bespielbaren Städte".[233]

Zu den Städten, „die bisher vom Stadttheater Rheydt bespielt" wurden, gehörte Viersen. Die Entscheidung für die heutige Struktur fiel dann schließlich im Rahmen der kommunalen Neugliederung. Als die Gemeinden Mönchengladbach, Rheydt und Wickrath 1975 zu Mönchengladbach zusammengefasst wurden, wurde Rheydt Teil der Krefeld-Mönchengladbacher „Theaterehe".

1954/55, in der Saison, in der das Rheydter Theater sowohl A. Millers „Hexenjagd" als auch Becketts „Warten auf Godot" spielte, gastierte erstmals die renommierte Bochumer Bühne mit zwei Shakespeare-Lustspielen in Viersen.

Die Bochumer Bühne hatte in dieser Zeit eine besondere Vorliebe für Shakepeare-Komödien, sie kam nach Viersen mit:

1954/55: Wie es Euch gefällt – Die Zähmung der Widerspenstigen;
1955/56: Komödie der Irrungen – Zwei Herren aus Verona;
1956/57: Viel Lärm um Nichts.

In der Saison 1957/58 setzten alle drei Gastbühnen eine Shakespeare-Inszenierung aufs Programm. Rheydt brachte „Das Wintermärchen", Bochum „Cymbeline" und Düsseldorf „Der Kaufmann von Venedig" mit Ernst Deutsch in der Hauptrolle.

1958/59 kam Bochum dann mit „König Heinrich der Vierte" und „Macbeth". Danach verlagerte sich das Interesse an Shakespeare nach Düsseldorf, in den nächsten drei Jah-

4. Privatization of the Rheydt Theatre with the participation of the town of Rheydt and the towns in which Rheydt players can perform."[233]

Viersen was one of the towns "which up until now had guest performances from the Rheydt Municipal Theatre". The decision about the current structure fell within the communal restructuring. When in 1975 the communities of Mönchengladbach, Rheydt and Wickrath were consolidated to Mönchengladbach, Rheydt became part of the Krefeld-Mönchengladbach "theatre marriage".

In 1954/55, the season in which the Rheydt Theatre performed both Arthur Miller's "The Crucible" and also Beckett's "Waiting for Godot", the renowned Bochum Theatre was first, giving guest performances of two Shakespearean comedies in Viersen.

The Bochum theatre had at this time a particular predilection for Shakespearean comedies, performing the following plays in Viersen:

1954/55: As you like it – The Taming of the Shrew
1955/56: The Comedy of Errors –Two Gentlemen of Verona
1956/57: Much Ado about Nothing.

In the 1957/58 season all three guest theatre companies put a Shakespeare production on the programme. Rheydt brought "The Winter's Tale", Bochum "Cymbeline", and Düsseldorf "The Merchant of Venice" with Ernst Deutsch in the main role.

In 1958/59 Bochum came with "King Henry IV" and "Macbeth". After that the interest in Shakespeare transferred to Düsseldorf. In the next three years the Bochum players no longer came with Shakespeare productions. The Düsseldorf players performed:

Foto Ilse Buhs, Berlin

Ernst Deutsch

Ernst Deutsch …

… und / and Ingrid Ernest im / in April 1961

ren kamen die Bochumer nicht mit Shakespeare-Aufführungen, von den Düsseldorfern waren zu sehen: „Die lustigen Weiber von Windsor" 1959/60, „König Richard der Dritte", „Was ihr wollt" (1960/61), „Ein Sommernachtstraum" und „Das Wintermärchen" (1961/62). Mit der Feststellung, dass 1962/63 keine Bühne mit Shakespeare in Viersen gastierte, soll dieser Vergleich zwischen den Bühnen abgeschlossen werden. Dass damals pro Jahr

The Merry Wives of Windsor (1959/60), *King Richard III, The Twelfth Night* (1960/61), *A Midsummer Night's Dream, The Winter's Tale* (1961/62). In 1962/63 no theatre performed Shakespeare in Viersen. The fact that each year the performances of classical and contemporary works offered went into double figures is worth noticing, particularly compared to today's situation. In 1963/64 *King Henry IV* was performed by the Düssel-

eine zweistellige Zahl an Theateraufführungen mit klassischen und zeitgenössischen Bühnenwerken geboten wurde, verdient, auch mit der heutigen Situation verglichen, Beachtung. 1963/64 wurde „König Heinrich der Vierte" vom Düsseldorfer Schauspielhaus in Viersen gespielt, wobei vor allem Ewald Balser als Falstaff „viel Beifall" in der voll besetzten Festhalle erhielt.[234]

Im Übrigen darf hier natürlich nicht der Eindruck entstehen, dass das Schauspielhaus Bochum unter seinem Generalintendanten Hans Schalla nur mit beliebten Shakespeare-Klassikern nach Viersen gekommen sei. Aber im Vergleich mit den Rheydter Bühnen fällt auf, dass viele der aufgeführten Werke im Bereich des Heiteren, Ironischen und Satirischen angesiedelt sind.

Im Herbst 1955 kommen die Bochumer mit „Amphytrion 38" von Jean Giraudoux, nach Ansicht der Rheinischen Post „kein Werk von Ewigkeitsrang, aber ein Stück voll Esprit und Charme … in einer Aufführung, die allen Hintergründigkeiten dieser Komödie gerecht wurde"[235] Weiter werden in den späten 1950er und frühen 1960er Jahren von der Bochumer Bühne an Komödien und Lustspielen aufgeführt: Die Schule der Frauen (Jean-Baptiste Molière – 1955/56), Der zerbrochene Krug (Heinrich von Kleist – 1957/58), Und das am Montagmorgen (J. B. Priestley 1957/58), Pygmalion (George Bernard Shaw – 1958/59), Der Privatsekretär (T S. Eliot – 1958/59), Charleys Tante (Brandon Thomas – 1958/59), Papiermühle (Georg Kaiser – 1960/61), Eine Dummheit macht auch der Gescheiteste (Alexander N. Ostrowskij – 1960/61) und Der Snob (Karl Sternheim – 1960/61).

Ernste und tragische Stücke tauchen ebenfalls in den Gastspielen der Bochumer auf, aber doch weniger oft. Zu erwähnen sind z. B. Phädra (Jean Baptiste Racine – 1956/57),

dorf Schauspielhaus in Viersen, at which Ewald Balser received "much applause" as Falstaff in a Festival Hall filled to capacity.[234]

But the impression must not be given that the Bochum Theatre under its General Director Hans Schalla came to Viersen only with popular Shakespeare classics. But in comparison with the Rheydt Theatre, it was noticeable that many of the works performed were humorous, ironic or satirical in nature.

In the autumn of 1955, the Bochum Theatre came with *Amphytrion 38* by Jean Giraudoux. In the view of the *Rheinische Post* this was not a work of eternal significance, but a play full of spirit and charm … in a performance which did justice to all the enigmas of this comedy".[235] In the late 1950s and the early 1960s further farces and comedies performed by the Bochum Theatre were: *L'Ecole des Femmes* (Jean-Baptiste Molière – 1955/56), *Der zerbrochene Krug* (Heinrich von Kleist – 1957/58), *And That on Monday Morning* (J.B. Priestley 1957/58), *Pygmalion* (George Bernard Shaw – 1958/59), *The Elder Statesman* (T.S. Eliot – 1958/59), *Charley's Aunt* (Brandon Thomas – 1958/59), *Papiermühle* (Georg Kaiser – 1960-61), *Enough stupidity in Every Wise Man* (Alexander N. Ostrowskij – 1960/61) and *Der Snob* (Karl Sternheim – 1960/61).

Serious and tragic plays also appeared in the guest performances of the Bochum Theatre, but less often. It is worth mentioning, for example *Phèdre* (Jean Baptiste Racine – 1956/57), *Macbeth* (W. Shakespeare – 1958/59) and *Clavigo* (Goethe – 1959/60).

Gradually it became more difficult to engage the Bochum Theatre to come to Viersen regularly. On 24

Macbeth (W. Shakespeare – 1958/59) und Clavigo (Goethe – 1959/60).

Allmählich wird es schwieriger, das Bochumer Haus regelmäßig nach Viersen zu verpflichten. Am 24. Februar 1960 berichtet Oberstadtdirektor van Kaldenkerken, „dass Bochum in diesem Jahre eine enttäuschend geringe Stückauswahl angeboten habe" und „ein rechtzeitiges Umschalten auf andere Bühnen angezeigt" sei".[236]

In den 1960er Jahren werden die Gastspiele aus Bochum, Düsseldorf und Rheydt allmählich durch Tourneetheater ersetzt. In der Spielzeit 1962/63 deutet sich der neue Trend erst an. Fast versteckt zwischen den Aufführungen der drei Bühnen findet man eine Aufführung des Deutschen Tournee-Theaters Landgraf mit der Graham-Greene-Komödie „Der verbindliche Liebhaber". Damals wie heute arbeitet diese Agentur gern mit renommierten Schauspielern, in diesem Fall mit Paul Dahlke. Und nach wie vor sucht man nach erfolgreichen Inszenierungen und kauft sie ein. Hier war es eine Produktion des Deutschen Fernsehens, mit der man auf Tournee ging.

Die Zahl der Tourneebühnen erhöhte sich in den folgenden Jahren. Mit ihnen kamen auch mehrere prominente Schauspieler nach Viersen. In den Spielzeiten 1963/64 und 1964/65 waren zu sehen:

–   Die „Schweizer Theater-Gastspiele" mit Barbara Rütting (Shakespeare, „Der Widerspenstigen Zähmung", 1963/64) sowie mit Johanna Matz (Anton Tschechow, „Die Möwe", 1964/65),

–   Das Tournee-Theater „Der Grüne Wagen" mit Walter Richter, Käthe Gold und Gert Westphal (August Strindberg, „Totentanz", 1963/64),

February 1960 the Town Manager van Kaldenkerken, reported "that Bochum this year had offered a disappointingly small choice of plays" and "that it was time to switch to other theatres".[236]

In the 1960s, the guest performances from Bochum, Düsseldorf and Rheydt were gradually replaced by touring companies. In the 1962/63 season the new trend became apparent. Almost hidden among the performances of the three theatres there was a performance by the German Touring Company of Landgraf with the Graham Greene comedy: *The Complaisant Lover*. At that time, as is the case today, the agency liked to work with renowned actors. In this play they worked with Paul Dahlke. And still they sought out successful productions and bought them. Now they were touring with a production of German Television.

The number of touring companies increased in subsequent years. Some wellknown actors came to Viersen with them. In the 1963/64 and 1964/65 seasons there were performances of the following plays:

–   The "Swiss Theatre Plays" with Barbara Rütting (Shakespeare, *The Taming of the Shrew*, 1963/64) as well as with Johanna Matz (Anton Chekhov, *The Seagull*, 1964/65),

–   The Touring Theatre "The Green Wagon" with Walter Richter, Käthe Gold and Gert Westphal (August Strindberg, *The Dance of Death*, 1963/64),

- Die Schauspieltruppe Zürich mit Will Quadflieg und Margarete Jacobs (Jean Baptiste Molière, „Don Juan", 1963/64),

- Die Bühne 64 Zürich mit René Deltgen und Götz George, Regie führte August Everding (Arthur Miller, „Alle meine Söhne", 1964/65).

Die Gastspiele der Tourneetheater stießen trotz der berühmten Mitwirkenden nicht nur auf positive Beurteilungen. So wird in einer Rezension über Shakespeares „Der Widerspenstigen Zähmung" von Fritz Eisheuer in der Westdeutschen Zeitung vom 22. Februar 1964 zwar anerkannt, dass Barbara Rütting „ihre große Routine als Film-Schauspielerin" ausspielt und „durch sprechtechnisch saubere Leistung" gefällt. Eisheuer konstatiert auch, dass das Publikum „seinen Spaß in der Viersener Festhalle" hatte. Aber:
„Lieber neue Stücke, vielleicht auch stärkere Problemstücke als klassisches Theater mit einer mittelmäßigen Shakespeare-Aufführung, die keinen Vergleich mit Düsseldorfer und Bochumer Darstellungen in Viersen aushält".[237]

Immer mehr Bühnen, auch weit entfernte Repertoire-Theater, lösten in den 1960er Jahren die Konzentration auf die qualifizierten Nachbarbühnen Düsseldorf, Bochum und Köln zunehmend ab. Darunter waren zum Teil sehr renommierte Bühnen, z. B. die „Schaubühne am Halleschen Ufer Berlin". Sie war im April 1965 mit „Mann ist Mann" von Bertolt Brecht zu Gast.

Diese Aufführung scheint damals die Aufnahmebereitschaft des Viersener Publikums überfordert zu haben. Jedenfalls berichtet der Rezensent Tristram von einem schlechten Besuch und macht keinen Hehl daraus, dass ihm weder der Autor noch das Stück noch die Inszenierung gefiel. Er vermag dem Werk nicht „dichterischen

- The Drama Group Zurich with Will Quadflieg and Margarete Jacobs (Jean Baptist Molière, *Don Juan*, 1963/64),

- The Theatre 64 Zurich with René Deltgen and Götz George, produced by August Everding (Arthur Miller, *All My Sons*, 1964/65).

Despite the fame of the participants, the guest performances did not only receive positive reviews. In a review of Shakespeare's *The Taming of the Shrew* by Fritz Eisheuer in the *Westdeutsche Zeitung* of 22 February 1964 it was acknowledged that Barbara Rütting showed "her grand routine as a film actress" and pleased the audience "with her speaking skills and smooth performance". Eisheuer also established that the public "had fun in the Viersen Festival Hall". But:
"We'd prefer new plays, perhaps also more significant problem plays than classical theatre with a mediocre Shakespeare performance which could not bear comparison with the Düsseldorf and Bochum performances".[237]

Increasingly in the 1960s, more and more theatres, even far away repertory theatres, replaced the concentration on the qualified neighbouring companies of Düsseldorf, Bochum and Cologne. Among them there were some very renowned companies like, for example, the "Theater am Halleschen Ufer Berlin". They made their guest performance in April 1965 with Brecht's *Mann ist Mann*.

This performance appears to have been too much for the Viersen audience of the time. In any case, the reviewer Tristram reported of a poor attendance and made no secret of the fact that he liked neither the author, the play, nor the production. He did not consider this play equal to the "poetic rank and greatness" of other Brecht dramas,

Von links: Will Quadflieg und Günter Ochs (Kulturamtsleiter von 1964 bis 1970)

From left: Will Quadflieg and Günter Ochs (Cultural Director from 1964 to 1970)

Rang und Größe" anderer Brecht-Dramen zuzusprechen, nennt die Inszenierung „holzschnittartig" und „unausgeglichen". Brecht passt ihm ohnehin nicht, denn er wisse um dessen „zynische Deklassierung der bürgerlichen Werte und Ordnungen, um seine Provozierung des Christenmenschen".[238]

Drei Monate vorher hatte das Düsseldorfer Schauspielhaus Brechts Dreigroschenoper in Viersen gespielt. Tristram nannte die Inszenierung „komödiantisch aufgezäumt",

and called the production "simplistic" and "uneven". He did not like Brecht in any case, as he knew about his "cynical downgrading of bourgeois values and structures and about his provocation of Christians".[238]

Three months earlier the Düsseldorf Schauspielhaus had played Brecht's Dreigroschenoper in Viersen. Tristram called the production "theatrically harnessed", whereas the Berliners' Mann ist Mann production "with syringes and mallets had fired Brecht's world view at the audi-

wogegen die Berliner „Mann ist Mann"-Inszenierung „mit Spritzen und Holzhämmern Brechtsche Weltschau, Brechtsche Gesellschaftskritik und bittere Menschenverachtung ins Publikum" geschossen habe".[239]

In der Westdeutschen Zeitung heißt es von der genannten Aufführung der Dreigroschenoper, dass sie „die großen Erwartungen der mehr als 1.000 Besucher in der Viersener Festhalle … enttäuscht" habe. Der Rezensent (weder mit Namen noch mit Kürzel genannt) beanstandet, dass „Brechts Tonfall … nur selten getroffen (wird und) seine trockene Schärfe, seine ironische Distanz … häufig durch beträchtliche Lautstärke ersetzt" wird".[240]

Die Freunde des modernen, umstrittenen Theaters kamen vor allem mit der in der Spielzeit 1964/65 neu ins Angebot genommenen Reihe „Studio-Abonnement" auf ihre Kosten. Hier kam es nicht so sehr auf das Image der Häuser und Mitwirkenden an, es waren sowohl renommierte wie weniger renommierte Bühnen zu Gast. Wichtiger war, Aktuelles zur Diskussion zu stellen. Brechts erwähnte Inszenierung von „Mann ist Mann" gehörte gleich in ihrer ersten Spielzeit zu dieser Reihe, ebenso Heinar Kipphardts damals viel diskutiertes Schauspiel „In der Sache J. Robert Oppenheimer" in einer Inszenierung der Städtischen Bühnen Oberhausen. Die Aktualität gerade dieser Aufführung hebt auch der Rezensent der Rheinischen Post vom 20. November 1964 hervor. Laut Dr. Josef Klösters gewann die Aufführung in der Festhalle besondere Brisanz dadurch,

„dass gerade in den letzten Tagen der amerikanische Kernphysiker Oppenheimer selbst durch einen Brief an den Dichter Einwendungen gegen dieses Schauspiel unter Berufung auf die historische Wirklichkeit gemacht hat. Bekanntlich gründet sich das Stück auf die Verhöre Oppenheimers, die von der amerikanischen Atomenergiekommission zu Zeiten

ence, with his criticisms of society and his bitter contempt for mankind".[239]

In the *Westdeutsche Zeitung* it was stated about the performance of the *Dreigroschenoper* already mentioned above, that it had "disappointed the high expectations of the more than 1,000 who had attended in the Viersen Festival Hall". The reviewer (named with neither a name nor an abbreviation) complained that "Brecht's tone … was only rarely achieved, and his dry sharpness, his ironic distance … was frequently replaced with considerable volume of sound".[240]

In the 1964/65 season, friends of the modern, controversial theatre got their money's worth particularly with the newly offered "studio subscription". In this, it did not matter so much about the image of the theatres and participants; there were renowned theatre groups as well as less well-known groups as guests. What was more important was to have something relevant to discuss. Brecht's already mentioned production of *Mann ist Mann* was in the first season of this series, as well as Heinar Kipphardt's much discussed play *In der Sache J. Robert Oppenheimer* in a production of the Municipal Theatre Oberhausen. The topicality of this latter performance was highlighted by the reviewer of the *Rheinische Post* on 20 November 1964. According to Dr Josef Klösters, the performance gained particular poignancy in the Festival Hall due to the fact

"that the American nuclear physicist Oppenheimer himself, in a letter to the playwright, made objections about this play by appealing to the historic reality. As is well known, the play is based on the interrogations of Oppenheimer, which were held by the American Atomic Energy Commission during the time of the deceased Senator McCarthy. In particular, Oppenheimer explained about the

des verstorbenen Senators McCarthy veranlasst wurden. Insbesondere hat Oppenheimer zur Kennzeichnung seiner Person in diesem Schauspiel erklärt, dass die gegen ihn vorgenommene Untersuchung lediglich eine Farce war, und dass er niemals sein Bedauern darüber zum Ausdruck gebracht habe, dass er an der Herstellung der Atombombe mitgearbeitet habe.“

In diesem Zusammenhang ist auch die Tatsache erwähnenswert, dass in der Saison 1964/65 Viersen „als einzige Stadt der Bundesrepublik“ hat „… *zwei deutsche Autoren zu Worte kommen lassen, deren Stücke erst in dieser Spielzeit uraufgeführt worden sind. Auf diese einmalige Situation wies Franz Jost, Ratsherr und Vorsitzender des Kulturausschusses in der Etatdebatte vor dem Rat hin.*“ [241]

Heinar Kipphardts „In der Sache J. Robert Oppenheimer“ war eins der beiden Stücke, das andere war Martin Walsers Schauspiel „Der schwarze Schwan“.

Allerdings: Zeitgenössische, umstrittene Theaterstücke in Viersen aufzuführen, stieß nicht nur auf Zustimmung. So meinte Eisheuer in der Westdeutschen Zeitung vom 15. April 1965, dass das Thema „Zeittheater in Viersen“ „kritisch und sachlich“ überprüft werden müsse:

„*Eine Gasttheaterstadt mit gesättigt, wirtschaftlich gefestigter Bürgerlichkeit ist nicht auserwählt, das Ei des Kolumbus im Problemtheater zwischen Walser, Kipphardt und Brecht zu entdecken, so notwendig es sein mag, die junge Generation mit dem avantgardistischen modernen Theater über das Studio bekannt zu machen und so zu versuchen, neue Abonnenten zu gewinnen*“.

Andere waren dagegen froh, dass man sich den 1960er Jahren in Viersen über neuere Theater-Entwicklungen live informieren konnte. Und das ist doch schließlich nach wie

characterization of his personality in this play, that the investigation taken against him was a farce and that he had never expressed regret that he had worked on the preparation of the atom bomb."

In this context it is worth mentioning that in the 1964/65 season Viersen "was the only town in West Germany" which had given
"... two German authors a chance to be heard, their plays being premiered during this season. Franz Jost, Alderman and Chairman of the Culture Committee, pointed this out in the budget debate in front of the Council".[241]

Heinar Kipphardt's *In der Sache J. Robert Oppenheimer* was one of the two plays, the other was Martin Walser's play *Der schwarze Schwan*.

Certainly, the performance of contemporary, controversial plays in Viersen did not always meet with approval. Eisheuer stated in the *Westdeutsche Zeitung* of 15 April 1965 that the topic "Contemporary Theatre in Viersen" ought to be "critically and objectively" examined:

"A guest theatre town with its commercially comfortable bourgeoisie is not the one to appreciate the new discoveries in problem theatre with Walser, Kipphardt and Brecht, as necessary as it might be to introduce the young generation to the avant-garde modern theatre through the studio and thus to attempt to win new subscription holders."

In Viersen in the 1960s, on the other hand, some were content to be informed about the latest developments in theatre directly. And that was ultimately still a significant function of public promotion of culture. The political authorities held the same view. Franz Jost, the Culture Committee Chairman, referred ironically to the contradiction,

vor eine wesentliche Aufgabe öffentlich geförderter Kulturpflege. So sahen es auch die politisch Zuständigen. Franz Jost, der Kulturausschussvorsitzende, verwies ironisch auf den Widerspruch,

„… dass wir uns einerseits permanent eines tiefen Provinzialismus erwehren müssen, andererseits die Ideale mittelstämmiger (ist vielleicht ‚mittelständischer' gemeint?) Jugend von avantgardistischen Studioaufführungen unzumutbaren Zerrüttungen ausgesetzt sind".[242]

Und SPD-Sprecher Dr. Franz-Josef Antwerpes postulierte, dass *„… eine moderne Kulturstadt auch modernes Theater spielen sollte. Wem Brecht nicht passt, kann ungehindert zu Hause bleiben. Das gilt auch für alle anderen Autoren, ob klassisch oder modern. Es fehlt nur noch, dass demnächst pro Saison der Prozentsatz der klassischen und modernen Stücke ermittelt wird".*[243]

Später, von 1978 bis 1999, war Antwerpes Regierungspräsident des Regierungsbezirkes Köln.[244]

In den Rezensionen der Studio-Aufführungen dieser Jahre spürt man den Zwiespalt zwischen der Forderung nach aktuellem Theater und der Verunsicherung eben hierüber. Über ein Gastspiel der Städtischen Bühnen Münster mit dem Schauspiel „Magic Afternoon" des Österreichers Wolfgang Bauer im Februar 1970 liest man beispielsweise von Tristram in der Rheinischen Post vom 3. März 1970: „Kein feines Stück, aber ein zeitgemäßes Stück".[245] Und Eisheuer notiert in der Westdeutschen Zeitung:
„Zwei Stunden lang bereiteten sich im fahlen Wohnzimmermilieu … Bauers sozialkritische Milieuschilderungen aus. Alles wird im pausenlosen Nebeneinander aufgeboten: Konservenmusik, Kompottverzehr, Whiskygesöff, telefonische Betätigung und gymnastisch getrimmte Bettbegegnung, harte Schläge und stumpfsinniges Verharren … In der Pause

"… that, on the one hand, we must permanently resist deep provincialism, and that on the other hand the ideals of 'middle class' young people are exposed, through avant-garde style studio performances, to unacceptable subversion."[242]

The Social Democratic Party speaker Dr Franz-Josef Antwerpes claimed, that
"… a modern cultural town should play modern theatre. Whoever does not like Brecht is not prevented from remaining at home. This is the case also with all other authors, whether classical or modern. All we need is, that soon a percentage of both classical and modern plays be ascertained".[243]

Later, from 1978 to 1999, Antwerpes was district president of the administrative district of Cologne.[244]

In the reviews of studio performances of these years one felt the dichotomy between the demand for up-to-date theatre and the misgivings attached to it. Writing about a guest performance of the Municipal Theatre of Münster of the play *Magic Afternoon* by the Austrian Wolfgang Bauer in February 1970, for example, Tristram said in the *Rheinische Post* of 3 March 1970: *"not a fine play, but a contemporary play".*[245] And Eisheuer noted in the *Westdeutsche Zeitung:*
"For two hours Bauer's sociocritical background descriptions were laid out in a gloomy living room atmosphere. Everything is presented in a continuous juxtaposition: canned music, the consumption of compote, binge drinking whiskey, telephone calls and athletic bed encounters, hard punches and numbed perseverance … During the break some women left the Festival Hall in a state of shock. Lively applause was afforded the harmonic and intensive performance of the ensemble."[246]

verließen einige Damen schockiert die Festhalle. Herzlicher Beifall galt dem harmonisch und darstellerisch intensiv aufspielenden Ensemble."[246]

Dass man bei avantgardistischem Theater nicht immer ein volles Haus erwarten darf, ist keine neue Erfahrung. Das galt auch für Viersen im Jahre 1969:
„Die Viersener Theaterfreunde hatten den angesichts der leeren Stuhlreihen offenbar zu gering geschätzten Vorzug, wenige Tage nach der vielbeachteten Bonner Premiere die literarische Collage des Hans Georg Behr ,Ich liebe die Oper' im eigenen Haus begutachten zu können"[247]

In der Studio-Reihe, in der laut Jost „der freie Kartenverkauf ... sogar die Zahl der fest abonnierten Plätze" überstieg, gab es über mehrere Jahre hinweg auch hervorragende Pantomime-Aufführungen, vor allem vom „Theater am Geländer Prag". Über ein Gastspiel mit einer Bühnenfassung von Franz Kafkas „Der Prozess" war im Grenzland-Kurier vom 15. Januar 1968 zu lesen:
„Der Inszenierung haftete etwas Choreographisches an. Jeder Schritt, jede Bewegung und Geste – besonders bei den Damen – verriet Ballett-Training und tänzerisches Können ... Zu jedem Bild tönte über Lautsprecher eine kurze Erläuterung ... in deutscher Sprache. Es wurde in tschechischer Sprache gespielt. Doch vermisste man nichts, weil diese Schauspieler so ausdrucksstark agierten, dass man sie trotzdem ,verstand'"[248]

In seiner ersten Amtszeit macht der neue Oberstadtdirektor Dr. Karl-Heinz van Kaldenkerken deutlich, dass es für Viersen nicht um ein entweder/oder bei der Programmgestaltung geht, sondern dass „... unter angemessener Berücksichtigung sowohl der klassischen als auch der modernen Bühnenliteratur ... für alle Theaterserien eine gleichwertige Stückauswahl getroffen (wird)"[249]

It is not a new phenomenon that one cannot always expect a full house for avant-garde theatre. That's the way it was in Viersen in the year 1969:
"A few days after the high profile premiere in Bonn, Viersen theatre fans had the advantage – clearly underestimated, to judge by the empty rows of seats – of being able to assess in their own Festival Hall the literary Collage of Hans Georg Behr's Ich Liebe die Oper."[247]

In the Studio Series, in which according to Jost "the amount of open ticket sales ... surpassed the fixed subscription places", there were several excellent pantomime performances, particularly from "Theater am Geländer Prag". In the Grenzland Kurier on 15 January 1968 the following was written about a stage production of Franz Kafka's Der Prozess:
"The production included an element of choreography. Every step, every movement and gesture – particularly with the ladies – revealed ballet training and dancing ability ... For every picture, a short explanation was heard over a loudspeaker ... in German. It was performed in the Czech language. But despite that, one missed nothing, because the actors acted so expressively that they were 'understood'."[248]

In his first term of office, the new Town Manager Dr Karl-Heinz van Kaldenkerken made it clear that in Viersen it was not an either/or situation with the planning of the programme, but that "... having regard to both the classical and the modern stage literature ... in all theatre series a balanced choice of plays was to be offered".[249]

Nicht nur mit den Bühnen aus Düsseldorf und Bochum, sondern auch mit den Tourneetheatern kamen in den 1960er Jahren weitere renommierte Schauspielerinnen und Schauspieler in die Festhalle. Einige von ihnen waren allerdings, wie beispielsweise Elisabeth Flickenschildt oder Karl-Maria Schley, schon vorher mit „den Düsseldorfern" in Viersen. Die Namen:

In the 1960s, not only with the theatres from Düsseldorf and Bochum, but also with the touring theatres, more renowned actors and actresses came to the Festival Hall. Some of them like Elisabeth Flickenschildt or Karl-Maria Schley, had already appeared in Viersen with the "Düsseldorf" players. The names:

Arno Assmann, Karin Baal, Ewald Balser, Maria Becker, Leopold Biberti, Claus Biederstaedt, Karlheinz Boehm, Matthias Brambeer, Hans Clarin, René Deltgen, Tilla Durieux, Hansjörg Felmy, Elisabeth Flickenschildt, Otto Freitag, Robert Freitag, Götz George, Käthe Gold, Heidemarie Hatheyer, Johannes Heesters, Ursula Herking, Attila Hörbiger, Marianne Hoppe, Rolf Hoppe, Ursula Lingen, Margarete Jacobs, Ulla Jacobsen, Helmut Käutner, Alexander Kerst, Fritz Kortner, Viktor de Kowa, Ruth Maria Kubitschek, Volker Lechtenbrink, Gerlinde Locker, Helmut Lohner, Günther Lüders, Johanna Matz, Eva-Maria Meineke, Josef Meinrad, Peter Neusser, Will Quadflieg, Walter Richter, Karl-Maria Schley, Peer Schmidt, Carl Heinz Schroth, Erik Schumann, Maria Sebaldt, Adelheid Seeck, Ernst Stankovski, Olga Tschechowa, Vera Tschechowa, Lis Verhoeven, Rudolf Vogel, Wolfgang Wahl, Peter Weck, Gert Westphal, Sonja Ziemann.

Mitunter waren prominente Mimen auch als Gäste benachbarter kleinerer Bühnen zu sehen, wie beispielsweise 1969 Hilde Hildebrand als Claire Zachanassian in der Neusser Einstudierung der Dürrenmatt-Komödie „Besuch der alten Dame". Über Hilde Hildebrand in dieser Einstudierung berichteten die Düsseldorfer Nachrichten am 27. August 1969:
„Es gibt kaum eine deutsche Bühne, auf der sie nicht einmal gestanden hätte und wohl kaum eine Aufführung, in der ihre Kunst, ihr Wesen, der Zauber ihrer Persönlichkeit nicht eine tiefe Resonanz hinterlassen hätte. Dürrenmatts „Alte Dame" ist eine ihrer Glanzrollen. Unter des Autors Regie hat sie diese Rolle auch in Bern gespielt. Dürrenmatts Meinung: ‚Es war für mich ein Erlebnis, sie zu sehen!' Die Claire Zachanassian ... spielt Hilde Hildebrand auch am Rheinischen Landestheater in Neuss".[250]

Now and then there were wellknown actors as guests from smaller neighbouring theatre companies, like in 1969 Hilde Hildebrand as Claire Zachanassian in the Neuss production of the Dürrenmatt comedy *Besuch der alten Dame*. On 27 August 1969 the *Düsseldorf News* reported about Hilde Hildebrand in this production:
"There is hardly a German stage on which she has not once stood and hardly a performance in which her art, her being, the magic of her personality has not made a deep impression. Dürrenmatt's **Alte Dame** *is one of her star roles. Under the direction of the author she also played this role in Bern. Dürrenmatt's opinion: 'It was an experience for me to see her!' Hilde Hildebrand also plays Claire Zachanassian in the Rhineland State Theatre in Neuss".*[250]

Nach der Aufführung schrieb Kulturamtsleiter Günter Ochs beeindruckt an den Neusser Intendanten und Regisseur dieser Aufführung Dr. Hermann Wetzke:

„... Dass Sie eine ausgezeichnete Aufführung zu Wege gebracht haben, sagte ich Ihnen bereits. Gegenüber der Premiere schien mir die Inszenierung (und damit auch das Stück) noch an Dichte und Intensität gewonnen zu haben. Beeindruckend war denn auch für mich nicht die als selbstverständlich vorausgesetzte Leistung von Frau Hildebrand, sondern die Leistungen Ihrer Kollegen, die vergessen ließen, dass sie eben wesentlich schlechter bezahlt werden als manche Schauspieler an größeren Häusern, wie denn überhaupt das Ensemble einen überaus geschlossenen und überzeugenden Eindruck machte".[251]

Die Irre von Chaillot
Schauspiel in zwei Akten von Jean Giraudoux

Tilla Durieux
und das Ensemble der Städtischen Bühnen Münster

theater, 26.4.64

Tilla Durieux in der Rolle ihres Lebens: in Jean Giraudoux „Die Irre von Chaillot"

Tilla Durieux in the role of her life: in Jean Giraudoux's The Madwoman of Chaillot

Bei der Durchsicht der Zeitungen fällt auf, dass lokale Rezensionen über interessante Theater-Aufführungen damals keineswegs selbstverständlich waren. Dass dies zu Unmut führte, ist dokumentiert, so z. B. in einem Schreiben des Kulturamtsleiters Ochs an die Düsseldorfer Konzertdirektion vom 24. Februar 1970. Offenbar war Ochs nach einer Aufführung von Wolfram Mehrings Komödie „Der Kater" (nach Ludwig Tieck) um die Zusendung von Kritiken gebeten worden. Die Einstudierung des Théatre de la Mandragore Paris galt als „die sensationellste Aufführung der Pariser Theater 1968 mit einem einheitlich positiven Urteil der gesamten internationalen Presse". Aber Ochs konnte der Agentur nur mitteilen:

After the performance, Cultural Head of Department Günter Ochs wrote appreciatively to the Neuss Director and Producer of this performance Dr Hermann Wetzke:

"... I have already said that you have brought underway an excellent performance. Compared with the premiere, the production (and with it the play) seemed to have improved in intensity. What was impressive was not just the performance of Mrs Hildebrand that one would expect, but the performances of her colleagues who made us forget that their pay is considerably lower than the salaries of some actors in larger theatres. Equally impressive was the completely unified and convincing work of the ensemble."[251]

From the newspapers it becomes clear that local reviews about interesting theatre performances at the time were not at all just a matter of course. It is documented that this led to resentment, seen, for example, in a letter dated 24 February 1970 from the Cultural Head of Department, Ochs, to the Düsseldorf concert director. Obviously, after a performance of Wolfram Mehring's comedy *The Tomcat* (after Ludwig Tieck), Ochs was asked to send critiques. The production of the Théatre de la Mandragore Paris counted as "the most sensational performance of Paris Theatre in 1968, earning a consistently positive response from the whole international press". But Ochs could only inform the agency:

„Ich muss Sie leider enttäuschen. Wie in anderen Fällen auch, haben die Viersener Zeitungen die Aufführung des „Katers" nicht besprochen".[252]

Ähnliches schrieb Ochs am 10. März 1970 an die Städtischen Bühnen Oberhausen anlässlich der Aufführung von Brechts „Der kaukasische Kreidekreis".[253]

Bei der Durchsicht alter Zeitungen und Akten stößt man auch auf böse Unfälle, die sich bei Theateraufführungen in der Festhalle ereigneten. Als am 16. November 1969 Albert Camus' „Belagerungszustand" aufgeführt wurde, stürzte Eberhard Müller-Elmau,

„… eines der ältesten Ensemble-Mitglieder, … kurz vor Schluss der Aufführung in den Orchestergraben, wo er bewusstlos liegen blieb … Glücklicherweise bestätigte sich … nicht der Verdacht auf eine schwere Gehirnerschütterung".[254]

Ein anderer Schauspieler sprang ein, die Aufführung ging weiter. Noch ein zweiter Unfall passierte am selben Abend: Bei einer Fluchtszene sprang ein Schauspieler

„… in die Nägel seines Schuhabsatzes, der sich vorher gelöst hatte. Trotz seiner Schmerzen spielte er ungehemmt weiter".[255]

Am Anfang der vielen großartigen Theater-Aufführungen in der Viersener Festhalle stand, wie dargelegt, die fruchtbare Zusammenarbeit mit Gustaf Gründgens.

Gründgens starb in der Nacht vom 6. zum 7. Oktober 1963 in Manila auf den Philippinen. Nur wenige Tage später, am 12. Oktober 1963, gastierte das Düsseldorfer Schauspielhaus in Viersen mit Friedrich Schillers „Don Carlos" in der Inszenierung von Karl Heinz Stroux. Seiner Regie wurde „künstlerische Sensibilität" bescheinigt.[256]

Unter den Akteuren befanden sich Ernst Deutsch, Ingrid Ernest und Karl-Heinz Martell. Mit von der Partie war

"Unfortunately, I must disappoint you. As in other cases, too, the Viersen newspapers did not discuss the performance of **The Tomcat**."[252]

On 10 March 1970 Ochs wrote a similar note to the Municipal Theatre Oberhausen on the occasion of the performance of Brecht's *Der Kaukasische Kreidekreis*.[253]

On reviewing old newspapers and records, one also encounters nasty accidents at the theatre performances in the Festival Hall. When on 16 November 1969 Albert Camus' *L'état de siège* was performed, Eberhard Müller-Elmau wrote:

"… one of the oldest ensemble members, … shortly before the end of the performance, fell into the orchestra pit, where he lay unconscious … happily it was confirmed … that there was no trace of a serious concussion."[254]

Another actor replaced him, and the performance continued. Another accident happened on the same evening. In an escape scene an actor jumped

"… onto the nails of the heels of his shoe, which had broken off earlier. In spite of the pain, he continued as if nothing had happened."[255]

As already described, the fruitful collaboration with Gustaf Gründgens featured amongst the many early wonderful theatre performances in the Viersen Festival Hall Gründgens died in the night of 6 to 7 October 1963 in Manila in the Philippines. Only a few days later, on 12 October 1963, the Düsseldorf Schauspielhaus performed Friedrich Schiller's *Don Carlos* in a production of Karl Heinz Stroux. His direction was said to have had "artistic sensibility".[256]

Among the actors were Ernst Deutsch, Ingrid Ernest and Karl-Heinz Martell. Also in the cast was Nicole Heesters,

auch Nicole Heesters, deren schauspielerische Leistungen als Prinzessin von Eboli in einer Düsseldorfer Aufführung von Eo Plunien in der überregionalen Presse als „großartig" eingestuft wurde: „hier wurde wirklich ein Mensch, eine Frau in den Tiefen ihrer Seele aufgewühlt".[257]

Die „Rheinische Post", die in der Viersener Region damals als „Grenzlandkurier" geführt wurde und „Rheinische Post" nur als Untertitel einsetzte, nahm die Aufführung zum Anlass, „über den Tag hinaus auf die gute Verbindung … zwischen dem Düsseldorfer Schauspielhaus und der Stadtverwaltung Viersen" hinzuweisen und bei dieser Gelegenheit einen zehn Jahre zurückliegenden kuriosen Briefwechsel von Gründgens mit Dr. Schaub aus dem Jahre 1953 zu veröffentlichen. Der inzwischen pensionierte Oberstadtdirektor hatte der Zeitung die Korrespondenz zur Verfügung gestellt.[258]

Am 6. Januar 1953 gastierte Gründgens mit seinem Düsseldorfer Ensemble in Viersen mit der Tragikomödie „Bacchus" von Jean Cocteau. Eine ursprünglich für den folgenden Abend vorgesehene zweite Aufführung dieses Werks wurde abgesagt. Warum?

Am Abend dieses 6. Januar kamen für Gründgens zwei Dinge zusammen. Einmal ging es ihm gesundheitlich nicht gut. Dann hatte er sich über einen einführenden Artikel in „Was bietet Viersen" geärgert, in dem religiöse Bedenken gegen dieses Stück geäußert wurden. Aber zu einem wirklichen Eklat kam es nicht, die zweite Aufführung wurde zu einem späteren Zeitpunkt nachgeholt. Dr. Schaub hatte inzwischen Gustaf Gründgens einige Flaschen Wein „als Medizin" geschickt.

In seinem Brief vom 7. Januar 1953 legt Gründgens dar, dass die Absage der zweiten Aufführung aufgrund seiner gesundheitlichen Probleme notwendig geworden war:

whose performances as the Princess of Eboli in a Düsseldorf production by Eo Plunien was acclaimed as "wonderful" in the national press: "here a person, a woman, was really troubled to the depths of her soul".[257]

The *Rheinische Post* which in the Viersen region at that time was run as *Grenzland Kurier*, with *Rheinische Post* inserted merely as a subtitle, used the occasion of this performance to refer to "the good connection … between the Düsseldorf Schauspielhaus and the town administration in Viersen" and to publish a curious exchange of letters between Gründgens and Dr Schaub going back ten years to the year 1953. The Town Manager, who meanwhile had retired, had made the correspondence available.[258]

On 6 January 1953, Gründgens had performed the tragic comedy *Bacchus* by Jean Cocteau with his Düsseldorf ensemble in Viersen. A second performance of this work, originally planned for the following evening, was cancelled. Why?

On the evening of 6 January, two things came together for Gründgens. Firstly, he was very unwell. Then he had been annoyed about an introductory article in "What does Viersen offer?", in which religious concerns about this play were expressed. But it did not come to an actual row, as the second performance happened at a later stage. Dr Schaub had meanwhile sent Gustaf Gründgens some bottles of wine "for medicinal purposes".

In his letter of 7 January 1953 Gründgens stated that the cancellation of the second performance had become necessary owing to his health problems:
"Dear Town Manager Dr Schaub,
I enclose my doctor's certificate. The fact is, unfortunately, that yesterday evening I could hardly get through the

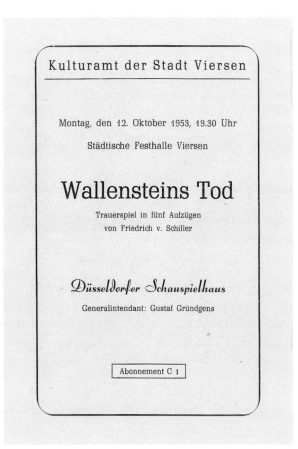

Kulturamt der Stadt Viersen

Montag, den 12. Oktober 1953, 19.30 Uhr

Städtische Festhalle Viersen

Wallensteins Tod

Trauerspiel in fünf Aufzügen
von Friedrich v. Schiller

Düsseldorfer Schauspielhaus

Generalintendant: Gustaf Gründgens

Abonnement C 1

Wallensteins Tod

Ein Trauerspiel von Friedrich von Schiller

Inszenierung: Ulrich Erfurth   Bühnenbilder: Caspar Neher

Wallenstein, Herzog zu Friedland, kaiserlicher Generalissimus im dreißigjährigen Kriege	Gustaf Gründgens
Octavio Piccolomini, Generalleutnant	Peter Esser
Max Piccolomini, sein Sohn, Oberst bei einem Kürassierregiment	Jürgen Wilke
Graf Terzky, Wallensteins Schwager, Chef mehrerer Regimenter	Ullrich Haupt
Jllo, Feldmarschall, Wallensteins Vertrauter	Max Eckard
Isolani, General der Kroaten	Helmut Peine
Buttler, Chef eines Dragonerregiments	Gerhard Geisler
Baptista Seni, Astrolog	Hans Müller-Westernhagen
Herzogin von Friedland, Wallensteins Gemahlin	Sybille Binder
Thekla, Prinzessin von Friedland, ihre Tochter	Solveig Thomas
Gräfin Terzky, der Herzogin Schwester	Elisabeth Flickenschildt
Rittmeister Neumann	Hans-Walter Clasen
Ein Adjutant	Helmut Hess
Oberst Wrangel, von den Schweden gesendet	Richard Münch
Gordon, Kommandant von Eger	Hermann Weisse
Deveroux ⎫ Hauptleute	Kurt Weitkamp
Macdonald ⎭ in der Wallensteinschen Armee	Kurt Langanke
Schwedischer Hauptmann	Piet Clausen
Gefreiter der Pappenheimer Kürassiere	Siegfried Siegert
Kammerdiener des Herzogs	Paul Maletzki

9 Bilder — Pause nach dem 5. Bild

Bühnenmusik: Roland Löbner

Ende 22.45 Uhr

Gustaf Gründgens mit einem hochkarätig besetzten Ensemble

Gustaf Gründgens with a top-class ensemble

links: Mit Wallensteins Tod" gastierte Gustaf Gründgens am 12. Oktober 1953 zum letzten Mal in der Festhalle.

left: On 12 October 1953 Gustaf Gründgens' last guest performance in the Festival Hall was Wallensteins Tod

„Lieber Herr Oberstadtdirektor Dr. Schaub
In der Anlage übersende ich Ihnen das Attest meines Arztes. Es ist leider Tatsache, dass ich gestern Abend den dritten Akt kaum mehr spielen konnte, eben weil mein gegenwärtiger labiler Zustand mir wenig Schutz gegen mich selbst bietet".

Gründgens legt also Wert auf die Feststellung, dass er aus gesundheitlichen Gründen und nicht wegen seiner Verärgerung über den Einführungstext die Wiederholung abgesagt habe. An der Tatsache seiner Verärgerung ändere das aber nichts, wie er deutlich formuliert:

third act, because my current weakened state made it too difficult for me".

Gründgens attached great importance to stating that he had had to cancel the second performance for health reasons and not because of his annoyance about the introductory text. Nothing had changed, however, about the fact of his annoyance, as he clearly said:

„Hätte der Herr das, was er geschrieben hat, als Kritik geschrieben, so würde ich immer der Meinung sein, er verteidigte eher das Stück, als dass er es angreift. Ganz abgesehen davon, dass es mir niemals in den Sinn kommen könnte, das Recht der freien Meinungsäußerung beschränken zu wollen.

Aber hier war eine ‚Inhaltsangabe‘ angekündigt. Diese Inhaltsangabe hätte man sich leicht und kostenlos aus dem Vorwort des Dichters oder aber von meiner Dramaturgie holen können. Sie werden mir beipflichten wenn ich sage, dass der letzte Absatz Kritik ist und zwar Kritik **vor** einer Aufführung.

Sie haben den „Bacchus“ für Viersen akzeptiert und ich habe gern zugesagt. Wir können also nur einer Meinung sein. Ich halte es nur für stückgefährdend, wenn man ein Publikum vorher auf eine möglicherweise heikle Stelle (sie ist gestern durchaus würdevoll aufgenommen worden) ausdrücklich und negativ hinweist. Das muss den Eindruck einer Präjudizierung erwecken, einer ‚Aufforderung zum Tanz‘, denn dadurch wird eine andere Freiheit verletzt, nämlich die dichterische.

Ich habe einmal in einer hoffentlich für immer versunkenen Zeit um einer künstlerischen Freiheit willen ein Gespräch mit Hitler gefordert und erzwungen. Damals hatte Rosenberg in seinen ‚Kultur‘-Heften sich erdreistet, jedes Stück, das irgendwo aufgeführt würde, vor der Aufführung mit seinem NS-Stempel zu versehen und damit Dichtern wie Billinger, Maxim Ziese und in einem Fall auch Rehberg den Mund gestopft, ehe sie ihn hätten aufmachen können. Denn welcher Theaterdirektor hätte es sich leisten können, wenn der ideologische Papst des Regimes seinen Bannfluch ausgesprochen hätte, das Stück zur Diskussion zu stellen.

Ich wähle dieses Beispiel, wie Sie mir sicher glauben, nicht wegen der Parallele, denn die existiert ja gar nicht, sondern nur um aufzuzeigen, wohin so etwas führen kann“.[259]

“Should the gentleman have written what he wrote as a criticism, I would think that he was defending the play rather than attacking it. Quite apart from the fact that it would never occur to me to wish to limit free expression of opinion.

But this was put forward as a ‘Table of Contents’. This could easily have been taken free of charge from the playwright’s foreword or from my dramatization. You will agree with me when I say that the last sentence is a critique and indeed a critique **before** a performance.

You have accepted “Bacchus” for Viersen and I have happily agreed. We must be in agreement. I consider it bad for the play if, in advance, one points an audience expressly and negatively to a possibly tricky part (yesterday it was received quite gracefully). That must create the impression of a prejudicial act, an ‘invitation to dance’, for in this way another freedom is infringed upon, namely the poetic one.

Once in the past, in a time which is hopefully buried forever, I demanded and enforced a conversation with Hitler for the sake of artistic freedom. At that time Rosenberg had dared in his ‘cultural’ booklets to brand every play performed anywhere with his National Socialist stamp before the performance, and in this way poets like Billinger, Maim Ziese and in one case also Rehberg were gagged even before they had opened their mouths. For what theatre director could have afforded, when the ideological pope of the regime had announced his excommunication, to put the play up for discussion?

I am choosing this example, as you will surely understand, not because of any parallel, because it does not exist, but only to demonstrate where such a thing can lead.”[259]

Es klingt ein wenig so, als behaupte Gründgens, Hitler habe sich von ihm ein Gespräch aufzwingen lassen. Aber gemeint ist wohl eher, dass der Sachverhalt ihm so wichtig war, dass er gegen alle Widerstände einen Termin bei Hitler bekam und sogar ein Reduzieren des Einflusses des hohen Nazifunktionärs Rosenberg erreichen konnte.

Gründgens und die Nazis – das ist ein weites Feld. Marcel Reich-Ranicki, der ihn im Berlin der 1930er Jahre erlebte, dürfte die Komplexität der Thematik authentisch beschrieben haben:

Gustaf Gründgens wurde „1934, kaum 34 Jahre alt, von Göring zum Intendanten der Staatlichen Schauspiele in Berlin ernannt. Es gelang ihm, in verhältnismäßig kurzer Zeit aus dem Haus am Gendarmenmarkt Deutschlands bestes Theater zu machen. Damit hat er – das kann man gar nicht bezweifeln – dem Staat Adolf Hitlers gedient. Aber er hat zugleich (und auch das ist sicher) jenen gedient, die an der Herrschaft der Nationalsozialisten litten und mitten im „Dritten Reich" Trost und Hilfe suchten – im Theater, zumal bei den Klassikern. Und nicht zuletzt: Er hat das Leben von Menschen gerettet, die damals aufs höchste gefährdet waren".[260]

Zurück zum Jahre 1953. Es spricht einiges dafür, dass sowohl die angegriffene Gesundheit als auch die Verärgerung über das Programmheft zur Absage des Wiederholungstermins am nächsten Tag geführt haben, denn Gründgens schreibt:

„Wir waren gestern über die Aufnahme des ersten Aktes sehr verblüfft. Es war eine große Spannung, die sich aber nicht, wie wir das in vielen Aufführungen gewohnt waren, entlud, und erst nach dem Vater unser wurde das Publikum unbefangen, und wenn ich mich nicht täusche, stand es der Darbietung sehr positiv gegenüber. Mich selbst hat leider der zweite Teil der Aufführung so angestrengt, dass ich heute die

It sounded a little as if Gründgens believed that Hitler had been forced to have a conversation with him. However, what was more likely meant was that the content was so important to him that, despite all opposition, he got an appointment with Hitler and even managed to get a reduction of the influence of the National Socialist functionary, Rosenberg.

Gründgens and the Nazis – that is a vast field. Marcel Reich-Ranicki, who knew him in Berlin in the 1930s, gave an authentic account of the complexity of the topic: *Gustaf Gründgens was "in 1934, when barely 34 years old, named director of the 'Staatliche Schauspiele Berlin' [State Theatres Berlin] by Göring. He was able, in a relatively short time, to turn the house at the Gendarmenmarkt into Germany's leading theatre. There can be no doubt that he was serving Adolf Hitler's state in this way. But at the same time (and that is also a fact) he was serving those who were suffering under the National Socialist regime and during the 'Third Reich' were seeking solace and help – in the theatre, especially with the classics. And not least: he had saved the lives of many who at that time were highly endangered".*[260]

Back to the year 1953. There is some evidence that it was both bad health and also annoyance about the programme booklet that led to the cancellation of the repeat performance the following day, for Gründgens wrote:
"Yesterday we were amazed about the reception of the first act. It was very tense, and it did not ease as we had experienced in many performances, and only after the Our Father did the audience become relaxed, and, if I'm not mistaken, they felt very positive about the performance. I found the second half so stressful that today I had to cancel the rehearsal and stay in bed, because now I was

Probe absagen und im Bett bleiben musste, denn ich spiel-te jetzt nur noch unter der Angst, es könnte etwas passieren. Und von dieser Besorgnis bin ich noch nicht frei. Und da der ‚Bacchus' in meinem Haus das ständig ausverkaufte Zug-stück ist, habe ich, ehrlich gestanden, Furcht, ihn heute zu spielen, da ich unsicher geworden bin und ein eventueller Protest aus dem Publikum sich sehr schlecht auf die hiesigen Aufführungen auswirken würde."

Bemerkenswert ist dann schließlich, dass zwar Gründgens seinem Ärger deutlich Luft macht, dann aber doch die Hoffnung ausspricht, *„dass diese Panne unsere Beziehung nicht zu sehr belastet."*

Am 14. Januar 1953 reagiert Gründgens auf einen Brief von Schaub:

„Ich habe mit großer Freude und Erleichterung Ihren Brief bekommen und will Sie auch nicht einen Tag warten lassen auf die feste Zusage, in der ersten Märzhälfte den ‚Bacchus' bei Ihnen zu wiederholen".

Im Übrigen hat Schaubs „Medizin" offensichtlich ihre Wirkung nicht verfehlt, denn Gründgens schreibt ihm am 15. August 1953:

„Wenn wir erst Ihre Medizin, wie ich hoffe, zusammen trin-ken werden, werde ich wissen, dass ich wieder ganz gesund bin. Inzwischen nehmen Sie meinen herzlichen Dank und meine besten Grüße!".[261]

Soweit die kurzfristige Belastung der sonst offensichtlich guten Beziehung zwischen Gründgens und Schaub im Jahre 1953, dem Jahr, in dem Gründgens mit Friedrich Schillers Trauerspiel „Wallensteins Tod" zum letzten Mal in Viersen gastierte. Der Konflikt wurde zwischen den Be-teiligten ausgeräumt, und wie aus der guten Zusammenar-beit mit dem Düsseldorfer Schauspielhaus in der Zeit nach Gründgens ersichtlich wird, gab es keine Nachwirkungen.

merely acting with the fear that something might happen. And I'm still not free of this worry. And since the Bacchus in my theatre is a box office draw which is constantly sold out, I am honestly afraid to play it today, since I have be-come hesitant, and a possible protest from the audience would have a very detrimental effect on the performances at home."

It is worth remarking finally that, while Gründgens did give vent to his annoyance, he then expressed the hope *"that this slip would not strain our relationship too much".* On 14 January 1953, Gründgens replied to a letter from Schaub:

"I have received your letter with great joy and relief and will not let you wait even a day for our firm commitment to perform Bacchus again in the first half of March in Viersen."

Besides, Schaub's "medicine" had clearly had an effect, because Gründgens wrote to him on 15 August 1953: *"When we get to drink your medicine together, as I hope we will, I will know that I am completely healthy again. Meantime, many thanks to you and best wishes!"*[261]

So much on the topic of the short-term strain on the otherwise clearly good relationship between Gründgens and Schaub in 1953, the year in which Gründgens was guest for the last time in Viersen with Friedrich Schiller's *Wallenstein's Tod.* The conflict between those involved was meanwhile cleared up and, as can be seen from the good cooperation with the Düsseldorf Schauspielhaus in the period after Gründgens, there were no after-effects.

Auf eine Probe ganz anderer Art wurde die Zusammenarbeit mit Düsseldorf im Jahre 1965 gestellt. Während einer Aufführung der Schweizer Theatergastspiele mit Johanna Matz brach am 1. April in der Festhalle Feuer aus:

„Nach vorsichtigen Schätzungen beläuft sich der Schaden, der am Donnerstagabend durch den Bühnenbrand in der Viersener Festhalle verursacht wurde, auf rund 70.000 DM. Während der Aufführung der Anton-Tschechow-Komödie ‚Die Möwe' durch die Schweizer Schauspieltruppe aus Basel hatte plötzlich der imprägnierte Bühnenvorhang zu Beginn des dritten Bildes Feuer gefangen. Beim Aufziehen schlang sich der rechte Vorhangteil um einen Dekorationsbeleuchtungsbaum, den die Truppe für das inszenierte Theater an der Bühnenrampe montiert hatte. Im Nu stand der Vorhang in Flammen …

Vorbildlich verhielten sich die über tausend Besucher in der Viersener Festhalle, als die Flammen am Bühnenvorhang plötzlich emporschlugen. Keine Panik, kein Geschrei … Ein Lob dem Kulturausschussvorsitzenden, F. Jost, der die Schrecksekunde meisterte, von der ersten Stuhlreihe an die Rampe sprang und den brennenden Vorhang zur Seite riss".[262]

Trotz Glück im Unglück: die Festhalle war zunächst nicht mehr voll funktionsfähig:

„Wie Kulturamtsleiter Ochs mitteilt, wird man den Rest der Spielzeit ohne Vorhang bzw. mit provisorischer Abschirmung durchführen".

Hervorgehoben wird das vorbildliche Verhalten der Düsseldorfer in dieser Situation:

„Hilfsbereitschaft und großes Verständnis zeigte das Düsseldorfer Schauspielhaus, das noch in dieser Spielzeit unter den provisorischen Bedingungen ‚Das Konzert' von Hermann Bahr mit Nicoletti und Calderons ‚Leben ist Traum' mit

In 1965 the collaboration with Düsseldorf was put to the test in a completely different way. During a performance of the Swiss theatre group with Johanna Matz, fire broke out on 1 April in the Festival Hall:

"After cautious estimates the damage caused by the fire on the stage in the Viersen Festival Hall amounted to 70,000 DM.

During a performance of the Anton Chekhov comedy **The Seagull** *by the Swiss theatre group from Basel, the impregnated stage curtain caught fire at the beginning of the third scene. When it was raised, the right part of the curtain looped around the lights which the troupe had mounted. In no time the curtain went up in flames …*

The audience in the Viersen Festival Hall, which numbered over 1000, behaved perfectly as the flames of the stage curtain suddenly soared. No panic, no shouting … all praise to the Chairman of the Culture Committee, F. Jost, who, having overcome his first feelings of shock, jumped from the first row onto the platform and pulled the burning curtain to the side."[262]

Despite this positive outcome, the Festival Hall was for the time being not fully functional:

"As Head of the Cultural Department Ochs said, the rest of the season would continue without a curtain or with a makeshift screen instead."

The model behaviour of the Düsseldorf ensemble in this situation was highlighted:

"The Düsseldorf Schauspielhaus showed a great willingness to help and great understanding when they performed 'Das Konzert' by Hermann Bahr with Nicoletti, and Calderons 'Leben ist Traum' with Ewald Baler, under the same temporary conditions. A wonderful finish to the season lies ahead."[263]

Ewald Balser aufführen wird. Ein glanzvoller Saisonausklang steht also bevor". [263]

Unsere Untersuchung endet mit der Spielzeit 1969/70. Wie es 1970/71 weiterging, sei nur anhand einer Zeitungsmeldung kurz angedeutet:

„Die Namen der einzelnen Bühnen verraten in etwa bereits die Güte der Aufführungen: Schauspielhaus Bochum, Deutsches Theater Göttingen, Düsseldorfer Schauspielhaus, Bühnen der Stadt Köln, Theater Oberhausen, Theater am Domhof Osnabrück, Theater in der Josefstadt Wien und Tourneetheater. Mit diesen Bühnen kommen bekannte Schauspieler nach Viersen wie etwa Berta Drews, Götz George, Loni von Friedl, Claus Biederstädt, Chariklia Baxevanos und Hans Caninenberg". [264]

Das Angebot wurde angenommen. Über den Verkauf berichtet die Westdeutsche Zeitung:

„Während in vielen deutschen Theaterhäusern immer weniger Besucher kommen und die Verantwortlichen händeringend über das Nachlassen der Theaterleidenschaft sinnieren, reibt man sich im Viersener Kulturamt die Hände. Nicht nur, dass die vergangene Saison insgesamt mehr Besucher in die Festhalle lockte als 1968, auch für die neue Spielzeit, die im September eröffnet wird, sind die meisten Abonnementkarten bereits an den Mann gebracht". [265]

3.2 Die Kölner Oper und das Musiktheater

Wie beim Schauspiel und den Sinfoniekonzerten wird auch beim Musiktheater zunächst versucht, mit den Nachbarstädten zu kooperieren.

Das Theater-Abonnement heißt in der Spielzeit 1945/46 noch „Theaterring", eine Aufteilung in „Stammmiete" A und B erfolgt erst in der folgenden Saison. Acht Gast-

Our exemination ends with the 1969/70 season. A newspaper report indicates how things continued in 1970/71:

"The names of the individual theatres reveal something of the quality of the performances: Schauspielhaus Bochum, Deutsches Theater Göttingen, Düsseldorfer Schauspielhaus, Bühnen der Stadt Köln, Theater Oberhausen, Theater am Domhof Osnabrück, Theater in der Josefstadt Wien and Tourneetheater. With these theatres, well-known actors come to Viersen: Berta Drews, Götz George, Loni von Friedl, Claus Biederstädt, Chariklia Baxevanos and Hans Caninenberg." [264]

The programme on offer was accepted. The *Westdeutsche Zeitung* reported about ticket sales:

"While in many of Germany's theatres fewer and fewer attend and those responsible wring their hands as they brood about the decline in passion for theatre, the Culture Department in Viersen are happily rubbing their hands. Not only because in the past season more visitors in total were attracted to attend the Festival Hall in 1968 than in the previous season, but also because, for the new season which will open in September, most of the subscription tickets have already been sold." [265]

3.2 Cologne Opera and the Music Theatre

As was the case with theatre and symphony concerts, music theatre was first offered in collaboration with the neighbouring towns.

The theatre subscription was named in the 1945/46 season "Theaterring". A division into "Stammmiete" A and B was introduced in the following season. The "Thea-

spiele umfasst der „Theaterring 1945/46", darunter sieben Schauspiel-Aufführungen der Städtischen Bühnen M.Gladbach-Rheydt. Die vierte der „Theaterring"-Aufführungen ist dem Musiktheater gewidmet, am 18. Februar 1946 gastiert das Stadttheater Krefeld mit der heute weitgehend unbekannten Operette von H. Leenen „Die Himmelsschaukel".

In der Spielzeit 1946/47 erfolgt eine deutliche Ausweitung. Immerhin fünf Opern und drei Operetten stehen auf dem Programm, alle gespielt von den Städtischen Bühnen M. Gladbach-Rheydt. Einige Werke werden zweimal aufgeführt. An Opern sind Giuseppe Verdis „Der Troubadour", Engelbert Humperdincks Märchenoper „Hänsel und Gretel", Albert Lortzings „Zar und Zimmermann", Giacomo Puccinis „Madame Butterfly" und Bedřich Smetanas „Die verkaufte Braut" zu sehen. Drei damals wie heute beliebte Operetten werden angeboten mit der „Fledermaus" von Johann Strauß und den beiden Emmerich-Kálmán-Operetten „Die Csárdásfürstin" und „Gräfin Mariza".

Zunächst heißt es erst einmal, mit den zeitbedingten Problemen fertig zu werden, wovon Mitteilungen wie diese künden:
„Das städtische Kulturamt teilt mit: Die angespannte Kohlenlage zwingt uns leider dazu, verschiedene Theaterveranstaltungen, die bis Mitte Februar in der Städt. Festhalle vorgesehen waren, auf einen späteren Zeitpunkt zu verschieben. Zu diesen zählen die beiden Aufführungen der Oper „Zar und Zimmermann" und das Schauspiel „Herodes und Mariamne" von Hebbel".[266]

Wie beim Schauspiel müssen die Termine „bis Ende Juli" nachgeholt werden.[267] Aber schon bald geht es deutlich aufwärts.

terring 1945/46" included eight guest performances, among them seven performances of plays from the M. Gladbach-Rheydt Municipal Theatres. The fourth of the "Theaterring" performances was devoted to musical theatre. On 18 February 1946 the Krefeld Theatre held a guest performance of an operetta by H. Leenen called *Die Himmelsschaukel*, which today is largely unknown.

In the 1946/47 season a clear expansion followed. At least five operas and three operettas were on the programme, all from the M. Gladbach-Rheydt Municipal Theatres. Some works were performed twice. The operas were Giuseppe Verdi's *Il Trovatore*, Engelbert Humperdinck's fairy tale opera *Hänsel und Gretel*, Albert Lortzings, *Zar und Zimmermann,* Giacomo Puccini's *Madama Butterfly,* and Bedřich Smetana's *Die verkaufte Braut*. Three operettas – beloved then and still today – which were offered were *Fledermaus* by Johann Strauß and the two Emmerich-Kálmán operettas *Die Csárdásfürstin* and *Gräfin Mariza*.

But first the problems of the day had to be dealt with, heralded by notifications like this:
"The Municipal Culture Department wishes to inform you: because of the situation with regard to coal, various theatre performances which were planned for February for the Festival Hall will be postponed. These are both performances of the opera Zar und Zimmermann and the play Herodes und Mariamne by Hebbel.[266]

As with the plays, the performances then had to be caught up with "by the end of July".[267] But soon things did improve.

Nachdem es bereits 1947 möglich geworden war, die Berliner Philharmoniker in die Festhalle zu holen, wuchsen auch für Schauspiel und Oper die Ansprüche. In der Spielzeit 1949/50 kommt nicht nur das Düsseldorfer Schauspielhaus mit Gustaf Gründgens nach Viersen, es gelingt auch, die Städtischen Bühnen Köln mit sechs Opernaufführungen zu verpflichten.

Dass regelmäßige Gastspiele der Kölner Oper für die Viersener Kulturszene einen großen Qualitätssprung bedeuteten, stellte Theo Zart anlässlich der Aufführung von Richard Strauss' „Der Rosenkavalier" in der Dreistädte-Zeitung vom 7. November 1949 deutlich heraus:
„Die Städtischen Bühnen Köln gastieren mit ihrem Opernensemble in dieser Spielzeit regelmäßig in Viersen. Es gebührt dem Gedanken, diese traditionsreiche Bühne, parallel zum Düsseldorfer Schauspiel, nach Viersen zu holen, besondere Beachtung, gibt er doch Gewähr, das musikalische Theater in vollendeten Darbietungen zu erleben. War es dem Kenner vor dem Kriege unerlässlich und auch nicht schwierig, nach Duisburg, Düsseldorf oder Köln zu fahren, so bietet die Initiative des Kulturamtes für diese jetzt mühsam gewordenen Fahrten einen Ausgleich. Zudem hören und sehen wir Werke, die nur größeren Theatern mit ihren zahlreichen und ausgesuchten Kräften, ihren makellos musizierenden Orchestern vorbehalten bleiben, in gültiger Form darzubringen, wie das auch beim „Rosenkavalier" der Fall ist."

Das Viersener Publikum hatte offensichtlich zu diesem Zeitpunkt noch nicht so ganz begriffen, welches Niveau ihm inzwischen geboten wurde, denn Zart schließt seine Rezension mit den Worten:
„Der mäßige Beifall dankte den Gästen in nicht genügender Weise für die ausgezeichnete Darbietung."

After it became possible to welcome the Berlin Philharmonic in 1947 to the Festival Hall, demand for drama and opera grew as well. In the 1949/50 season, not only did the Düsseldorf Schauspielhaus come to Viersen with Gustaf Gründgens, but they were also successful in engaging the Cologne Municipal Theatre for six operatic performances.

The fact that having regular guest performances of Cologne Opera was deemed a big jump in quality for the Viersen cultural scene was highlighted in the *Dreistädte Zeitung* of 7 November 1949 by Theo Zart on the occasion of the performance of Richard Strauss' *Der Rosenkavalier*:
"the Municipal Theatre of Cologne gave guest performances with their opera ensemble regularly during this season in Viersen. The idea of bringing this company to Viersen with its rich tradition parallel to that of the Düsseldorf Theatre – along with the guarantee of experiencing musical theatre in consummate performances – deserves much credit. If before the war it was essential and also easy for the connoisseur to travel to Duisburg, Düsseldorf or Cologne, the initiative of the Department of Culture offers compensation for the difficulties which would now be experienced in making these trips. Moreover, we hear and see works which, in their valid form, are usually reserved for larger theatres to perform with their many and carefully selected employees, their flawlessly playing orchestras. This was also the case with **Rosenkavalier**.

Meanwhile it was clear that the Viersen audience had not yet begun to appreciate the high level of performance they were being offered, because Zart closed his review with the words:
"The moderate applause which greeted the guests was not in keeping with the excellent performance."

Zwar lässt Zart anklingen, dass im Detail einige Wünsche offen blieben. So war ihm gelegentlich das stark besetzte Orchester im Verhältnis zu den Sängern zu laut. Aber insgesamt bescheinigt er der Aufführung eine hohe Qualität, zumal dem Darsteller des Ochs von Lerchenau, August Griebel. Ihm sei der Spagat zwischen „Adel und Gemeinheit", zwischen „Vornehmheit und burlesker Komödie" gelungen.

Nach dem anspruchsvollen Start mit dem „Rosenkavalier" gab es allein in der Spielzeit 1949/50 von den Kölnern noch mehrfach große Oper zu hören. Beliebte Werke wie Mozarts „Cosi fan tutte" oder Bizets „Carmen" waren dabei, aber auch vergleichsweise modernere Bühnenwerke wie die 1904 in Brünn uraufgeführte Oper „Jenufa" von Leoš Janáček.

Ein halbes Jahrhundert später reibt man sich in der Rückschau auf die Saison 1949/50 verwundert die Augen. Auf der Festhallenbühne finden in einer Spielzeit sechs Operngastspiele der Kölner Oper statt, hinzu kommen noch die Aufführungen der Städtischen Bühnen Gladbach und Rheydt mit einem Opernabend („Die lustigen Weiber von Windsor" von Otto Nicolai) und drei Operettenaufführungen, mit Kálmáns „Die Zirkusprinzessin", Carl Millöckers „Der Bettelstudent" und Fred Raymonds „Saison in Salzburg". Zehn Musiktheater-Abende in einer Saison sind in der bitterarmen Nachkriegszeit schon unter rein quantitativem Aspekt bemerkenswert.

Aus Stuttgart kam 1966 …

From Stuttgart in 1966 came …

Indeed, Zart let it be known that some wishes were not totally fulfilled. For example, sometimes the very full orchestra was too loud in relation to the singers. But, in general, he attested to the high standard of the performance, especially to that of Ochs von Lerchenau by August Griebel. He had succeeded in pulling off the balancing act between "nobility and populace" and "gentility and the burlesque".

After the ambitious start with *Rosenkavalier* there were several instances of grand opera to be heard, performed by Cologne Opera, in the 1949/50 season alone. Popular works such as Mozart's *Cosi fan tutte* or Bizet's *Carmen* were among them, but there were also comparatively more modern stage works like the 1904 opera *Jenufa* by Leoš Janáček premiered in Brno.

Half a century later one looks back in amazement on the 1949/50 season. On the stage of the Festival Hall there are six guest operatic performances from Cologne Opera in one season. Added to that are the performances of the Municipal Theatres of Gladbach and Rheydt with an opera evening (*The Merry Wives of Windsor* by Otto Nicolai) and three operetta performances with Kálmán's *Die Zirkusprinzessin*, Carl Millökker's *Der Bettelstudent* and Fred Raymond's *Saison in Salzburg*. During the bitterly poor post-war period, it was remarkable – from a purely numerical point of view – to be holding ten musical theatre evenings in one season.

... *das Württembergische Staatstheaterballett.*   ... *the Municipal Theatre Ballet Company of Württemberg*

50 Jahre später, in der Spielzeit 2009/10, finden in dieser Sparte eine Opern- und eine Musicalaufführung statt. Am 13. November 2009 gastiert die Tourneebühne „Compagnia d'Opera Italiana di Milano" mit Giuseppe Verdis „Ein Maskenball", im selben Monat ist in einer Neuinszenierung des Euro-Studios Landgraf am 28. November 2009 das Musical „Hello Dolly" zu sehen.[268]

Zehnmal Musiktheater 1949/50 und zweimal 2009/10 dürfen in einem Vergleich selbstverständlich nicht einfach eindimensional gegenübergestellt werden. Das wäre ungerecht. Die Struktur der Kulturveranstaltungen ist über die Jahrzehnte hinweg eine andere geworden, das Publikum ist ein anderes geworden, die Nachfrage hat sich verändert. Dem musste das Programm Rechnung tragen und sich

there was one opera and one performance of a musical. On 13 November 2009 the touring company "Compagnia d'Opera Italiana di Milano" gave guest performances of Guiseppe Verdi's *Un Ballo in Maschera*, and in the same month there was a new production of the musical *Hello Dolly* from Euro-Studios Landgraf on 28 November 2009.[268]

Of course, you cannot compare in a one-dimensional way ten musical performances in 1949/50 and two in 2009/10. That would be unjust. The structure of cultural events has become completely different over the decades, the audience has changed, and the demand has altered. The programme had to take account of this and be open to types of event which did not yet exist 50

Veranstaltungstypen öffnen, die vor 50 Jahren noch nicht existierten oder noch keine Rolle spielten. Dem tragen Abo-Reihen wie „Kultur Mix" und „Kultur Extra" Rechnung. Aber Wehmut erfasst heutige Viersener Musikfreunde schon bei dem Gedanken an sechsmal Kölner Oper in einer Saison. Das wäre heute, anders als in der viel ärmeren damaligen Zeit, finanziell nicht mehr zu leisten.

Die Zusammenarbeit zwischen der Viersener Kulturverwaltung und der Kölner Oper wird für die ganzen 1950er Jahre zum Garanten für Operngastspiele auf hohem Niveau. Jährlich sechs und mehr Gastspiele sind die Regel. Erst mit der Spielzeit 1959/1960 haben sich, wie in seinem ersten Viersener Jahr Oberstadtdirektor Dr. Karl-Heinz van Kaldenkerken in „Viersen ladet ein" mitteilt,

„die Bühnen der Stadt Köln infolge technischer Gründe veranlasst gesehen, ihre l2jährige Gastspieltätigkeit in Viersen einzuschränken. Nach längeren Verhandlungen sind daher erstmalig zusätzliche Verbindungen zum Stadttheater Aachen unter Generalintendant Paul Mundorf, zu den Bühnen der Stadt Essen unter Generalintendant Dr. Erich Schumacher und zur Deutschen Gastspieloper (Frankfurt/M.) unter musikalischer Leitung von Prof. Robert Heger aufgenommen und entsprechende Abschlüsse zur Durchführung von Operngastspielen getätigt worden.
Die genannten Opernbühnen haben im westdeutschen Raum einen vorzüglichen Ruf. Das diesjährige Theaterprogramm, durch seine Vielfältigkeit von besonderer Anziehungskraft, erfährt auch eine Bereicherung durch Ballett-Veranstaltungen der Bühnen der Stadt Köln unter ihrem neuen Generalintendanten Prof. O. F. Schuh".[269]

Offensichtlich waren der Kölner Oper die Gastspiele in Viersen stärker ans Herz gewachsen als die in anderen Städten, denn in der Kulturausschuss-Sitzung am 21. März 1957 berichtet „der Stadtangestellte Metz" dem Ausschuss

years ago or did not yet play a role. Subscription series like "Culture Mix" and "Culture Extra" meet these needs. These days there is a feeling of wistfulness among Viersen music fans to think of the idea of seeing six Cologne operas in one season. Today, in contrast to the much more poverty-stricken time back then, it would be not financially viable.

Throughout the 1950s the cooperation between the Viersen Culture Department and Cologne Opera guaranteed a high level of operatic performances. Every year, six or more guest performances were the norm. It was only in the year 1959/60, during his first year as Viersen Town Manager, that Dr Karl-Heinz van Kaldenkerken announced in *Viersen lädt ein* that:

"for technical reasons, the theatres of the city of Cologne have deemed it necessary to limit their 12-year guest performance work in Viersen. For the first time and after lengthy negotiations, new relations were built with the Aachen Theatre under General Director Paul Mundorf, with Essen Theatre under General Director Dr Erich Schumacher and with the German Guest Performance Opera (Frankfurt/M.) under the musical direction of Prof. Robert Heger – with corresponding agreements for organizing guest performance operas.
These Opera Companies have an excellent reputation in West Germany. The theatre programme for this year, of special appeal because of its diversity, also experienced an enrichment through ballet events from Cologne Theatre under their new General Director Prof. O.F. Schuh."[269]

Clearly for Cologne Opera the guest performances in Viersen had more sentimental value than those in other towns. At the Culture Committee Meeting of 21 March 1957 "the town clerk Metz" reported to the gathering *"about the negotiations between Town Manager Dr*

„*über die Verhandlungen zwischen Oberstadtdirektor Dr. Schaub und den Bühnen der Stadt Köln und teilte die Bereitwilligkeit der Kölner Bühnen mit, die Gastspieltätigkeit in Viersen, im Gegensatz zu anderen Gastspielorten, aufrecht zu erhalten*".[270]

Die Kölner Oper blieb nicht mit einem Mal weg. Sie setzte „die in der letzten Spielzeit mit großem Beifall aufgenommenen Ballettabende fort"[271] und sie kam 1959/60 noch zweimal mit Mozarts „Cosi fan tutte" und Rossinis „Der Barbier von Sevilla", 1960/61 sogar noch fünfmal. Aber dann klangen die regelmäßigen Gastspiele mit je zwei Puccini-Aufführungen von „Madame Butterfly" 1961/62 und „Tosca" 1962/63 sowie Händels „Rodelinde" 1964 aus. Die Aufführung der Händel-Oper wird in der Rheinischen Post vom 28. April 1964 zwar „respektabel" genannt. Aber der Hinweis, „dass ganz sicher nicht die erste Besetzung nach Viersen geschickt worden" sei, belegt, dass in Köln das Interesse an Abstechern nach Viersen inzwischen deutlich gesunken war.

Mit den Aufführungen der Kölner Oper war in den 1950er Jahren die Möglichkeit gegeben, das gängige Opern-Repertoire live kennen zu lernen. Auf dem Programm standen unter anderem: die Entführung aus dem Serail, Figaros Hochzeit, Don Giovanni, die Zauberflöte, Fidelio, die verkaufte Braut, Pique Dame, Eugen Onegin, Boris Godunow, Aida, der Troubadour, Rigoletto, La Bohème, Tosca, Madame Butterfly, Turandot, der Freischütz, Zar und Zimmermann, ein Maskenball, Tannhäuser, der fliegende Holländer und selbst die zeitaufwändigen Meistersinger.

Die Kölner Oper kam nicht nur mit allgemein beliebten Repertoire-Opern nach Viersen, sondern auch mit diskussionswürdigen Aufführungen, bei denen nicht unbedingt

Schaub and the theatres of the City of Cologne and informed them about the willingness of the Cologne Theatre to maintain the guest performances in Viersen unlike in other places".[270]

The Cologne Opera did not stay away all of a sudden. They continued "the ballet evenings which in the previous season had received much applause",[271] and they came twice more in 1959/60 with Mozart's *Cosi fan tutte* and Rossini's *Der Barbier von Sevilla,* and in 1960/61 as much as five more times. But then the regular guest appearances ended with two Puccini performances of *Madama Butterfly* in 1961/62 and two of *Tosca* 1962/63, as well as Handel's *Rodelinde* in 1964. The performance of the Handel opera is labeled in the *Rheinische Post* of 28 April 1964 "respectable". But the indication "that it was definitely not the top cast which was sent to Viersen" shows that in Cologne the interest in trips to Viersen had clearly diminished in the meantime.

With the performances of Cologne Opera in the 1950s, there was an opportunity to get to know the current repertoire. On the programme were among others: *Die Entführung aus dem Serail, Figaros Hochzeit, Don Giovanni, die Zauberflöte, Fidelio, die verkaufte Braut, Pique Dame, Eugen Onegin, Boris Godunow, Aida, Il Trovatore, Rigoletto, La Bohème, Tosca, Madama Butterfly, Turandot, der Freischütz, Zar und Zimmermann, Un Ballo in Maschera, Tannhäuser, Der fliegende Holländer* und even the time-consuming *Meistersänger.*

The Cologne Opera did not only come to Viersen with generally popular repertory operas, but also with other performances which were worthy of discussion, but which likely would not be met with broad approval. Amongst these was the attempt – at that time, not a mat-

mit breiter Zustimmung gerechnet werden durfte. Dazu gehörte der damals nicht selbstverständliche Versuch, 1955 mit Claudio Monteverdis 1642 uraufgeführtem Bühnenwerk „die Krönung der Popäa" eine Oper des Vor-Barock vorzustellen. Opern des 20. Jahrhunderts finden sich zwar nicht oft in den Programmen, kommen aber vor, zum Beispiel 1958 die Aufführung von Strawinskys Oper „The Rake's Progress – die Geschichte eines Wüstlings". Grundsätzlich wurden zeitgenössische Opern in Viersen mit Interesse aufgenommen. An einer Aufführung von Alban Bergs „Wozzek" durch das Theater der Stadt Bonn bemängelt Tristram zwar, dass „die musikalische Leitung … einige Wünsche offen" ließ. Das große Orchester habe zwar „durchsichtig" musiziert, aber doch zu laut. Man habe „die fabelhafte Akustik der Festhalle nicht einberechnet". Trotzdem habe die Aufführung der Städtischen Bühnen Bonn „einen starken Eindruck" hinterlassen:

„Sie fesselte durch die Geschlossenheit der Form und die mit äußerlich geringen Mitteln erzielte Dichte und Hintergründigkeit der Darstellung … Regie, Dekoration und musikalische Leitung zeugten von einer selten glücklichen Symbiose. Dazu kamen gesanglich-darstellerische Einzelleistungen von überzeugender Ausdruckskraft und Eindringlichkeit".[272]

Als Problem stellte sich bei den Gastspielen der Kölner Oper heraus, dass die Festhallenbühne für die Kölner Bühnenbilder zu klein war. 1958 atmen die Verantwortlichen der Viersener Kulturverwaltung auf, dass „die Aufrechterhaltung der Verbindung zu den Bühnen der Stadt Köln" noch einmal gelungen ist, „trotz gewisser technischer Schwierigkeiten, die sich aus dem großen Unterschied der Bühnenverhältnisse zwischen dem Kölner Haus und der Festhalle ergeben".[273]

ter of course – to perform in 1955 Claudio Monteverdi's 1642 premiered work *Die Krönung der Popäa,* an opera of the pre-baroque era. Not many 20th century operas were to be found on the programmes, but they sometimes appeared – for example, in 1958 with the performance of Stravinsky's opera *The Rake's Progress.*

In general, contemporary operas were received with interest in Viersen. Regarding a performance of Alban Berg's *Wozzek* by the Theater der Stadt Bonn, Tristram said that "the musical direction … left some things to be desired". The large orchestra had performed "clearly", but too loudly. They had not allowed for "the fabled acoustic of the Festival Hall". In spite of this, the performance of the Municipal Theatre Bonn had made a good impression":

"Their unity of form was fascinating with the tightness and depth of form and performance achieved through outwardly minimal means … direction, decoration and musical direction gave evidence of an unusually fortunate symbiosis. Added to that were individual vocal performances, convincing by their expressiveness and poignancy."[272]

One of the problems which became clear was that the Festival Hall stage was too small for the performances of Cologne Opera. In 1958 the Viersen Culture Administration was relieved that "the continuation of the connection with the theatres of the city of Cologne" had been successful again, "despite some technical difficulties which resulted from the big difference between the stage sizes of the Cologne Theatre and the Festival Hall".[273]

Am 19. November 1960 weist Oberstadtdirektor van Kaldenkerken in einer Sitzung des Kulturausschusses auf *„die zunehmenden Schwierigkeiten bei der Durchführung des Kulturprogramms hin, wobei vor allem die großen Differenzen zwischen den Bühnenmaßen der Gastbühnen und der Festhallenbühne ins Gewicht fallen. Angesichts der Theaterneubauten in allen Städten sei der Zeitpunkt abzusehen, zu dem die Möglichkeiten von Übernahme hochwertiger Gastspiele außerordentlich gering würden".*[274]

Und die Neigung der Kölner Oper, nach Viersen zu kommen, sinkt weiter. 1962 teilt der Oberstadtdirektor mit, dass „vorübergehende Einschränkungen der Kölner Gastspiele … durch Neuverpflichtungen anderer angesehener westdeutscher Bühnen ausgeglichen werden" konnten, und zwar Aachen und Essen.[275]

Von den Bühnen der Stadt Essen wird 1960/61 berichtet, dass sie inzwischen „ihre Verbindung mit Viersen erweitert haben".[276] Ab 1963/64 werden zusätzlich die Städtischen Bühnen Oberhausen zu Opern- und Operettenabenden verpflichtet.[277] Verhandelt wird mit der „Compagnia d'Opera Italiana di Milano",[278] einer italienischen Tourneebühne, die noch Jahrzehnte später in Viersen gastiert (z. B. am 13. November 2009, Verdi, „Ein Maskenball" oder am 14. November 2010, Verdi, „Der Troubadour").[279]

1947, noch vor der „Kölner Zeit", führten die Städtischen Bühnen M. Gladbach und Rheydt zwei „gemäßigt moderne" Werke des 20. Jahrhunderts auf, Carl Orffs Oper „Die Kluge" und Werner Egks Ballett „Joan von Zarissa". Mit der regelmäßigen Verpflichtung der Kölner Oper wurden von M. Gladbach und Rheydt weniger Opern übernommen. 1947/48 noch mit Wagners „Der fliegende Holländer" und Flotows „Martha" verpflichtet, übernahm in den 1950er Jahren die Bühne der Nachbarstadt immer mehr

On 19 November 1960, in a meeting of the Culture Committee, Town Manager van Kaldenkerken pointed out that
"the increasing difficulties in carrying out the cultural programme whereby the big differences between the stage sizes of the guest theatres and the Festival Hall were particularly significant. In light of the newly built theatres in all towns, a time could be foreseen when the opportunities for the acquisition of high-quality guest performances would be extraordinarily low."[274]

And the inclination of the Cologne Opera to come to Viersen was diminishing further. In 1962 the Town Manager informed them that "temporary restrictions of the Cologne guest performances … could be compensated for through new engagements of other respected West German theatres". These were Aachen and Essen.[275]

Of the theatres of the city of Essen it was reported in 1960/61 that they meanwhile "had extended their relation with Viersen".[276] In addition, from 1963/64 the Municipal Theatres of Oberhausen were engaged for opera and operetta evenings.[277] There were negotiations with the "Compagnia d'Opera Italiana di Milano"[278], an Italian touring company which years later held guest performances in Viersen (e.g. on 13 November 2009, Verdi, *Un Ballo in Maschera,* or on 14 November 2010, Verdi, *Il Trovatore").*[279]

In 1947, before the "Cologne period", the Municipal Theatres M. Gladbach and Rheydt performed two "moderately modern" works of the 20th century, Carl Orff's opera *Die Kluge"* and Werner Egk's ballet *Joan von Zarissa.* With the regular engagement of Cologne Opera, fewer operas were taken from M. Gladbach and Rheydt. In 1947/48, having still engaged Wagner's *Der*

den Part der Operettengastspiele. Wie in den Operngastspielen der Kölner ist auch bei der Operette das gängige
Repertoire gut vertreten: „Paganini" und „Die lustige Wit-
we" von Franz Lehár, „Der Vogelhändler" von Karl Zeller,
Jacques Offenbachs „Die Großherzogin von Gerolstein",
„Frau Luna" von Paul Lincke, „Wenn die kleinen Veilchen
blühen" von Robert Stolz, „Der Opernball" von Richard

fliegende Holländer and Flotow's Martha, in the 1950s
the neighbouring theatre began to take over the guest
performances of operettas. As in the operatic guest performances of the Cologne theatres, the conventional
repertoire was well represented: Paganini and The Merry
Widow by Franz Lehár, Der Vogelhändler by Karl Zeller,
Jacques Offenbach's Die Großherzogin von Gerolstein,

Heuberger, „Gräfin Mariza" von Emmerich Kálmán. Ebenso bringt das Stadttheater Rheydt – ohne Mönchengladbach, das mit Krefeld ein Gemeinschaftstheater gebildet hatte – in der zweiten Hälfte der 1950er Jahre auch Musicals. Im Januar 1956 ist Paul Burkhardts „Feuerwerk" zu sehen, im Januar und Februar 1957 in zwei Aufführungen Cole Porters „Kiss me, Kate".

Dass die Möglichkeiten der kleinen Rheydter Bühne bei Operetten-Inszenierungen gelegentlich überreizt wurden, macht eine Rezension Eisheuers zu Kálmáns „allzu reichlich aufgepulverter Mariza-Operette" deutlich:
Wo Yvonne Freiburger als Mariza auftaucht, da ist sie Mittelpunkt. Sie weiß es und stellt alles darauf ein, so dass sie mehr als einmal sorglos die melodischen Bögen überspannt, dabei ihre Stimme überschätzt, was wieder zu Unstimmigkeiten führt. Die konnte der gute Theo M. Kreyenberg am Pult mit dem spielfreudigen Orchester denn auch nicht glätten, trotz feurig klingendem Pusztarhythmus und zündender Tanzimpulse.
Ganz einstimmend und zustimmend war es nie. Zwischen Graben und Bühne klaffte manche Lücke bis zur Bewegungsregie der Damen und Herren des Chores hin. Noch mehr Freiübungen bitte!
Was an rein gesanglicher Leistung fehlte, wurde durch darstellerische Sondervorstellungen ergänzt, kurzweilige Zwischenspiele, die den Handlungsablauf störten, ihn unnötig ausdehnten".[280]

Die Kritik im Grenzland-Kurier ist wohlwollender und berichtet von „einer respektablen Aufführung, die selbst das durch gute Vorstellungen verwöhnte Viersener Theaterpublikum zufriedengestellt haben dürfte." Wohl wird der Regie vorgehalten:
„Im Zeitalter kühner Regiekonzeptionen (sogar in der Operette) sollte man darauf verzichten, den Chor zu singenden

Frau Luna von Paul Lincke, *Wenn die Kleinen Veilchen Blühen* von Robert Stolz, *Der Opernball* von Richard Heuberger, *Gräfin Mariza* von Emmerich Kálmán. In the second half of the 1950s, the Rheydt Theatre, without Mönchengladbach, which had formed a joint municipal theatre with Krefeld, also brought musicals. In January 1956 Paul Burkhardt's *Feuerwerk* was to be seen, in January and February 1957 there were two performances of Cole Porter's *Kiss me, Kate.*

A review of Eisheuer's about Kálmán's "all too excited operetta Mariza" makes it clear that sometimes the capabilities of the small Rheydt Theatre for operetta productions were overtaxed:
"Wherever Yvonne performs as Mariza, she is the centre of attention. She knows it and puts all her efforts into it with the result that more than once she strains the melodious arches, overestimating her voice – which then leads to problems. These could not then be smoothed by the good Theo M. Kreyenberg on the podium with the enthusiastic orchestra, in spite of fiery rhythms and rousing dance impulses.
It was never totally in tune or together. Between the orchestra pit and the stage there were some gaps, as well as a lack of direction in the movement of the ladies and gentlemen of the chorus. More sports, please!
What was missing in the purely vocal performance was supplemented by special acting performances, amusing interludes which disturbed the storyline and lengthened it unnecessarily.[280]

The critique in the *Grenzland Kurier* is kinder and it reports about "a respectable performance that even the Viersen theatre audience, spoilt by good performances, must have been content with". Still the direction is criticized:

Statisten zu degradieren, deren Beteiligung am Spielgeschehen sich zur Hauptsache darauf beschränkt, nach dem Takt der Musik mehr oder weniger ungelenk sich hin und her zu wiegen oder im Walzer sich zu drehen".[281]

Ungeachtet der vorzüglichen Akustik war die Atmosphäre der Festhalle für die Rheydter Bühne schwieriger als die im eigenen Haus. 1951 berichtet Tristram über ein Rheydter Gastspiel mit Offenbachs Operette „Die Großherzogin von Gerolstein", dass „die auf intime, kabarettistische Wirkung eingestellte Inszenierung … in der großen Viersener Festhalle … etwas von der Frische und Beziehungsnähe (verlor), mit der sie im Rheydter Haus die Besucher anspricht".[282]

In der Spielzeit 1954/55 werden die Rheydter Gastspiele ergänzt durch zwei Einstudierungen der Städtischen Bühnen Düsseldorf mit zwei Operetten von Ralph Benatzky, „Im weißen Röss'l" und „Meine Schwester und ich".
Aber schon ein Jahr später überlässt man die Operette wieder ganz „den Rheydtern":
„Das Theater-Abonnement zeigt gegenüber dem Vorjahre insofern eine Veränderung, als anstelle einer Operette des Düsseldorfer Opernhauses ein weiteres Schauspiel des Schauspielhauses Bochum ausgewählt wurde, womit gleichzeitig den zahlreichen Wünschen aus Publikumskreisen entsprochen wurde".[283]

Am 24. Februar 1960 beschließt der Kulturausschuss, „der in den letzten Jahren immer wieder aufkommenden Kritik an der Rheydter Operette … durch Übernahme von modernen Musicals aus Köln" zu begegnen.[284]

In dem Maße, wie das Musical an Zuspruch gewinnt, scheint zunächst die Operette an Interesse zu verlieren. Zur Saison 1960/61 wird angekündigt, dass „den Freunden der leichten Muse … anstelle der inzwischen weitge-

"In the era of daring concepts of direction (even in operetta), one should avoid reducing the choir to mere singing extras, where participation in the performance is reduced to the essential more or less stiff swaying to the music or to twirling around for the waltz."[281]

Notwithstanding the excellent acoustic, for the Rheydt players the atmosphere of the Festival Hall was more difficult to perform in than their own theatre. In 1951 Tristram reported about a Rheydt guest performance with Offenbach's operetta *La Grande-Duchesse de Gérolstein,* that "the production which was based on an intimate cabaret style effect … in the large Viersen Festival Hall … (lost) something of the freshness and intimacy with which it addressed the audience in the Rheydt Theatre".[282]

In the 1954/55 season the Rheydt guest performances were enhanced through two productions of the Municipal Theatre Düsseldorf with two operettas by Ralph Benatzky, *Im weißen Röss'l* and *Meine Schwester und ich.*

But a year later the operettas were completely left to the Rheydt Theatre to perform:
"The theatre subscription shows a change in comparison to the previous year, when, instead of an operetta from the Düsseldorf Opera House, an extra play from Bochum Theatre was chosen, which simultaneously satisfied the various wishes of the audience."[283]

On 24 February 1960 the Culture Committee decided "to meet criticism of the Rheydt operettas which had come up more and more in recent years … by taking on modern musicals from Cologne.[284]

The more musicals grew in popularity, the more operettas appeared initially to lose the interest of audiences. In the

hend bekannten Operetten moderne musikalische Komödien (Musicals) vorgestellt" werden.[285]

Allerdings soll „auf vielfachen Wunsch im Austausch mit einem Rheydter Schauspiel noch eine Operette" in der Reihe B beibehalten werden.[286] Es sollte umgekehrt kommen. Vom Rheydter Stadttheater waren 1956 Paul Burkhards „Feuerwerk" und 1957 Cole Porters „Kiss me, Kate" aufgeführt worden. Danach wurde es in Viersen um das Musical still, während in den 1960er Jahren die gute alte, oft totgesagte Operette sich weiterhin mit etwa zwei bis drei Aufführungen im Jahr im Spielplan behauptete.

Auch die Freunde von Ballett-Aufführungen kamen in der Festhalle auf ihre Kosten. Los geht es auch hier mit Gastspielen der Städt. Bühnen M.Gladbach und Rheydt. Nach dem schon erwähnten Ballett „Joan von Zarissa" von Werner Egk im Mai 1947 folgt 1948 ein slawischer Tanzabend, unter anderem mit Tschaikowskys Nussknackersuite. 1953 bietet das Stadttheater Rheydt einen Wilhelm-Busch-Tanzabend mit „Abenteuer eines Junggesellen oder Tobias Knopp" und „Max und Moritz". Im selben Jahr gastieren die Bühnen der Stadt Köln mit einem Igor-Strawinsky-Ballettabend.

In den folgenden Jahren sind weitere Balletteinstudierungen der Kölner Bühnen in Viersen zu sehen, so 1954 ein Tanzabend mit Musik von u. a. Ottorino Respighi und Sergei Prokofieff. Tschaikowskys „Schwanensee" wird von den Bühnen der Stadt Köln 1959 in zwei Aufführungen geboten. In den 1960er Jahren kommen mit Ballett-Abenden 1966 das European Ballett Paris, 1967 das Nationale Ballett Amsterdam, 1968 das Hessische Staatstheater Wiesbaden, 1969 „Les Ballets de l'Opéra de Strasbourg".

1960/61 season it was announced that for the friends of light music ... instead of the established operettas, modern musical comedies would be performed.[285]

However, "in line with the wishes of many, in exchange for a Rheydt Theatre play, in Series B one operetta was to be retained".[286] It happened the other way around. In 1956 Paul Burkhard's *Feuerwerk* and in 1957 Cole Porter's *Kiss me, Kate* were performed by the Rheydt Theatre. After that there were no musicals in Viersen, while in the 1960s the good old operetta, which had often been declared dead, was retained with two to three performances a year on the programme.

The fans of ballet performances also came to the Festival Hall and got their money's worth. Here too it started with guest performances from the Municipal Theatres of M. Gladbach and Rheydt. After the already mentioned ballet *Joan von Zarissa* by Werner Egk in May 1947, there followed a Slavic Dance Evening with, among others, Tchaikovsky's *Nutcracker Suite*. In 1953 the Rheydt Theater offered a Wilhelm Busch Dance Evening with *Abenteuer eines Junggesellen oder Tobias Knopp* and *Max und Moritz*. In the same year the theatres of the city of Cologne gave a guest performance with an Igor Stravinsky ballet evening.

In the following years there were more ballet productions from the Cologne theatres in Viersen, as in 1954 a Dance Evening with music from, among others, Ottorino Respighi and Sergei Prokofiev. Tchaikovsky's *Swan Lake* was offered by Cologne Theatre in 1959 for two performances. In the 1960s there were ballet evenings: in 1966 the European Ballett Paris performed and in 1967 the Nationale Ballett Amsterdam, in 1968 the Wiesbaden State Theatre, and in 1969 *Les Balletts de l'Opéra de Strasbourg*.

Ein Konflikt der besonderen Art ereignete sich am 10. Oktober 1969 beim Abend mit „Het Nationale Ballet Amsterdam" im Rahmen der Niederländischen Kulturtage. Aus der Distanz der Jahre lässt sich heute über diesen Zwischenfall leicht schmunzeln. Damals dürften sich die organisatorisch Verantwortlichen die Haare gerauft haben. Die niederländischen Orchestermusiker kamen zu spät zur Aufführung, weil die Bedienung im Restaurant zu langsam war.

In einem Brief aus Amsterdam vom 17. Oktober 1969 bedauert das Management von „Het Nederlands Begeleidingsorkest" den Vorfall:

„Es ist uns ein Bedürfnis Ihnen unser Bedauern darüber auszusprechen, dass obengenannte Aufführung nicht rechtzeitig anfangen konnte, da einige Orchestermitglieder verspätet im Theater anwesend waren.

Die Ursache dieser Verspätung war jedoch, dass die vorgefundenen Gaststätten und Restaurants bereits sehr besetzt waren und die Bedienung anscheinend nicht ausreichend war, da man auf seine Bestellung sehr lange warten musste und es den Orchestermitgliedern somit nicht möglich war, rechtzeitig im Theater zu sein. Da es uns nicht bekannt war, wo die einzelnen Musiker hingegangen waren, konnten wir uns leider nicht bemühen, sie ins Theater zurückzuholen …

Es täte uns sehr leid, wenn der gute Ruf, den Het Nationale Ballet wie auch das Nederlands Balletorkest bereits einige Jahre in Viersen haben, durch dieses einmalige, von uns sehr bedauerte Ereignis geschädigt würde".[287]

Für die Stadt Viersen versucht G. Ochs in einem Brief vom 23. Oktober 1969, den Konflikt nicht eskalieren zu lassen und auch die eigene Seite mit in die Verantwortung zu nehmen:

„So unangenehm die Sache für die Zuschauer auch immer gewesen sein mag, ändern lässt sich im nachherein sowieso

A problem arose on 10 October 1969 on the evening with "Het Nationale Ballet Amsterdam" as part of the Dutch Culture Days. With the passing of the years it is easy in hindsight to smile about this incident. But at the time those responsible for the organization must have been tearing their hair out. The Dutch Orchestra musicians arrived late to the performance because the service in the restaurant had been too slow.

In a letter from Amsterdam dated 17 October 1969, the management of "Het Nederlands Begeleidingsorchest" expressed its regret about the incident:

"We have the desire to inform you about our regret that the above-named performance did not start punctually, since some orchestra members arrived late.

The cause of this delay was, however, that the inns and restaurants were already very full and the service apparently was not sufficient, as one had to wait for one's order for a very long time and it was thus not possible for the orchestra members to be in the theatre on time. As it was not known where the individual musicians had gone, we were unfortunately not able to try to get them back to the theatre …

We would regret it very much if the good reputation which Het Nationale Ballet as well as the Nederlands Balletorkest has enjoyed in Viersen over several years were to be damaged as a result of this single very regrettable incident."[287]

G. Ochs in a letter of 23 October 1969 for the town of Viersen tried to keep the conflict from escalating and included Viersen in the responsibility for the matter:

"As unpleasant as the matter may have been for the audience, it is no longer possible to change anything at this point. I also think that it would have been useful if one of my colleagues had stepped out from behind the cur-

nichts mehr. Darüber hinaus bin ich auch der Meinung, dass es sinnvoll gewesen wäre, wenn einer meiner Mitarbeiter vor den Vorhang getreten wäre und einen halbwegs plausiblen Grund für den verspäteten Beginn genannt hätte". [288]

Letztlich war das Publikum aber wohl wieder versöhnt und beeindruckt von den Leistungen. „Zahlreiche Blumensträuße", so Majo Müller-in der Au im Grenzland-Kurier, „waren nur ein kleines Zeichen dieser Verehrung und Sympathie".[289]

Mit dem „Nederlands Dans Theater" kam am 30. November desselben Jahres ein weiteres, international beachtetes niederländisches Ballet nach Viersen. Wie der Pressemitteilung des Kulturamtes zu entnehmen ist, fand die Aufführung in Gegenwart des niederländischen Botschafters Dr. J. G. de Beus statt.
Das in Den Haag beheimatete Ballett war 1959 gegründet worden und widmete sich vor allem dem modernen Tanz. Auch in Viersen standen „ausschließlich Werke zeitgenössischer Komponisten" auf dem Programm. „Die von Hans van Manen künstlerisch betreute Truppe konnte innerhalb kurzer Zeit außerordentliche Erfolge auf allen internationalen Bühnen erzielen".[290]

Die musikalische Leitung hatte André Rieu (sen.). Ihm wurde in der Presse eine souveräne Leistung bescheinigt, so von Majo Müller-in der Au in der Rheinischen Post[291] und von Fritz Eisheuer in der Westdeutschen Zeitung, der hervorhob, dass Rieu „mit den äußerst sicher wirkenden Instrumentalisten nicht nur die rhythmischen Konturen" beherrschte, sondern auch „mit den vorzüglichen Solisten Eddie van Dijken (Klavier) und Peter Dielemann (Flöte) klare Akzente und Maße" setzte.[292]

tain and given a halfway plausible reason for the delayed start."[288]

Ultimately the audience was reconciled and impressed by the performances. "Countless bouquets of flowers", according to Majo Müller-in der Au in the *Grenzland Kurier* "were just a small token of their admiration and support".[289]

On 30 November of the same year, another internationally respected Dutch Ballet called "Nederlands Dans Theater" came to Viersen. According to the press statement of the Culture Department, the performance took place in the presence of the Dutch Ambassador, Dr J.G. de Beus.

The Ballet from The Hague was founded in 1959 and was dedicated first and foremost to modern dance. In Viersen as well, the words "exclusively works by contemporary composers" were written on the programme. The troupe, artistically led by Hans van Manen, were to have exceptional success on international stages within a very short time.[290]

André Rieu (senior) was the musical director. In the *Rheinische Post* Majo Müller-in der Au[291] wrote about his masterly performance; in the *Westdeutsche Zeitung*, Fritz Eisheuer highlighted the fact that Rieu, "with the extremely secure instrumentalists not only controlled the rhythmic contours" but also "established clear accents and dimensions with the excellent soloists Eddie van Dijken (piano) and Peter Dielemann (flute)".[292]

Am Ende der 1960er Jahre, auch nach dem Ende der regelmäßigen Gastspiele des Kölner Opernhauses, stellte sich zumindest quantitativ die Situation im Bereich Musiktheater noch immer recht gut dar. In der Saison 1968 fanden vier Opern-, zwei Operetten- und zwei Ballettabende statt.

Neben den erwähnten niederländischen Ballett-Häusern gastierten, wie schon in den Jahren davor, die Städtischen Bühnen aus Bonn, Münster und Oberhausen. Gelegentlich kamen auch Tourneebühnen wie die „Deutsche Gastspieloper Berlin" oder die „Konzertdirektion Hans Schlote Frankfurt" nach Viersen. Ihre Gastspiele bildeten in den 1960er Jahren aber noch die Ausnahme gegenüber der Verpflichtung von Stadttheatern.

At the end of the 1960s, and also at the end of the regular guest performances of the Cologne Opera House, at least quantitatively the situation in the area of musical theatre was still healthy. In the 1968 season, there were four operas, two operettas and two ballet evenings.

In addition to the Dutch Ballet Companies already mentioned, the municipal theatres from Bonn, Münster and Oberhausen performed as in previous years. Occasionally, touring companies such as the "Deutsche Gastspieloper Berlin" or the "Konzertdirektion Hans Schlote Frankfurt" came to Viersen. In the 1960s their guest appearances were the exception to the engagement of Municipal Theatres.

4. Veranstaltungen außerhalb der Abonnements

Auch wenn die bedeutendsten Veranstaltungen im Rahmen der Abonnements stattfanden, so lässt sich doch feststellen, dass schon früh ein reges Bemühen um Sonderveranstaltungen einsetzt. Erwähnt sei ein Konzert am 22. Juni 1947,[293] von dem sich das Kulturamt „einen krönenden Abschluss des Konzertwinters 1946/47 verspricht": das Konzert des 110 Personen starken Aachener Domchores unter Leitung von Domkapellmeister Prof. Th. B. Rebmann.[294]

In den ersten Jahren nach Kriegsende fanden durchaus interessante Veranstaltungen außerhalb der Abonnements statt. Allerdings enthalten zahlreiche Programme kein Datum, da sie mehrfach verwendet wurden, auch für Aufführungen in verschiedenen Städten. Die Zeitungen waren damals noch so dünn, dass Kulturtermine und erst recht Rezensionen kaum veröffentlicht wurden. So finden sich beispielsweise in den Akten der Saison 1949/50 undatierte Programme von Auftritten des Pariser Knabenchors unter der Leitung von Abbé Maillet sowie der Wiener Sängerknaben unter Peter Lacovich.

Für die Finanzkalkulation ist die Abonnement-Struktur selbstverständlich sicherer als Einzelveranstaltungen. Das schloss aber zu keinem Zeitpunkt aus, attraktive Veranstaltungen außerhalb der Abonnements anzubieten.

Natürlich ist das Niveau von Einzelveranstaltungen gemischter als das von Abo-Reihen. Auch Amateure unterschiedlicher Provenienz treten auf, Populäres wechselt ab mit Projekten, die es schwer haben. In der Viersener Kulturpolitik besteht Konsens darüber, dass über der Verpflichtung auswärtiger Künstler von Weltruf die Förderung einheimischer Amateure nicht vergessen werden darf.

4. Events Other Than Subscription Performances

Even though the most important events held were for the subscription series, it is still clear that early on there were vigorous efforts made to have other special events. Worth mentioning is a concert on 22 June 1947,[293] about which the Culture Department promised "a crowning conclusion of the winter concerts of 1946/47": the concert featured the 110-person-strong Aachen Cathedral Choir under the direction of Cathedral Musical Director Professor Th. B. Rebmann.[294]

In the first years after the war, quite interesting events took place outside of the subscription series. However, many programmes do not have a date, as they were used several times even for performances in different towns and cities. The newspapers were so thin at that time that cultural dates and especially reviews were rarely published. Thus, for example in the files of the 1949/50 season there are undated programmes about performances of the Paris Boys' Choir under the direction of Abbé Maillet as well as the Vienna Boys' Choir under Peter Lacovich.

For financial calculations the subscription structure is of course more reliable than individual events. However, that did not exclude at any point the offering of attractive events outside of the subscriptions.

Of course, the standard of individual events was more varied than that of subscription series. Even amateurs from various places performed; popular items alternated with projects which had a hard time of it. In the Viersen politics of culture there was a consensus that the encouragement of domestic amateurs ought not to be forgotten, despite the engaging of foreign artists of world renown.

So heißt es im Protokoll der Sitzung des Kulturausschusses vom 2. Februar 1954 über einen Zuschuss für den Städtischen Gesangverein:

„Nach breiter Aussprache war der Ausschuss einstimmig der Auffassung, dass an dem Kulturprogramm, insbesondere seinem hohen Niveau, und den dafür notwendigen Aufwendungen nichts geändert werden, aber trotzdem eine weitere Förderung des Städt. Gesangvereins grundsätzlich stattfinden soll, mit der Einschränkung, dass die Stadt in Zukunft ihre Leistungen an diesen Verein von einer ihr zusagenden Programmgestaltung abhängig macht".[295]

Die Förderung der Musikamateure steht grundsätzlich nicht zur Debatte, wohl aber die Frage, ob Amateur-Ensembles in das Städtische Konzertleben eingebunden werden sollen oder nicht. Darüber gibt es in den 1950er Jahren immer wieder Diskussionen. Schon 1950 findet sich ein bemerkenswerter, mit „Ekl" gezeichneter Artikel in der Rheinischen Post. Wahrscheinlich ist Dr. Ernst Klusen der Autor. Er befürwortet zwar grundsätzlich die Berücksichtigung der Musikvereine. Ausdrücklich sieht er sie „auf dem besten Weg zum Kunsterlebnis …, den es gibt", nämlich den „durch eigenes Tun".[296] Aber in der konkreten Umsetzung sieht er erhebliche Probleme:

„Die Männergesangvereine führen ihr kulturelles Eigenleben und sind auch schwer in die städtischen Veranstaltungen einzugliedern. Die städtische Orchestergemeinschaft hat – scheinbar oder anscheinend? – nicht die Möglichkeit einer Programmgestaltung, die für das Musikleben der Stadt etwas bedeutet. Bleibt der vor einem Vierteljahr neu gegründete Städtische Gesangverein. Er musste bisher von Vorschüssen leben, nicht nur finanziell, sondern auch geistig: nämlich von den Vorschüssen an Wohlwollen, die alle diejenigen (und darin glaubt sich die Stadtverwaltung sicherlich ebenso eingeschlossen wie der Verfasser) ihm entgegenbringen, die

This was noted in the protocol of the meeting of the Culture Committee on 2 February 1954 about a subsidy for the Municipal Choral Society:

"After broad discussion, the Committee was unanimously of the opinion that nothing should be changed in the cultural programme, in particular its high standard and the necessary funding to maintain it. However, despite this, there must be further support of the Municipal Choral Society, with the reservation that for the future the town would make their payments to the society dependent on a programme being to their taste."[295]

The furtherance of amateur musicians was not up for debate, but the question about whether or not amateur ensembles should be involved in the concert life of the town was. In the 1950s this topic was regularly discussed. As early as 1950 there was a remarkable article signed "Ekl" in the *Rheinische Post*. The author was probably Dr Ernst Klusen. As a matter of principle he supported that due regard be given to music societies. He emphatically saw them as being "on the best route to an art experience … by performing themselves".[296] However in the actual implementation he saw significant problems:

"The male choral societies have their independent cultural existence and it is difficult to integrate them into the municipal events. The municipal orchestral community is apparently not in a position to create a programme which would fit into the musical life of the town. All that remains is the newly founded Municipal Choral Society. Up until now it has had to live from both financial and psychological support: namely, from the support of good will brought to it – and in that the town administration feels itself to be just as involved as the author – by those who see a large choir as the backbone of a native musical culture. It has just got the first concert of 'Messiah' behind

grundsätzlich einen großen Chor als Rückgrat einer boden-ständigen Musikpflege ansehen. Er hat gerade sein erstes Konzert mit dem ‚Messias' hinter sich und die Diskussion, ob und wie der Gesangverein diese Hypothek an Wohlwollen durch künstlerische Leistungen abtragen wird, ist noch nicht verstummt. Es bleibt … die Frage, die das Evangelium mit den Worten stellt: ‚Bist du es, der da kommen soll, oder müs-sen wir auf einen anderen warten'"?[297]

Bemerkenswert ist unter anderem die Offenheit, mit der hier zwischen verschiedenen Amateur-Gruppierungen differenziert wird und dass, wenn überhaupt, zu diesem Zeitpunkt nur einem Viersener Verein ein angemessener Beitrag zum offiziellen städtischen Konzertleben zugetraut wird.

Mit großen Oratorien-Aufführungen trug der Städtische Gesangverein in den 1950er Jahren tatsächlich wirkungs-voll zum Viersener Kulturleben bei. Unter der Leitung von Hans Herbert Jöris fanden bemerkenswerte Oratorienauf-führungen statt, an die ich mich noch gut erinnern kann. Für mich waren es die ersten Begegnungen mit so großen Werken wie Händels „Der Messias", Bachs „Matthäus-Passion" , Haydns „Die Schöpfung" und „Die Jahreszeiten" sowie Carl Orffs „Carmina Burana".

Der Artikel der Rheinischen Post bezieht sich auf die Auf-führung von Händels Messias am 22. April 1950. 1956, als der „Messias" noch einmal aufgeführt wurde, titelte die Rheinische Post „Glanzvolle ‚Messias'-Aufführung" und bescheinigte dem Städtischen Gesangverein unter Hans Herbert Jöris eine „unerwartet gute Leistung",
„wenn auch die scharfe rhythmische Akkuratesse manchmal um einige Grade zu manieriert erschien. Die technische Sicherheit, die musikalische Festigkeit und der wohltuende Gesamtklang verdienen Anerkennung. Hans Herbert Jöris

it, and the discussion about whether and how the choral society will repay this amount of good will through artistic performances has not yet ceased. The question remains, to use the words of the gospel: 'Are you the one who is to come, or are we to wait for another'?"[297]

What is noteworthy among other things is the openness with which they differentiate between various amateur groupings and that, at this point in time, only one Vier-sen society – if any at all – can be entrusted with offer-ing an appropriate contribution to the official municipal concert life.

In the 1950s the Municipal Choral Society really did contribute effectively to Viersen cultural life with big oratorio performances. Under the baton of Hans Her-bert Jöris, remarkable oratorio performances took place which I can still remember well. For me these were my first encounters with big works like Handel's *Messiah*, Bach's *Matthew Passion*, Haydn's *Creation* and *The Sea-sons* as well as Carl Orff's *Carmina Burana*.

The article in the *Rheinische Post* referred to the perfor-mance of Handel's *Messiah* on 22 April 1950. In 1956, when *Messiah* was performed again, the *Rheinische Post* had the title "Brilliant Performance of *Messiah*" and an-nounced that the Municipal Choral Society under Hans Herbert Jöris gave an "unexpectedly good performance": *"Even if the sharp rhythmic accuracy sometimes appeared to be a little too mannered. The technical sureness, the musical consistency, and the soothing overall sound de-serve mention. Hans Herbert Jöris brought clarity into the individual singing parts and worked the filigree of the coloratura with care and effort."*

brachte Sauberheit in die einzelnen Stimmengruppen, das Filigran der Koloraturen erarbeitete er mit Sorgfalt und Mühe."

Im Detail werden verschiedene Dinge kritisch gesehen, „das Gesamtklangbild des Chores entfaltete sich aber mit Pracht und Glanz".[298]

1957 führte der Städtische Gesangverein die Matthäus-Passion von Johann Sebastian Bach auf, verstärkt durch Mitglieder Viersener Kirchenchöre. In der nicht mit einem Autoren-Namen versehenen Rezension der Rheinischen Post wurde festgestellt, dass dieses Konzert „die Chordarbietungen der letzten Jahre in ihrer stilistischen Konsequenz und Geschlossenheit übertraf. Streiten ließ sich nach Ansicht des Rezensenten über Jöris' stilistische Orientierung „im Sinne des romantischen Klangbildes".[299]

Stand auch die Förderung der Musikamateure grundsätzlich außer Frage, so gab es doch regelmäßig Diskussionen über die konkrete Umsetzung. Besonders die Zuschüsse für den Städtischen Gesangverein beschäftigen den Kulturausschuss immer wieder.

In der Sitzung am 17. Februar 1956 werden verschiedene Formen des Zuschusses diskutiert, wobei sich die Höhe des Zuschusses nach der Höhe des finanziellen Risikos richtet, das der Chor zu tragen bereit ist. In dieser Sitzung wird auch der „Einbau der Konzerte (des Gesangsvereins) in das städtische Kulturprogramm" vorgeschlagen. Dem widersetzt sich Oberstadtdirektor Dr. Schaub mit der Begründung, dass „hierdurch ein erheblicher Schwund bei den Abonnenten eintreten wird".[300]

Am 10. März 1956 kommt der Ausschuss in der Zuschussfrage für die Amateur-Chöre der Stadt zu einer Entscheidung. Beschlossen wird, „die Beiträge für den

Various details came in for criticism, "but the overall sound of the choir evolved with grandeur and splendour".[298]

In 1957 the Municipal Choral Society, reinforced by members of Viersen Church choirs, performed the *Matthew Passion* of Johann Sebastian Bach. In the review of the *Rheinische Post* which was anonymously written, it was stated that this concert "surpassed the choral performances of recent years in its stylistic consistency and coherence. According to the reviewer, one could have perhaps argued about Jöris's stylistic orientation, "with its romantic sound pattern".[299]

Although the promotion of amateur musicians was not being questioned, in principle, there were still regular discussions about the actual implementation. In particular, the grants for the Municipal Choral Society preoccupied the Culture Committee again and again.

At the meeting on 17 February 1956, various forms of the grant were discussed, where the size of the grant was in accordance with the size of the financial risk that the choir was ready to carry. At this meeting "the incorporation of the concerts (by the choral society) into the municipal cultural programme" was suggested. The Town Manager Dr Schaub opposed this with the justification that "in doing so, a considerable loss of subscribers would occur".[300]

On 10 March 1956 the Committee came to a decision about the question of a grant for the amateur choirs of the town. It was decided to list the amounts for the Municipal Choral Society and the other Societies as two separate items ... funds allocated were: a) for the Municipal Choral Society 5,640 DM and b) for the other Societies 3,860 DM".[301]

Städtischen Gesangverein und die übrigen Vereine in zwei getrennten Positionen aufzuführen … Es stehen nunmehr zur Verfügung: a) für den Städtischen Gesangverein 5.640 DM und b) für die anderen Vereine 3.860 DM".[301]

Es verwundert nicht, dass „die anderen Vereine" über diese Lösung nicht gerade begeistert waren. Der „Sängerbund Bezirk Viersen" äußerte in einem Schreiben den Wunsch, „im Kulturausschuss vertreten zu sein, um einen Einfluss auf die Verteilung der Gelder für die Gesangvereine und Orchester zu gewinnen." Einstimmig wendete sich der Ausschuss in seiner Sitzung am 5. Juli 1957 gegen dieses Ansinnen, weil „mit dem gleichen Recht auch die Orchester, die Landsmannschaften und die übrigen kulturellen Organisationen einen Vertreter beanspruchen könnten und durch die Vergrößerung des Kulturausschusses dieser arbeitsunfähig würde." Im Übrigen empfahl der Vorsitzende Dr. Franz Josef Zevels den kleinen Gesangvereinen, „ihre Konzerte in den verschiedenen Stadtsälen zu veranstalten, da der Besuch zu diesen Konzerten zumeist eine Hörerschaft von 200 bis 300 nicht übersteige".[302]

Die Kulturpolitik zeigte sich durchaus bereit, auch „die anderen Vereine" bei entsprechenden Gelegenheiten stärker zu unterstützen. Als 1959 der Quartett-Verein Viersen sein 75-jähriges Jubiläum feierte, befürwortete der Kulturausschuss einstimmig den Vorschlag des Oberstadtdirektors Dr. van Kaldenkerken, hierfür den regelmäßigen Jahreszuschuss von 700 DM einmalig auf 3.500 zu erhöhen.[303]

Was nun den Städtischen Gesangverein anbelangt, so ging es in den 1960er Jahren mit ihm bergab; schließlich wurde er aufgelöst. Am 4. Mai 1964 teilte der Oberstadtdirektor dem Kulturausschuss mit, „dass ihm ein Betrag von ca. 500 DM als Kassenrest des ehemaligen Städtischen Gesangvereins übergeben worden sei." Darauf empfahl

It is not surprising that "the other Societies" were not exactly delighted with this solution. The "Singers Federation of Viersen" expressed in writing the wish "to be represented in the Culture Committee in order to gain influence on the disposal of the monies for the Choral Societies and Orchestras". In its meeting on 5 July 1957, the Committee unanimously objected to this suggestion because "the orchestras, the territorial associations and the other cultural organizations could all claim representation, and such an expansion would incapacitate the Culture Committee". Apart from that, the Chairman Dr Franz Josef Zevels recommended to the small choral societies "to hold their concerts in other municipal halls, as these concerts would mostly not attract an audience of more than 200 to 300".[302]

The cultural policy permitted giving more support to "the other societies" on appropriate occasions. When in 1959 the Quartet Society in Viersen celebrated its 75th anniversary, the Culture Committee unanimously approved the suggestion of the Town Manager Dr van Kaldenkerken to increase the regular annual grant of 700 to 3,500 DM as a one-off measure.[303]

In the 1960s things went downhill for the Municipal Choral Society and it was ultimately disbanded. On 4 May 1964 the Town Manager informed the Culture Committee "that a sum of approximately 500 DM which was remaining from the former Municipal Choral Society was handed over". The Committee then recommended "that the sum be used to further the art of singing".[304]

The end of the Municipal Choral Society did not mean the end of Oratorio performances. In the 1960s, there was fruitful collaboration between the Viersen Chamber Orchestra and the Rheydt Chamber Choir, both

*Im Februar 1956 kamen mit dem Tournee-Theater „Der Grüne Wagen":
Hilde Krahl, Josef Sieber, Gig Malzacher, Charles Regnier, Harald Juhnke
und O. E. Hasse. Im März desselben Jahres waren Rafael Kubelik und die
Wiener Philharmoniker zu Gast.*

*In February 1956 Hilde Krahl, Josef Sieber, Gig Malzacher, Charles
Regnier, Harald Juhnke and O.E. Hasse came with the touring theatre
company "Der Grüne Wagen". In March of the same year Rafael Kubelik and the Vienna Philharmonic gave guest performances*

der Ausschuss, „den Betrag im Rahmen der Förderung der
Sangeskunst zu verwenden".[304]

Das Ende des Städtischen Gesangvereins bedeutete noch
nicht das Ende der Oratorien-Aufführungen. In den
1960er Jahren kam es zu einer fruchtbaren Zusammenarbeit zwischen dem Viersener Kammerorchester und dem
Rheydter Kammerchor, beide von Gerd Froesch geleitet.
Ich war damals Mitglied des Viersener Kammerorchesters
und erinnere mich noch gern vor allem an die Aufführungen von Bachs Weihnachtsoratorium und Johannespassion.

Der Aufführung der Johannespassion unter Leitung von
Gerd Froesch am Gründonnerstag des Jahres 1970 wurde
„starke Ausstrahlung und musikalische Dichte" bescheinigt.[305] In der Partie des Evangelisten war der Viersener
Anton Maxen zu hören.[306] Über ihn schrieb der Grenzland-Kurier in der genannten Rezension, wie man heute
weiß zu Recht, er sei „auf dem besten Weg, ein erstrangiger
Lieder- und Oratoriensänger zu werden".[307] Die Westdeutsche Zeitung zählte Maxen schon damals „zur internationalen Spitzenklasse der Oratorientenöre".[308]

directed by Gerd Froesch. I was at that time a member of
the Viersen Chamber Orchestra and enjoy thinking back
particularly on the performances of Bach's *Christmas
Oratorio* and *St John Passion*.

The performance of the *St John Passion* under the baton
of Gerd Froesch on Holy Thursday in the year 1970 was
confirmed as being "a powerful performance and one of
musical density".[305] Anton Maxen could be heard in the
role of evangelist.[306] In its review *Grenzland Kurier* wrote,
what we now know today, that he was "on the way to
becoming a first-rate 'Lieder' and oratorio performer".[307]
At that stage the *Westdeutsche Zeitung* already counted
Maxen as "one of the top class oratorio tenors".[308]

Anton Maxen wurde zu den meisten Oratorien-Aufführungen der 1960er Jahre herangezogen. Schon 1966, nach der Aufführung des Weihnachtsoratoriums am 16. Dezember 1966, schrieb die Westdeutsche Zeitung über ihn, dass er „überragte". „Viel Beifall" gab es für die Aufführung, wie Eisheuer berichtete. Allerdings hätte nach seiner Auffassung „die gültige Bach-Interpretation" mehr Zuhörer verdient gehabt: „Das sollte das Kammerorchester nicht entmutigen, aber es ist sicher keine Visitenkarte für die Kulturstadt im Grenzland".[309]

Im Grenzland-Kurier wurde resümiert:
„Die Konzerte der Stadt Viersen erfahren eine wertvolle Bereicherung durch die Chooraufführungen, die Gerd Froesch mit dem Rheydter Kammerchor und dem Viersener Kammerorchester in regelmäßiger Folge veranstaltet. Mit erstaunlicher Arbeitsenergie hat es Froesch bisher verstanden, mit den ihm zur Verfügung stehenden Mitteln Aufführungen zustande zu bringen, die in ihrer Geschlossenheit und ihrer Werktreue als vorbildlich bezeichnet werden können".[310]

Viersen und seine Musikamateure – das ist ein weites Feld und kann im Rahmen dieser Studie nicht ausführlich behandelt werden. Immer musste sich der Kulturausschuss mit der Frage befassen, wer welche Förderung verdient, und es liegt in der Natur der Sache, dass die beteiligten Gruppen sich nicht immer gerecht behandelt fühlten.

Einige Streiflichter aus den 1950er und 1960er Jahren mögen dies illustrieren:

– Am 10. Juli 1952 bewilligt der Kulturausschuss 5.000 DM „für die Unterstützung von Gesangvereinen" und der Orchestergesellschaft einen Betrag von 600 DM.[311]

– Am 8. März 1959 beschließt der Kulturausschuss, „dass die Städt. Orchestergemeinschaft einen Zuschuss nicht

mehr bekommen solle, da es sich um ein reines Dilettantenorchester handele".[312]

– Am 19. November 1960 folgte der Kulturausschuss dem Antrag des Oberstadtdirektors van Kaldenkerken, dem neugebildeten „Viersener Kammerorchester" einen Zuschuss zu gewähren. Zugleich wurde der Zuschuss für den städtischen Kammerchor der Volkshochschule „im Hinblick auf die vorzüglichen Leistungen dieses Chores" um 200 DM erhöht. In derselben Sitzung wurden dem von Karl Kox geleiteten Kinderchor gezielt „Mittel zur Anschaffung einer einheitlichen Tracht (für) bedürftige Kinder" in Aussicht gestellt.[313]

– Ein halbes Jahr später berichtete der Oberstadtdirektor von den Bestrebungen, eine „Kammermusikvereinigung" zu gründen, bestehend aus Kammerorchester und Kammerchor (Sitzung des Kulturausschusses am 21. Juli 1961).[314] Leiter des Kammerchors war Rudolf Adrians.

– 1963 (Kulturausschuss-Sitzung am 30. Mai 1963) wurden die Zuschüsse „an die Gesangvereine und Orchester … wie folgt vorgenommen":[315]

not receive a grant, because it is purely a dilettante orchestra".[312]

– On 19 November 1960 the Culture Committee followed the request of the Town Manager van Kaldenkerken in approving a grant for the newly formed "Viersen Chamber Orchestra". At the same time, the Municipal Chamber Choir "in view of the excellent performances of the choir" was granted an increase of 200 DM. It was also specifically promised at the meeting to provide the children's choir directed by Karl Kox with the "means for the acquisition of a choir uniform for needy children".[313]

– Six months later the Town Manager reported about the efforts to form a "Chamber Music Society", consisting of a chamber orchestra and a chamber choir (Meeting of the Culture Committee on 21 July 1961).[314] The director of the chamber choir was Rudolf Adrians.

– In 1963 (Culture Committee meeting on 30 May 1963) the grants "to the choral societies and orchestras … were as follows":[315]

6 Kirchenchöre à 100 DM / 6 Church Choirs at 100 DM	600 DM
Viersener Kammermusikvereinigung / Viersen Chamber Music Association	3.000 DM
Viersener Blasorchester / Viersen Wind Orchestra	500 DM
Viersener Streichorchester / Viersen String Orchestra	200 DM
Volksbühnenspiele Helenabrunn / Helenabrunn Theatre	100 DM
Männerchöre, Verteilung entsprechend „den Mitgliederzahlen" Male choirs, distribution according to "Membership numbers"	2.275 DM
Summe / Total:	**6.675 DM**

Für die Spielzeit 1963/64 beschloss der Kulturausschuss 15 Sommerkonzerte „im Casinogarten – unter Mitwirkung fast aller in Viersen ansässiger Gesangvereine und Orchester, mehrerer ausländischer Blaskapellen und einiger Volksmusik-Ensembles".[316]

Verglichen mit anderen Gemeinden muss sich im Übrigen Viersen, was die Förderung des Amateur-Musizierens anbelangt, keineswegs verstecken. In der Sitzung des Kulturausschusses am 24. Februar 1960 „gab der Oberstadtdirektor eine von der Stadt Mönchengladbach aufgestellte Liste bekannt, die die Zuschüsse einiger Großstädte Nordrhein-Westfalens an die Laienorchester und die Gesangvereine nennt. Hierbei steht Viersen mit 6.840 DM relativ an der Spitze aller Gemeinden einschließlich der Großstädte und absolut an zweiter Stelle hinter Düsseldorf".[317] Der damals immer wieder zu hörende Vorwurf, die Viersener Kultur-Verantwortlichen seien nur an professionellen Glanzleistungen interessiert und wüssten die Verdienste der Amateur-Vereinigungen nicht zu würdigen, war also zumindest in der Relation zu anderen Kommunen unberechtigt.

For the 1963/64 season the Culture Committee decided to hold 15 summer concerts "in the Casino garden – with the participation of almost all choral societies and orchestras resident in Viersen, several foreign brass bands, and some folk music ensembles.[316]

Incidentally, when compared to other communities Viersen did not have to be in any way ashamed when it came to the promotion of amateur music playing. In the meeting of the Culture Committee on 24 February 1960 "the Town Manager issued a list which had been set out by the city of Mönchengladbach, naming the grants allotted by some of the big cities of North Rhine-Westphalia to the amateur orchestras and the choral societies. On this occasion Viersen, with 6,840 DM, stands close to the top of all communities including the big cities and, overall, in second place after Düsseldorf.[317] The reproach which could be heard again and again at the time, that those responsible for culture in Viersen were only interested in brilliant performances and did not appreciate the merit of the amateur associations, was therefore at least by comparison with other communities unjustified.

Seine Kreativität beschränkte sich nicht nur aufs Pantomimische: Marcel Marceau am 3. Februar 1967

His creativity was not just limited to pantomime: Marcel Marceau on 3 February 1967

Alles in allem fand auch außerhalb der Abonnements viel Sehens- und Hörenswertes statt. Bühnen, die regelmäßig innerhalb der Abonnements gastierten wie das Rheydter Stadttheater, kamen zusätzlich zu weiteren Veranstaltungen, auch im Rahmen des Kinder- und Jugendtheaters. Renommierte Schauspieler waren auch außerhalb der Abonnements zu Gast. So kam das Tournee-Theater „Der Grüne Wagen" in der Spielzeit 1955/56 mit dem Schauspiel „Oberst Chabert" (von Hans J. Rehfisch, frei nach H. Balzac) nach Viersen. Unter der Regie von Hans Schweikart spielten O.E. Hasse, Hilde Krahl, Harald Juhnke, Charles Regnier, Gig Malzacher, Josef Sieber und Eva Crüwell.

Außerhalb der Abonnements gab es auch beachtliche Kabarett-Gastspiele in Viersen, so von der Münchner Lach- und Schießgesellschaft und – mehrfach – vom Düsseldorfer Kom(m)ödchen mit Lore Lorentz. Pantomime auf höchstem Niveau bot 1967 Marcel Marceau.

1969 und 1970 fanden außerhalb des Abonnements „Niederländische Kulturtage" mit einer Reihe hochwertiger Veranstaltungen statt. Sie hätten, jedenfalls zum Teil, laut Pressebericht „eine stärkere Beachtung beim Viersener Publikum verdient".[318] Dabei war die Resonanz in den Medien beachtlich, auch in den Niederlanden:

„Bei den Sendungen des niederländischen Rundfunks gab es eine zwanzigminütige Reportage über die Eröffnung der Festwoche in Viersen mit einem Interview, in dem Oberstadtdirektor Dr. van Kaldenkerken und Kulturamtsleiter Ochs über die kulturellen Beziehungen zwischen den beiden grenznahen Landschaften sprachen".[319]

Innerhalb der Niederländischen Kulturtage fand vom 12. bis zum 21. September 1969 eine „Limburgische Woche"

All in all, many performances worth hearing and worth seeing took place outside the subscription series. Theatres which regularly gave guest performances within the subscription series, such as the Rheydt Municipal Theatre, also came for further events, such as children's and youth plays. Renowned actors outside of the subscription series also performed. The touring theatre "Der Grüne Wagen" came to Viersen in the 1955/56 season with the play "Oberst Chabert" (by Hans J. Rehfisch, based loosely on H. Balzac). O.E. Hasse, Hilde Krahl, Harald Juhnke, Charles Regnier, Gig Malzacher, Josef Sieber and Eva Crüwell all played under the director Hans Schweikart.

Outside the subscription series there were also significant political cabaret performances in Viersen, for example, by the Münchner Lach- und Schießgesellschaft and – repeatedly – from the Düsseldorf Kom(m)ödchen with Lore Lorentz. Pantomimes of the highest standard were performed by Marcel Marceau in 1967.

In 1969 and 1970, apart from the subscription series, a series of high-quality performances were presented as part of "Dutch Days of Culture". According to the press report they should have, in part at least, "attracted more interest among Viersen audiences".[318] However they attracted considerable attention in german and dutch media:

"On Dutch Radio there was a twenty-minute report about the opening of the festival week in Viersen with an interview in which the Town Manager Dr van Kaldenkerken and the head of the Cultural Office, Ochs, spoke about the cultural relationships between the two border regions."[319]

Within the Dutch Days of Culture, there was a "Limburg Week" 12-21 September 1969. It ended on 21 Septem-

statt. Sie endete am 21. September mit einem Sinfoniekonzert des „Limburgs Symfonie Orkest" unter Leitung des Wilhelm van Otterloo-Schülers André Rieu (sen.). Solist des g-moll-Violinkonzerts von Max Bruch war Herman Krebbers. Der renommierte niederländische Geiger war 1923 geboren, startete als Wunderkind, trat mit neun Jahren öffentlich auf und war bereits mit zwölf Jahren „unter der Leitung von Willem Mengelberg Solist in den Konzerten des Amsterdamer Concertgebouorkest".[320] Der niederländische Konzertagent hob in einer Mitteilung an das Viersener Kulturamt Krebbers' „reputatie als een der grootste violisten" hervor und teilte über sein Instrument noch mit: „Hij bespeelt een prachtige Guaneri del Gesu uit 1741".[321]

Die Niederländischen Kulturtage 1969 waren nicht auf die „Limburgische Woche" beschränkt. Sie sollten ihren Höhepunkt, wie Kulturamtsleiter Ochs dem WDR am 29. September 1969 schrieb,

„mit einem Konzert des Utrechter Symphonie-Orchesters am Samstag, dem 25. Oktober unter Paul Huppertz finden. Zur Aufführung gelangen ausschließlich Werke zeitgenössischer niederländischer Komponisten, darunter die deutsche Erstaufführung des Konzertes für zwei Violinen von Henk Badings. Das Werk wird wenige Tage zuvor in Utrecht uraufgeführt. Das in Zusammenarbeit mit mir vorbereitete Programm nennt folgende Werke:

— *Johan Wagenaar:* Cyrano de Bergerac
— *Robert Heppener:* Eglogues
— *Ton de Leeuw:* Mouvements rétrogrades
— *Henk Badings:* Konzert für zwei Violinen und Orchester".[322]

Der Part der beiden Solovioline wurde vom Ehepaar Jeanne und Bouw Lemkes übernommen.

ber with a symphony concert by the "Limburgs Symfonie Orkest" under the direction of Wilhelm van Otterloo's student André Rieu (senior). The soloist for the G minor Violin Concerto by Max Bruch was Herman Krebbers. The renowned dutch violinist was born in 1923, started as a prodigy, performed publicly at the age of nine and at 12 years was "a soloist in the concerts of the Amsterdamer Concertgebouworkest under the baton of Willem Mengelberg".[320] The dutch concert agent, in a contribution to the Viersen Culture Office, highlighted Krebbers' "reputation as one of the greatest violinists", and wrote the following about his instrument: "Hij bespeelt een prachtige Guaneri del Gesu uit 1741" (He plays a splendid Guaneri del Gesu from 1741).[321]

In 1969 the Dutch Culture Days were not limited to the "Limburg Week". As the Cultural Head of Department, Ochs wrote to the WDR on 29 September 1969, the highpoint was to be reached in
"a concert of the Utrecht Symphony Orchestra on Saturday, 25 October under Paul Huppertz. Works to be performed were exclusively by contemporary Dutch composers, among them the German premiere of the concerto for two violins by Henk Badings. The work is to be premiered a few days earlier in Utrecht. The programme, which was prepared in collaboration with my office, names the following works:

— *Johan Wagenaar:* Cyrano de Bergerac
— *Robert Heppener:* Eglogues
— *Ton de Leeuw:* Mouvements rétrogrades
— *Hank Badings:* Konzert für zwei Violinen und Orchester".[322]

The part of the two solo violins was taken on by the married couple Jeanne and Bouw Lemkes.

Dass diesem Konzert auch in der niederländischen Kultur-politik Bedeutung zugemessen wurde, lässt sich daran ab-lesen, dass die „AMBASSADE VAN HET KONINKRIJK DER NEDERLANDEN" mit einem Schreiben vom 26. Juni 1969 Günther Ochs mitteilte:

„Es freut mich Ihnen mitteilen zu können, dass sich das nie-derländische Kulturministerium mit Hfl. 6.100,-- an den Kosten für das Konzert des Utrecht Symfonie-Orkest betei-ligen will".[323]

Zwar wurde im Grenzland-Kurier vermerkt, dass es „unge-recht und verfehlt" wäre,

„einen Teil der Kompositionen, die nicht unmittelbar ver-ständlich dem Ohr und dem Geist eingehen, nach einem einmaligen Hören zu beurteilen. Die junge Komponisten-generation macht es weder sich selbst noch dem Hörer von vornherein leicht … (Aber:) Der herzliche Applaus des Hau-ses war für das große und kultivierte Orchester, für seinen erfahrenen Leiter und die beiden Solisten voll berechtigt".[324]

In Anbetracht der Quellenlage lässt sich eine vollständi-ge Auflistung aller Veranstaltungen, die außerhalb der Abonnementsreihen stattfanden, zur Zeit nicht realisieren. Eine differenzierte und lückenlose Geschichte der Vierse-ner Musikamateure würde ohnehin den Rahmen dieser Untersuchung sprengen. So muss manche verdienstvolle Leistung unberücksichtigt bleiben. Aber dass sich im hier beleuchteten Vierteljahrhundert auch jenseits der Abonne-ments interessante kulturelle Aktivitäten in Viersen finden lassen, ist hoffentlich deutlich geworden.

That this concert was looked upon as significant in Dutch cultural politics is indicated by the fact that the "AMBAS-SADE VAN HET KONINKRIJK DER NEDERLANDEN" (Embassy of the Kingdom of the Netherlands), in a letter of 26 June 1969, informed Günther Ochs:

"I am delighted to be able to inform you that the Dutch Cultural Ministry wishes to contribute to the costs of the concert by the Utrecht Symphony Orchestra with Hfl. 6,100.00."[323]

According to a comment in the *Grenzland Kurier*, it would be "unjust and inappropriate",

"to judge part of the compositions, which do not enter ear and mind after only one hearing. From the beginning the young generation of composers does neither make it easy for themselves nor the listeners … (But:) The heartfelt ap-plause of the house for the large and cultivated orchestra, for its experienced conductor, and for the two soloists, was fully justified."[324]

In view of the sources available it is not possible to carry out a full listing of all the events which took place out-side of the subscription series at this time. In any case, a differentiated and comprehensive history of the Viersen amateur musicians would go beyond the remit of this study. And so, some meritorious work must remain un-considered. But the fact that, during the quarter of a cen-tury under consideration, many interesting cultural ac-tivities took place in Viersen apart from the subscription series has hopefully become clear.

5. Der Rundfunk in der Festhalle

Viersen liegt heute im Sendegebiet des Westdeutschen Rundfunks (WDR). Dieser Sender geht zurück auf die 1924 in Hamburg gegründete Nordische Rundfunk AG" (NORAG). Nach dem Krieg entstand unter der britischen Besatzungsmacht 1945 zunächst Radio Hamburg. Dieser Sender wurde am 22. September 1945 als Nordwestdeutscher Rundfunk (NWDR) die gemeinsame Rundfunkanstalt für die gesamte Britische Besatzungszone und damit für die Länder Hamburg, Nordrhein-Westfalen, Niedersachsen, Schleswig-Holstein und bis 1954 auch für West-Berlin. 1955 wurde der NWDR geteilt und es existierten ab dem 1. Januar 1956 die zwei selbständigen Rundfunkanstalten NDR (Hamburg) und WDR (Köln).

Tristram berichtete in einer Rückschau, dass „das Sendehaus des Westdeutschen Rundfunks in Köln dem Erdboden gleichgemacht war" und „der Kölner Rundfunk und damit der NWDR zunächst den größten Teil seiner Sinfoniekonzerte aus Viersen sendete".[325] Unter den gegebenen Verhältnissen hatten beide, der Rundfunk und die Stadt Viersen, den Nutzen von dieser Regelung. Im Übrigen gingen von der Festhalle nicht nur Sinfoniekonzerte über den Äther, sondern auch Sendungen wie der „Frohe Samstagnachmittag" und „Das ideale Brautpaar". Regelmäßig war der Rundfunk auch in Sendungen mit dem Unterhaltungsorchester zu Gast.[326]

Karl O. Koch, von 1957 bis 1976 als Nachfolger von Edmund Nick Leiter der Hauptabteilung Musik beim WDR (zunächst NWDR), nannte die Zeit „zwischen 1954 etwa und 1960" die „Goldenen fünfziger Jahre":
In dieser Zeit gaben sich ... Erich Kleiber, Otto Klemperer, Dimitri Mitropoulos, Eugene Ormandy, André Cluytens, Mario Rossi und viele andere die Tür in die Hand, um als

5. Radio in the Festival Hall

Today Viersen lies in the transmission area of the West German Radio (WDR). This broadcaster dates back to the North Radio AG (NORAG) founded in Hamburg in 1924. After the war, at first Radio Hamburg was formed in 1945 in the British Occupied Zone. On 22 September 1945, this radio station became North West German Radio (NWDR) and was the joint radio broadcasting corporation for the federal states of Hamburg, North Rhine-Westphalia, Lower Saxony, Schleswig-Holstein and, until 1954, also for West-Berlin. In 1955 the NWDR was divided up, and from 1 January 1956 there were two independent broadcasting corporations NDR (Hamburg) and WDR (Cologne).

Looking back, Tristram reported that "the broadcasting house of the WDR in Cologne had been razed to the ground" and "Cologne Radio – and with it the NWDR – initially broadcast the vast majority of its symphony concerts from Viersen".[325] Under the circumstances of the time, both the radio and the town of Viersen benefited from this arrangement. There were also not just symphony concerts going out on air, but programmes such as "Happy Saturday Afternoon" and "The Ideal Couple". Regularly the radio station aired programmes with it's entertainment orchestra.[326]

Karl O. Koch, who was the successor to Edmund Nick as leader of the main music department from 1957 to 1976 with the WDR (initially NWDR), named the time "between around 1954 and 1960" the "Golden 50s":
"At this time ... one after the other, Erich Kleiber, Otto Klemperer, Dimitri Mitropoulos, Eugene Ormandy, André Cluytens, Mario Rossi and many others stepped in front of the public as guest conductors with the Cologne Radio

Gastdirigenten mit den ihrem Ruf entsprechenden Solisten zusammen mit dem Kölner Rundfunk-Sinfonie-Orchester vor das Publikum zu treten".[327]

Nicht alle von Koch genannten Dirigenten waren auch in Viersen, immerhin aber Cluytens und Rossi.

Aus der Sicht des NWDR gehörte die Festhalle zu den „Nachkriegsprovisorien", hatte unter diesen aber eine deutlich herausgehobene Stellung:

„Die Nachkriegsprovisorien, auf die man sich deshalb zu stützen hatte, waren im Wesentlichen: 1) für Studioproduktionen zunächst der Saal eines Kinos namens Kurbel (in Köln-Bickendorf) und dann von Ende 1948 an der große Gesellschaftssaal des Feierabendhauses (Erholungshaus) der Farbenfabriken Bayer AG in Leverkusen; 2) für Konzertveranstaltungen der eben genannte Saal der Bayer-Werke und Säle in Velbert und **Viersen**, wobei der Saal in Viersen – er befindet sich in der 1915 (richtig: 1913) erstellten Festhalle – vor der „großen Eröffnung" des Sendesaals am Wallrafplatz … die zentrale Konzertstätte des Sinfonieorchesters bildete (rd. 7500 cbm, … ca. 1.200 Sitzplätze). Akustisch genoss der Konzertsaal Viersen hohes Ansehen, das zeigt auch eine zwischen 1950 und 1955 durchgeführte Dirigentenumfrage. Danach wurde seine ‚Hörsamkeit' als ‚besonders günstig' beurteilt, und weiter heißt es: er gehöre zu den drei besten Sälen Deutschlands (soweit verfügbar, ist gemeint). Vom WDR wird der Saal auch heute (1985, gho) noch gebucht, doch ist die Zahl der Einsätze verschwindend klein geworden …
Am 17. August 1950 konnte der große Sendesaal eingeweiht werden; die feierliche Eröffnung des Gesamtkomplexes mit seiner Vielzahl an Studios (darunter auch der Kammermusiksaal, Studio 2) erfolgte allerdings erst zwei Jahre später, am 21. Juni 1952. Die eigentliche Umschaltung vom alten zum neuen Funkhaus fand am 1. Juli statt."[328]

Symphony Orchestra and with soloists of fitting reputation."[327]

Not all the directors named by Koch were in Viersen, but at least Cluytens and Rossi were.

From the point of view of the NWDR, while the Festival Hall was part of "temporary post-war arrangements", it did, however, have a clearly prominent position:
"The post-war temporary arrangements which one had to rely on were essentially: 1) for studio productions initially the hall of a cinema called Kurbel (in Cologne-Bikkendorf) and then, from the end of 1948, the large community hall in the after-work relaxation building of the Paints Factory Bayer AG in Leverkusen; 2) for concert events the hall of the Bayer Works just mentioned and halls in Velbert and **Viersen**, the hall in Viersen – it is situated in the Festival Hall constructed in 1913 – before the "grand opening" of the broadcasting studio at Wallrafplatz … formed the central concert hall of the symphony orchestra (roughly 7500 cbm approximately 1,200 seats). The acoustic of the concert hall in Viersen enjoyed a great reputation, and this is demonstrated by a survey of conductors carried out between 1950 and 1955. After that, its "acoustic" was adjudged "particularly favourable" and additionally it was said: it is one of the three best halls in Germany (meaning, of those available). The hall is still booked by the WDR today (1985, gho). However, the number of engagements has been considerably reduced …
On 17 August 1950 the large studio was inaugurated; the official opening of the entire complex, with its many studios (among them also the chamber music hall, Studio 2), only occurred two years later, on 1 June 1952. The actual changeover from the old to the new radio station took place on 1 July."[328]

Der Pianist Andor Foldes kam mit dem …

The pianist Andor Foldes came with the …

Kölner Rundfunk-Sinfonie-Orchester (Leitung: Dean Dixon) am …

Cologne Radio Symphony Orchestra (Director: Dean Dixon) on …

Rundfunkübertragungen von Sinfoniekonzerten aus der Festhalle waren schon früh nach dem Krieg zur ständigen Einrichtung geworden. Schon 1948 war zu lesen:

„Ein Sinfoniekonzert des NWDR Köln unter seinem Dirigenten Jean Meylan und einige andere Darbietungen des Rundfunks wurden aus der Festhalle über die britische Zone und nach Berlin gesendet. Die kleine Stadt im niederrheinischen Raume wurde dadurch wegen ihrer kulturellen Bedeutung weit über ihren Heimatbezirk bekannt und beachtet".[329]

Soon after the war, Radio broadcasts of symphony concerts from the Festival Hall had already become established. As early as 1948 it was written:

"A symphony concert of the NWDR Cologne under the baton of Jean Meylan and some other radio performances were broadcast from the Festival Hall throughout the British Zone and as far as Berlin. The small town in the Lower Rhine Region was known and respected far beyond its home district because of its cultural significance."[329]

Eine bedeutsame Rolle spielte die Festhalle für den WDR auch im Rahmen der Reihe „Kulturorchester in NRW".[330]

Dass Konzerte des Kölner Rundfunk-Sinfonieorchesters von den Sendern des NWDR übertragen werden, wie z. B. am 1. November 1948 oder am 14. Februar 1949, wird regelmäßig in den Programmheften vermerkt.

Auch Jahre später liest man Hinweise wie „Das Konzert wird vom Westdeutschen Rundfunk Köln (UKW-Sender) am 1. Mai 1958, 20.05 Uhr, übertragen". Der Anlass war das Konzert der Berliner Philharmoniker mit Herbert von Karajan am 2. März 1958.

Der WDR sendet aus Viersen nicht nur die Konzerte seines eigenen Orchesters. Beispielsweise wird das Sinfoniekonzert am 30. April 1957 mit dem Concertgebouw-Orkest Amsterdam unter der Leitung von Eduard van Beinum aufgenommen und am 1. Mai 1957 gesendet.

Nicht nur der WDR ist an Übertragungen der Festhallen-Konzerte interessiert. So wird das Konzert des Großen Symphonie-Orchesters des Nationalen Rundfunks (NIR) Brüssel unter der Leitung von Franz André am 26. März 1957 „vom Rundfunk Brüssel (flämisch) … direkt übertragen".[331]

… 10. Januar 1961: Dirigent Dean Dixon und Pianist Andor Foldes.

… 10 January 1961: Director Dean Dixon and pianist Andor Foldes

The Festival Hall played a significant role for the WDR also within the series "Cultural orchestras in NRW".[330]

It was regularly remarked on in the programme notes that concerts by the Cologne Radio Symphony Orchestra were being broadcast from the studios of the NWDR, as, for example, on 1 November 1948 or on 14 February 1949.

Even years later you could find information like "the concert is being transmitted by West German Radio Cologne (VHF Station) on 1 May 1958 at 8.00 p.m.". The occasion was the Berlin Philharmonic with Herbert von Karajan on 2 March 1958.

The WDR did not only broadcast concerts of its own orchestra from Viersen. For example, the symphony concert with the Concertgebouw Orchestra Amsterdam under the baton of Eduard van Beinum was recorded on 30 April 1957 and broadcast on 1 May 1957.

Interest in the transmission of the Festival Hall concerts was not confined to the WDR. The concert of the large symphony orchestra of the National Radio (NIR) in Brussels under the baton of Franz André on 26 March 1957 "was directly broadcast by Radio Brussels (Flemish)".[331]

Sogar von zwei Sendern wird das Konzert vom „Radio Philharmonisch Orkest und der Groot Omroepkoor (Hilversum)" unter Bernard Haitinks Leitung am 15. Januar 1960 übertragen, nämlich „von Radio Hilversum (Katholieke Radio Omroep KRO) und vom Westdeutschen Rundfunk".[332]

Aus dem Blickwinkel kommunaler Politik und Verwaltung war die regelmäßige Präsenz des Rundfunks neben der Prominenz der hier gastierenden Orchester, Theater, Dirigenten, Regisseure und Schauspieler ein weiterer wertvoller Mosaikstein für die Reputation der Stadt.

So liest man in der Programmvorschau zu den Sinfoniekonzerten der Saison 1957/58, der letzten, die in der Amtszeit von Dr. Carl Schaub vorbereitet wurde: *„Durch Übertragungen von zwei Konzerten hervorragender Orchester sowohl über den Sender des UKW-West als auch über die flämische Rundfunk- und Fernsehstation wurde Viersens Ruf als kultureller Mittelpunkt in der vergangenen Spielzeit auch über das niederrheinische Grenzland hinaus erneut gefestigt".[333]*

Ein Jahr später, in der Spielzeit 1959/60, heißt es in der jetzt von Schaubs Nachfolger Dr. Karl-Heinz van Kaldenkerken verantworteten Broschüre „Viersen ladet ein":
*„Viersens Festhalle, wegen ihrer baulichen Gediegenheit und ihrer hervorragenden akustischen Qualität besonders bei Sinfonie-Konzerten von einer großen niederrheinischen und holländischen Hörergemeinschaft sehr geschätzt, ist immer mehr zum Treffpunkt philharmonischer Musikkörper und bedeutender Rundfunk-Orchester geworden und **hat durch häufige Übertragungen einen guten Ruf in der Bundesrepublik erworben".[334]***

The concert by the "Radio Philharmonisch Orkest und der Groot Omroepkoor (Hilversum)" under Bernard Haitinks' direction was even broadcast by two studios on 15 January 1960, namely "by Radio Hilversum (Catholic Radio Omroep KRO) and by WDR".[332]

From the perspective of communal politics and administration, the regular presence of the radio stations along with the prominence of the orchestras, theatres, directors, producers and actors was a further valuable piece of the mosaic of the reputation of the town.

According to the programme preview for the symphony concerts for the 1957/58 season, the last one prepared during Dr Carl Schaub's term of office:

"As a result of the broadcast of two concerts featuring excellent orchestras both by the studio of the UKW [=VHF]-West as well as by the Flemish Radio and Television Station, Viersen's reputation as a cultural centre in the past season and also beyond the Lower Rhine border area was once again consolidated."[333]

A year later, in the 1959/60 season, in the brochure "Viersen invites you", for which Schaub's successor Dr Karl-Heinz van Kaldenkerken was now responsible, we read:
*"Viersen Festival Hall, because of its structural soundness and its excellent acoustical quality particularly for symphony concerts, is very much treasured by its large Lower Rhine and Dutch listening community, and it has more and more become a meeting point of Philharmonic Orchestras, significant Radio Orchestras and **has gained a good reputation in West Germany through its numerous broadcasts."[334]***

Und ein weiteres Jahr später, in der Spielzeit 1960/61:

*„Die Sinfoniekonzerte bleiben auch in der kommenden Spielzeit die Höhepunkte des Viersener Kulturprogramms. Orchester, Dirigenten und Solisten von Internationalem Rang werden die Konzerte gestalten, **von denen voraussichtlich einige wieder von Rundfunkanstalten übertragen werden**".*[335]

Auch für die Rundfunkübertragungen gilt: Viersen nutzte unmittelbar nach dem Krieg die Gunst der Stunde, inmitten einer Trümmerregion über eine unzerstörte Halle mit einer hervorragenden Akustik zu verfügen.

Ist auch das WDR-Sinfonie-Orchester noch immer ein beliebter Gast in Viersen, so schwand doch allmählich mit der Wiederherstellung des Großen Sendesaals 1950 und der Entstehung neuer geeigneter Räume wie der 1986 fertiggestellten Philharmonie in Köln die Attraktivität der Festhalle für WDR-eigene Produktionen.

6. Der „Fall Viersen"

„Der Fall Viersen" ist ein Artikel des damaligen Musikredakteurs der Rheinischen Post Richard E. Tristram überschrieben, der am 15. Mai 1958 in der Rheinischen Post erschien. „Erste europäische Orchester, erste westdeutsche Bühnen für wenig Geld", lautet der Untertitel. Tristram würdigt Viersens kulturelles Konzept und seine Ergebnisse. Warum aber spricht der Autor vom „Fall" Viersen und nicht vom „Viersener Modell" oder vom „Vorbild Viersen"?

Rekapitulieren wir die Entwicklung und gehen zehn Jahre zurück. Schon 1948, im Jahr der Währungsreform, bilanzieren die Verantwortlichen in Viersen über die Saison 1947/48:

And another year later in the 1960/61 season:

*"The symphony concerts remain the high points of the Viersen cultural programme. In the coming season orchestras, directors and soloists of international standing will perform in these concerts, **some of which are likely to be broadcast by radio stations**."*[335]

Also, for radio broadcasts: directly after the war Viersen took advantage of having, in the middle of a rubble filled area, an intact hall with a fantastic acoustic.

Even though the WDR symphony orchestra was still a favoured guest in Viersen, gradually, with the restoration of the large broadcasting studio in 1950 and the emergence of a new suitable space like the Philharmonic Theatre in Cologne completed in 1986, the appeal of the Festival Hall for WDR productions gradually disappeared.

6. The "Case of Viersen"

"The case of Viersen" is the heading of an article written by the music editor of the *Rheinische Post* Richard E. Tristram, which appeared there on 15 May 1958. "Top european orchestras, top west german theatre companies for not very much money", reads the subheading. Tristram acknowledges Viersen's cultural concept and its results. Why does the author speak of the "case" of Viersen and not of the "Viersen model" or of "Viersen, the role model"?

Let us recapitulate the development and go back ten years. As early as 1948, in the year of the currency reform, those responsible in Viersen were reviewing achievements in the 1947/48 season:

„Eine Zusammenstellung der Darbietungen in diesem Zeit-raum ergibt ein beachtliches Bild. Beachtlich deshalb, weil eine kleine Stadt überaus zahlreiche Veranstaltungen, ein erlesenes Programm und in diesem außerordentliche Höhe-punkte aufzuweisen hatte".[336]

Es hatte sich auch viel getan. In den Abonnement-Sinfo-niekonzerten der Saison 1947/48 war nicht nur fünfmal das Städtische Orchester M. Gladbach-Rheydt unter sei-nem ständigen Leiter Romanus Hubertus zu Gast. In Son-derkonzerten gastierten die Berliner Philharmoniker und das Kölner Rundfunk-Sinfonie-Orchester. Und auch sonst sind bemerkenswerte Veranstaltungen festzuhalten:

"If we look at all the performances in this period, we see a remarkable picture. Remarkable because such a small town holds very many events, has an exquisite programme in which there are extraordinary highlights."[336]

A lot happened. In the subscription symphony con-certs of the 1947/48 season the Municipal Orchestra of M. Gladbach-Rheydt under its permanent director Romanus Hubertus gave five guest performances. In spe-cial concerts, the Berlin Philharmonic and the Cologne Radio Symphony Orchestra performed. And there were other remarkable events to record:

Datum / Date	Veranstaltung / Event	Quelle / Source
26.01.1948	Sinfoniekonzert in der Festhalle mit dem Sinfonieorchester des NWDR Symphony Concert in the Festival Hall with the symphony orchestra of the NWDR	Viersener Mitteilungen vom 17.01.1948 / Nr. 3 "Viersener Mitteilungen" of 17.01.1948 / No.3
13.03.1948	Johann Sebastian Bach: Matthäus-Passion Duisburger Sinfonieorchester und Chöre, Leitung GMD Ludwig Jochum (In Verbindung mit dem Kath. Kulturwerk und der evang. Frauenhilfe) Bach's Matthew Passion Duisburger Symphony Orchestra and Choirs, Director GMD Ludwig Jochum (in connection with the Catholic Cultural Organisation and the Evangelical Assistance for Women	Viersener Mitteilungen vom 28.02.1948 / Nr. 9 "Viersener Mitteilungen" of 28.02.1948 / No.9
19.06.1948	Sinfoniekonzert in der Festhalle mit dem Sinfonieorchester des NWDR (Leitung: Hans Schmidt-Isserstedt) – mit Werken von Mozart, Britten, Beethoven Symphony Concert in the Festival Hall with the Symphony Orchestra of the NWDR (Director: Hans Schmidt-Isserstedt) – with works by Mozart, Britten, Beethoven	Viersener Mitteilungen vom 12.06.1948 / Nr. 24 "Viersener Mitteilungen" of 12.06.1948 / No.24
16.07.1948	Gastspiel des Düsseldorfer Kom(m)ödchens – „Vor seiner Ausreise in die Schweiz" Guest performance of the Düsseldorf Kom(m)ödchen – "Before his departure for Switzerland"	Viersener Mitteilungen vom 10.07.1948 / Nr. 28 "Viersener Mitteilungen" of 10.07.1948 / No.28

Außerdem kamen die Städtischen Bühnen Mönchengladbach und Rheydt nicht nur im Rahmen des Theater-Abonnements, sondern auch zu weiteren Gastspielen nach Viersen.

Schon zu dieser Zeit erkennt die Tagespresse an:

„Viersen – das Zentrum einer weitausgreifenden Kulturpolitik. Viersen – der kulturelle Magnet zwischen den Trümmern der Gegenwart".[337]

1948 ist das Jahr der Währungsreform. Im Rückblick wird die Währungsreform meist als der Startschuss zum Wirtschaftswunder angesehen, aber zu ihrer Zeit löste sie wohl mehr Bedenken als Hoffnungen aus. In der örtlichen Kulturpolitik wird die bange Frage gestellt, „ob Viersen nun seine bisherige sorgsame Pflege des kulturellen Lebens einstellen und seine dadurch gewonnene Bedeutsamkeit aufgeben soll." Befürchtet wird, „dass der Enthusiasmus, mit dem zuweilen einige Darbietungen des vergangenen Jahres fast gestürmt wurden, sich durch die Währungsreform in nichts verflüchtigen" könnte.[338]

Nur zwei Jahre später erweisen sich diese Befürchtungen als grundlos. In der Rheinischen Post vom 29. April 1950 wird konstatiert:
„Mit 20 Abonnementsvorstellungen im Theater, drei Symphonie-, drei Kammermusik- und einigen Sonderkonzerten macht das Viersener Kulturleben den gleichen Eindruck wie die Schaufensterzeilen auf der Hauptstraße: Die Stadt scheint mit Bestem reichlich versorgt, um neben den Viersener Bürgern auch das Hinterland als Konsumenten zu gewinnen; und der vielgebrauchte Ausdruck vom kulturellen Zentrum des Grenzlandes rechtfertigt sich nicht zuletzt aus den hohen Besucherzahlen, die zu einem guten Teil dem Gebiet zwischen Kempen, Kaldenkirchen und der Landesgrenze entstammen".[339]

Also, the Municipal Theatres of Mönchengladbach and Rheydt came to Viersen not only in the context of theatre subscriptions but also for other guest performances.
At this early stage the daily press recognized:

"Viersen – the centre of a far-reaching cultural policy. Viersen – the cultural magnet among the ruins of the present day."[337]

The currency reform took place in 1948. In retrospect, the currency reform is mostly seen as the starting signal for the "economic miracle", but at the time it likely triggered more misgivings than hope. In local cultural politics, the question was nervously posed, "whether Viersen was to cease their careful cultivation of the cultural life and thus give up the relevance they have earned because of this". It was feared "that the enthusiasm, which at times in some of the performances of the past year had been almost overwhelming, could evaporate because of the currency reform".[338]

Only two years later these fears were proven to be groundless. In the Rheinische Post of 29 April 1950, it was stated:
"With 20 subscription performances in theatre, three symphony concerts, three chamber music concerts and also some special concerts, Viersen cultural life is giving an impression similar to what one reads in shop windows on the Hauptstraße: the town seems to be amply supplied with the best, enough to attract consumers from the hinterland as well as Viersen citizens; and the much used expression about the cultural centre of the border area is justified, not least because of the high number of attendees, who, to a large extent, come from the area between Kempen, Kaldenkirchen and the border."[339]

Der Artikel ist mit „Ekl" gezeichnet, wahrscheinlich das Kürzel für Dr. Ernst Klusen. Thematisiert wird hier auch, mit einem wie geringen Organisations- und Verwaltungsaufwand das anspruchsvolle Programm geplant und durchgeführt wurde:

„Die Stadtverwaltung ist fast ausschließlich Träger der kulturellen Veranstaltungen und organisiert die Kulturpflege durch einen kleinen Stab von zwei Mitarbeitern, die dem Oberstadtdirektor als Kulturdezernent unterstehen".[340]

Gewiss wurde schon damals bedacht, dass ein anspruchsvolles Kulturangebot auch der Reputation einer Stadt dient, einen „weichen Standortfaktor" darstellt, wie heute gelegentlich formuliert wird. Aber darin erschöpfte sich die Begründung für das kulturelle Engagement nicht. Es ist durchaus glaubhaft und entspricht auch anderen Verlautbarungen, dass damals Politik und Verwaltung – nicht nur in Viersen – den Aspekt einer öffentlich verantworteten Kulturpflege ernst nahmen. Kultur wurde nicht als Show-Business oder Event-Marketing gesehen, getrost privaten Sponsoren zu überlassen. Betont wird von Seiten der Stadt, dass die „bisherige sorgsame Pflege des kulturellen Lebens … nicht so sehr das Ansehen, sondern die Verpflichtung einer Stadt meint, die bisher soviel Sinn für kulturelle Dinge bewies". Angesichts „überwältigender Besucherzahlen", bewertet als „Beweis für das kulturelle Bedürfnis und das hohe geistige Niveau einer großen Kulturgemeinde", wird die Erwartung ausgesprochen, „dass auch nach der Währungsreform eine weit ausgreifende und gediegene Kulturpolitik eine durchführbare Aufgabe sein wird".[341]

Nun, die selbst gestellte Aufgabe war nicht nur durchführbar, sie wurde, wie dokumentiert, glänzend gelöst.
„Wo gibt es das", fragte Tristram 1958, „dass man für 14 DM fünf der besten westeuropäischen Orchester unter so prominenten Dirigenten wie H. von Karajan, Joseph Keilberth,

The article was signed with "Ekl", probably the abbreviation for Dr Ernst Klusen. Another subject for discussion here was how the ambitious programme was planned and carried out with only small organizational and administrative expenses:
"The town administration is almost exclusively responsible for the cultural events and organizes the promotion of culture with a small staff of two employees under the Town Manager as Head of the Culture Department."[340]

Certainly, at that time people were concerned that an ambitious cultural offering also serves the reputation of a town, representing a "soft location factor", a term now used from time to time. But that is not where the justification for the cultural engagement ends. It is quite plausible and in line with other statements, that at that time politicians and administration – not only in Viersen – took their public responsibility for the promotion of culture very seriously. Culture was not seen as show business or event marketing, something best left to private sponsorship. It was emphasized on the part of the town that the "diligent cultivation of the cultural life up until now … is not so much about the reputation, but the obligation of a town, which has consistently shown so much interest in cultural things". In light of "the overwhelming number of attendees", seen as proof of the high intellectual standard of a large cultural community", the expectation is expressed, "that, even after the currency reform, a far-reaching and tasteful cultural policy will be a feasible task".[341]

Now, not only was the task they had set themselves feasible, it was, as documented, brilliantly resolved.
Tristram posed the question in 1958:
"Where else in the world could you hear five of the best Western European orchestras under such prominent

Vor Veranstaltungsbeginn auf dem Festhallenvorplatz: Autos der 1950er Jahre in der damaligen Parkordnung (parallel zur Heimbachstraße)

Before the beginning of the event at the square in front of the Festival Hall: Cars from the 1950s using the parking arrangement of the day (parallel to the Heimbachstraße)

W. van Otterlo, Sir John Barbirolli und Franz André hören kann? Welche Stadt bietet in ihrem Theaterabonnement zugleich renommierte Aufführungen des Düsseldorfer Schauspielhauses, des Bochumer Schauspiels, des Rheydter Schauspiels und gar der Kölner Oper? Und das wiederum für 18,50 DM? Natürlich gibt es auch teurere Plätze. Aber

conductors as H. von Karajan, Joseph Keilberth, W. van Otterlo, Sir John Barbirolli and Franz André for 14 DM? What town offers in the theatre subscription series during the same period renowned performances of the Düsseldorf Schauspielhaus, the Bochum Schauspiel, the Rheydt Schauspiel and even the Cologne Opera? And again, all

wie ist das möglich? Viersen, das sich gern die „Kulturstadt im Grenzland" nennt, ist stolz auf seinen Ruf diesseits und jenseits der Grenzen".[342]

Tristram nennt die Gründe für die Qualität. Er berichtet, dass im Herbst 1950 eine deutsche Konzertagentur die Londoner Philharmoniker im Rahmen einer Deutschland-Tournee nach Viersen holen wollte und der damalige Leiter Sir Adrian Boult erstaunt fragte: „Viersen, wo liegt das?" „Als ihm aber der deutsche Konzertagent berichtete, dass Furtwängler dort regelmäßig seine Konzerte veranstaltete, Viersen wegen seiner guten Akustik besonders schätze und von dort aus seine Konzertreisen in die westdeutschen Städte unternehme, da sagte Sir Adrian sofort zu".[343]

Tristram geht weiter darauf ein, dass der Rundfunk seine Sinfoniekonzerte aus der Viersener Festhalle übertrug, da der Kölner Sendesaal völlig zerstört war. Die anderen für den NWDR tätigen Sinfonieorchester folgten dem Beispiel und kamen ebenfalls nach Viersen.

In einem anderen Artikel (ebenfalls 1958) gewichtet Tristram die Gründe für den Erfolg der Viersener Bemühungen um Qualität, die „nicht irgendeinem glücklichen Zufall zu verdanken (ist) oder etwa nur dem Glücksumstand, dass die Festhalle im Kriege von den Bomben verhältnismäßig verschont blieb, sondern vornehmlich der nach dem Kriege konsequent verfolgten Kulturpolitik, den weitsichtigen Bemühungen des Oberstadtdirektors Dr. Carl Schaub und nicht zuletzt auch der Aufgeschlossenheit der Viersener Bevölkerung".[344]

Gemessen am hohen Niveau der Sinfonie- und Kammerkonzerte sowie der Schauspiel- und Opernaufführungen war der städtische Zuschuss vergleichsweise gering: „Jahrelang belief sich der Kulturetat der Stadt Viersen auf 60.000 DM. Mehr brauchte man nicht dazu zu tun. Die

for 18.50 DM? Of course, there are also more expensive seats. But how is this possible? Viersen, which likes to call itself 'Town of culture in the border region', is proud of its reputation on both sides of the border."[342]

Tristram names the reasons for the high quality. He reports that in the autumn of 1950 a German concert agency wanted to invite the London Philharmonic to Viersen as part of a tour of Germany, and the director at the time, Sir Adrian Boult, asked in amazement: "Viersen, where's that?" "When the German concert agent reported to him that Furtwängler regularly organized his concerts there, and that he particularly appreciated Viersen because of its good acoustic, and that he organized his concerts in West German towns and cities from there, Sir Adrian immediately agreed."[343]

Tristram developed this further, saying that the radio studio broadcast their symphony concerts from the Viersen Festival Hall because the Cologne broadcasting studio had been completely destroyed. The other symphony orchestras working for the NWDR followed their example and likewise came to Viersen.

In another article (also in 1958) Tristram weighed up the reasons for the success of the Viersen efforts for quality, which "were not just a matter of coincidence or the fortunate circumstance that the Festival Hall remained relatively unscathed from bombs, but principally resulted from the consistently followed cultural policy and the long-sighted efforts of the Town Manager Dr Carl Schaub, and not least also the open-mindedness of the Viersen population".[344]

Compared to the high standard of symphony and chamber concerts as well as the plays and operatic performances, the municipal grant was relatively low:

ausabonnierten Konzert- und Theaterreihen, zu denen noch die ausgezeichneten Kammerkonzerte kamen, trugen sich fast selbst, bis mit dem Ansteigen des Lebensstandards und der allgemeinen Preiserhöhungen auch die Bühnen und Orchester ihre Gastspiele teurer verkauften. Im Etatsentwurf für das Rechnungsjahr 1958 ist der Zuschussbedarf mit insgesamt 102.714 DM ausgewiesen. Das bedeutet, dass die Viersener Bevölkerung je Kopf der Bürgerschaft nur 2,57 DM aufzubringen hat, um die finanziellen Voraussetzungen für die Erhaltung dieses hohen Kulturniveaus auch im nächsten Konzertwinter zu gewährleisten".[345]

Gemessen an den Zuschüssen von Großstädten, führt Tristram weiter aus, sei das geschenkt. Man kann damalige Preise nur schwer mit heutigen vergleichen, aber der Autor nennt den damaligen finanziellen Gegenwert: „ein Mittagessen mäßiger Güte".[346]

Sowohl die Zuschüsse wie die Abonnements-Preise hielten sich in Grenzen, einmal durch „das kluge und zielstrebige Wählen und Sichten der Stadtverwaltung und ihrer Kulturberater" (M. Berten und Dr. Ernst Klusen)[347] sowie der Tatsache, dass die Veranstaltungen immer restlos ausverkauft waren.
*So herrscht in dieser mittleren deutschen Stadt unweit der holländischen Grenze gleichsam immer ‚Festspiel'-Stimmung, wenn die berühmten Orchester und Ensembles gastieren".[348]

Die Nachfrage nach Karten war aus städtischer Sicht mindestens zufriedenstellend. „Wieder voll ausabonniert", titelte beispielsweise die Rheinische Post am 13. Oktober 1956 und berichtete,
dass auch im kommenden Theater- und Konzertwinter die Festhalle wieder voll besetzt sein wird. Die Theaterreihen A, B und C sind so gut wie ausabonniert, ebenfalls das Konzertabonnement. Auch das Kammerkonzertabonnement wird

"For years the arts budget of the town of Viersen amounted to 60,000 DM. Nothing needed to be added. The subscription concert and theatre series as well as the excellent chamber concerts nearly paid for themselves, until with the increase of the standard of living and the general rise in prices, the theatres and orchestras charged more for their guest performances. In budget projections for the financial year 1958, the grant requirement amounted to 102,714 DM. This means that the Viersen population per head only had to pay 2.57 DM in order to meet the financial requirements for the maintenance of this high standard of culture in the next winter season of concerts."[345]

Measured against the grants of big cities, Tristram continued, that was a bargain. It is difficult to compare the prices of that time to today's, but the author called the financial equivalent of the time: "a lunch of a moderate quality".[346]

Grants as well as subscriptions were kept in check, partly through "the wise and purposeful choosing and sifting of town administrators and their cultural advisers" (M. Berten and Dr Ernst Klusen)[347] as well as through the fact that the events were always completely booked out.
*In this middle-sized German town near the Dutch border there is always a 'festival' atmosphere when the famous orchestras and ensembles perform."[348]

The demand for tickets was gratifying, at least from the town's point of view. "Fully subscribed again", was the heading in the *Rheinische Post*, for example on 13 October 1956, when it reported
"that for theatre and concert events in the coming winter schedule the Festival Hall would again be fully booked. The theatre series A, B and C as are as good as sold out,

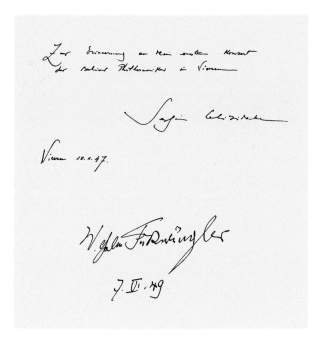

Prominente Unterschriften im Gästebuch der Stadt Viersen:
Sergiu Celibidache, Wilhelm Furtwängler, Georg Solti, Gustaf Gründgens,
Berliner Philharmoniker unter v. Karajan, Herbert von Karajan

Prominent signatures in the guest book of the town of Viersen: Sergiu
Celebidache, Wilhelm Furtwängler, Georg Solti, Gustaf Gründgens,
Berliner Philharmonic under Herbert von Karajan

im Vergleich zu den vergangenen Jahren wiederum guten Besuch aufweisen." Und: „400 Abonnementsbewerber mussten umkehren."

Es verwundert nicht, dass von Viersener Bürgern zu hören war, man „sollte den auswärtigen Besucherstrom zur Festhalle abbremsen zugunsten der Viersener Theaterinteressenten". Auf die Kehrseite der Medaille wurde aber im Gegenzug gleich hingewiesen:
„Auf den ersten Blick scheint dieses Argument nicht unberechtigt. Andererseits sind aber auch die Überlegungen des

and so is the concert subscription series. Also, the chamber concert subscription series, by comparison with the previous years, will again have a good attendance". And: "400 subscription applicants had to be turned away."

It is not surprising that Viersen citizens could be heard to say that one "should slow down the flow of visitors to the Festival Hall in favour of local theatre enthusiasts in Viersen". On the other side of the coin, it was pointed out:

Kulturamtes nicht von der Hand zu weisen, das einmal seinen langjährigen auswärtigen Abonnenten die Treue halten möchte und vielleicht auch daran denkt, einmal früher oder später auf die Besucher aus dem Grenzland angewiesen zu sein".[349]

So begeistert das Konzert- und Theaterangebot in der Stadt und in der Region einschließlich der niederländischen Nachbargemeinden auch angenommen wurde, so wurde es überregional nicht ohne Skepsis betrachtet. Viersen konnte sich solche Orchester und Ensembles nur leisten, weil die Stadt „kein eigenes Schauspiel- oder Opernensemble und kein eigenes städtisches Orchester zu unterhalten braucht." In anderen Städten war, wie der langjährige Feuilleton-Redakteur der Westdeutschen Zeitung Dr. Fritz Eisheuer berichtete, das böse Wort vom „kulturellen Schmarotzer Viersen" zu hören.[350] Beide, Eisheuer wie Tristram, sind voll des Lobes über das in Viersen kulturell Geleistete. Doch Tristram benennt auch das damit verbundene Problem und begründet, warum er von einem „Fall Viersen" und nicht von einem „Vorbild Viersen" spricht:

„Man kann sich also für sein Geld dass Beste aussuchen, ohne dabei verpflichtende Belastungen übernehmen zu müssen. Insofern ist der Fall Viersen einmalig. Wo kämen wir aber hin, wenn andere Städte dieses System des kulturellen Einkaufs übernehmen würden? Das wäre das Ende des deutschen Stadttheaters und weder in künstlerischer noch in sozialer Hinsicht zu verantworten. Von einer künstlerischen Entwicklungsmöglichkeit und einer finanziellen Sicherung der Bühnen- und Orchesterangehörigen ganz zu schweigen".[351]

50 Jahre nach Tristrams Darlegungen lässt sich wohl sagen, dass Viersen seine Gastspiel-Möglichkeiten in hervorragender Weise genutzt hat – und der Aufbau eines eige-

"At first glance this argument does not seem unjustified. On the other hand, the reflections of the Culture Department, which would like to remain true to its long-standing external subscribers, cannot be dismissed, and perhaps they are aware that sooner or later they might have to rely on the attendees from the border area."[349]

However enthusiastically the concert and theatre programmes were received in the town and in the region, including the Dutch neighbouring communities, they were not viewed further afield without scepticism. Viersen could only afford such orchestras and ensembles because the town "did not need to maintain their own theatre or operatic ensemble or municipal orchestra". In other towns and cities, the angry words "Viersen, the cultural parasites" were to be heard, as the longstanding Feuilleton Editor from the Westdeutsche Zeitung Dr Fritz Eisheuer reported.[350] Both Eisheuer and Tristram are full of praise for the cultural achievements in Viersen. But Tristram names the problems associated with it and justifies why he speaks of the "Case of Viersen" and not of "The Viersen model":

"One can seek out the best value for money, without taking on obligatory burdens. In this respect the case of Viersen is unique. Where would we be if other towns were to undertake this system of cultural procurement? That would signify the end of the German municipal theatre, and neither in an artistic nor in a social respect could it be justified – to say nothing of prospects for artistic development and financial security of theatre and orchestra members."[351]

Fifty years after Tristram's statements it can be said that Viersen used its opportunities for guest performances in a wonderful way – and the development of their own

nen Stadttheaters oder Sinfonieorchesters wohl zu keinem Zeitpunkt eine durchführbare Alternative gewesen wäre.

Die Stadt war bis 1970 kreisfrei; dann wurde sie in den Kreis Kempen-Krefeld eingegliedert, der 1975 in Kreis Viersen umbenannt wurde. Die Strukturänderungen dauerten eine Weile. Viersen wurde Kreisstadt, der Umzug der Verwaltung von Kempen nach Viersen erfolgte aber erst 1984, nachdem das neue Kreishaus fertiggestellt war.

Sowohl die alte kreisfreie Stadt wie der heutige Kreis Viersen waren und sind für ein niveauvolles eigenes Orchester oder Theater zu klein; Kooperationen mit Nachbargemeinden boten sich letztlich auch nicht an. Mönchengladbach und Krefeld leisten sich gemeinsam ein Drei-Sparten-Theater, das mit den zwei Spielorten genug organisatorische Probleme hat.

Umgekehrt ist – auch in unserer Region – zu sehen, dass heute mit Gast-Künstlern auch in kleinen Gemeinden Veranstaltungen von hoher Qualität durchgeführt werden. Als Beispiel sei auf die Kammerkonzerte in der Kempener Paterskirche oder auch im Schloss Neersen verwiesen.

1958 deutete sich bereits an, dass sich die Verhältnisse ändern würden: *„Es ist kein Geheimnis, dass die gastierenden Bühnen, Kölner Oper, Bochumer und Düsseldorfer Schauspiel, inzwischen neue und große Häuser bezogen haben, gleichsam am heimischen Herd verpflicht sind zu spielen und zu musizieren … Die Gastspiele der Kölner Oper für das nächste Jahr sind unter heftigem Ringen mit den Kölner Verantwortlichen erkauft worden"*.[352]

Die Frage einer stärkeren Zusammenarbeit mit den Nachbarstädten wurde ebenfalls 1958 von Tristram thematisiert. Anlass war der damalige Neubau des von Paul Stohrer entworfenen Mönchengladbacher Theatergebäudes an

municipal theatre or symphony orchestra would not have been at any stage a feasible alternative.

Until 1970 the town was not an administrative district; then it was incorporated into the district of Kempen-Krefeld, which was renamed as the district of Viersen in 1975. The structural changes took some time. Viersen became a district town, and the move of the administration from Kempen to Viersen only happened in 1984 after the new district building was completed.

Both the old independent town and the current district of Viersen were and are too small to have their own sophisticated orchestra or theatre; ultimately cooperation with neighbouring communities was no longer on offer. Mönchengladbach and Krefeld together could afford a Three-Branch Theatre which, with its two venues, already had enough organizational problems.

The reverse can be seen in our region: today, with guest artists, events can be carried out even in small communities – for example, the chamber concerts in the Kempen Paterskirche or in Neersen Castle.

In 1958 it was indicated that things would change:
"It is no secret that the companies which give guest performances – Cologne Opera, Bochum and Düsseldorf – meantime perform in new and large houses, and at the same time are engaged to perform and play at home … The guest performances by Cologne Opera for the coming year have been secured after considerable wrangling with those in charge in Cologne." [352]

The question of stronger cooperation with the neighbouring towns became a subject for discussion brought up by Tristram in 1958. The occasion was the building of the new Mönchengladbach Theatre designed by Paul

der Hindenburgstraße. Dass diese Spielstätte 1996 aufgegeben und in eine Musicalbühne umgestaltet wurde, ist ein anderes Kapitel.

Durch die 1975 erfolgte Zusammenlegung der Städte Mönchengladbach, Rheydt und Wickrath zur Stadt Mönchengladbach in den heutigen Grenzen stand mit der Rheydter Stadthalle – entworfen von Walter Fischer, Hans Poelzig und Max Littmann, erbaut zwischen 1928 und 1930 – ein zweiter attraktiver Theaterbau zur Verfügung. Er wurde von 1982 bis 1984 durch Helmut Hentrich umgebaut und dann zunächst als Oper, später als „Theater Mönchengladbach" für alle Sparten eingesetzt. Die Musical-Bühne im Theatergebäude in Alt-Mönchengladbach wurde vom Publikum nicht angenommen, nach zwei Jahren musste Konkurs angemeldet werden.

Unabhängig von dieser traurigen Entwicklung, die in den späten 1950er Jahren noch nicht vorauszusehen war, gab es damals in Mönchengladbach natürlich Überlegungen, zur stärkeren Auslastung verstärkt mit Viersen und seinem „Hinterland" sowie den „holländischen Nachbarn" zusammenzuarbeiten. Wenn Tristram sich entschieden für die Fortsetzung des Viersener Konzepts aussprach, dürfte er wohl die Meinung der meisten, wenn nicht aller Viersener Kulturfreunde ausgesprochen haben:
„So erfreulich auch die Tatsache sein mag, dass nicht weit von Viersen entfernt ein neuer, moderner Theaterbau entsteht, so gibt es für unsere Stadt unter den augenblicklichen Verhältnissen keine bessere Lösung als die Fortsetzung des Theater- und Konzertlebens auf der gleichen qualitativen Höhe und zu den gleichen finanziellen Bedingungen wie bisher".[353]

Dass es „unter den augenblicklichen Verhältnissen keine bessere Lösung als die Fortsetzung" des eingeschlagenen Weges gibt, lässt sich fünfzig Jahre später in einer ganz an-

Stohrer in Hindenburg Street. That this venue was abandoned in 1996 and converted into a musical-theatre is another story.

Through the 1975 merging of the towns of Mönchengladbach, Rheydt and Wickrath to the city of Mönchengladbach within today's borders there was, with the Rheydt town hall – designed by Walter Fischer, Hans Poelzig and Max Littmann, and built between 1928 and 1930 – a second attractive theatre available. It was rebuilt by Helmut Hentrich between 1982 and 1984 and then, initially used as an opera house and later as "Mönchengladbach Theatre", it served all three sectors. The musical theatre in the building in Old Mönchengladbach was not popular with the public, and after two years it was declared bankrupt.

Notwithstanding this sad development unanticipated in the 1950s, back then Mönchengladbach considered a collaboration, with larger capacity provided by Viersen and its "hinterland" as well as the "Dutch neighbours". When Tristram spoke out in favour of the decision about the continuation of the Viersen concept, he must have voiced the opinion of most if not all Viersen friends of culture:
"As gratifying as the fact may be, that not far from Viersen a new modern theatre exists, there is for our town under the current circumstances no better solution than the continuation of the theatre and concert life at the same quality level and under the same financial conditions as heretofore."[353]

That there was "under the current conditions no better solution than the continuation" of the adopted strategies can ultimately still be said fifty years later in a completely

deren Zeit letztlich immer noch sagen. Damals war die Entscheidung, keine unnötigen Kurskorrekturen vorzunehmen, unter den speziellen Viersener Voraussetzungen zweifellos richtig.

Auch andernorts wurde deutlich, dass sich kleinere und mittlere Städte mit Hilfe von sorgfältig zusammengestellten Gastspielen ein niveauvolles Kulturprogramm leisten können. Damit befasst sich ein Artikel in der Westdeutschen Zeitung vom 21. Juni 1965:
„Eine deutsche Stadt kündigt für die nächste Saison 87 Aufführungen von 28 Bühnen an. Diese Bühnen kommen aus West und Ost, aus Frankreich, Italien, der Schweiz, Österreich, der Tschechoslowakei und sie kommen sogar aus Guinea, Kolumbien, Brasilien usw. Und es sind namhafte und erste Bühnen darunter. Man könnte auf eine sehr große deutsche Stadt tippen, die sich mit solcher theatralischen Repräsentation schmücken kann. Aber es ist noch nicht mal eine große Stadt, sondern nur eine mittlere zwischen 50.000 und 60.000 Einwohnern. Sie liegt zwischen zwei nahen Städten, die eigene Ensembles unterhalten. Es ist Herford zwischen Bielefeld und Detmold … Man kann hier schwerlich eine kritische Stellung beziehen. Denn es wäre absurd, wenn Herford auch noch ein eigenes Ensemble unterhielte, und warum sollte es für seine Bürger nicht ein attraktives Winterprogramm zusammenstellen? Dennoch macht ein solches, wie gesagt auf eine Reihe anderer Städte übertragbares Modell nachdenklich“.[354]

Zu dieser Zeit, in der Mitte der 1960er Jahre, da die Viersener Konzeption der anspruchsvollen Gastspiele auch anderswo Anhänger findet, ändern sich die Strukturen des Viersener Kulturangebots. Die Kölner Oper und das Bochumer Schauspielhaus ziehen sich zurück, an ihre Stelle treten zunehmend Aufführungen von Tournee-Theatern und kleineren Bühnen aus Nordrhein-Westfalen. Sank in

different era. At that time, the decision not to make any unnecessary change of course under the special Viersen conditions was doubtless correct.

Lessons learned elsewhere showed that smaller and middle-sized towns could, with the help of carefully planned guest performances, afford a sophisticated cultural programme. There was an article about this in the *Westdeutsche Zeitung* of 21 June 1965:
"A German town announces for the coming season 87 performances from 28 theatres. These theatre groups are coming from West and East, from France, Italy, Switzerland, Austria, Czechoslovakia, and even from Guinea, Columbia, Brazil, etc. And there are both notable and leading theatre groups among them.
You would expect it to be a very large German city that could afford such theatrical performances. But it is not even a big city, but a middle-sized town with between 50,000 and 60,000 inhabitants. It lies between two cities who maintain their own ensembles. It is Herford between Bielefeld and Detmold …
It is difficult to be critical here. For it would be absurd if Herford also maintained its own ensemble, and why should it not organize an attractive winter programme for its citizens? But such a model which, as mentioned, is transferable to a number of other cities and towns is still problematic."[354]

At this time, in the middle of the 1960s, when the Viersen concept of ambitious guest performances was finding supporters elsewhere, the structures of the Viersen cultural offering began to change. As Cologne Opera and the Bochum Theatre withdrew, increasingly there were performances by touring theatres and smaller theatre groups from North Rhine-Westphalia instead. Was the quality lowered at this time? Yes. This was the tenor

dieser Zeit die Qualität? Ja, war der Tenor eines die kommunale Politik auf den Plan rufenden Artikels von Fritz Eisheuer in der Westdeutschen Zeitung:

„Kritischer als bisher müsste der Kulturausschuss zusammen mit dem zuständigen Dezernenten, Oberstadtdirektor Dr. van Kaldenkerken, Viersens Kulturprogramm überprüfen, sollen Niveau und Anspruch bleiben. Erfahrungen der jetzt langsam auslaufenden Spielzeit zwingen zu sachlich-nüchterner Rechenschaft.
Der Versuch, gleichwertigen Ersatz für die hochwertigen Kölner Opernaufführungen und erstklassigen Gastspiele der Bochumer Bühne zu bekommen, ist nicht gelungen. Von einem niveauvollen Operngastspielprogramm spricht schon niemand mehr. Und der Ersatz aus provinziellen rheinisch-westfälischen Stadttheatergefilden reicht nicht".[355]

Mit diesen Ausführungen befasste sich, wie in der Westdeutschen Zeitung vom 5. Juni 1965 zu lesen ist, der Viersener Rat. Gemeinsam distanzierten sich der Vorsitzende des Kulturausschusses Franz Jost und der Fraktionssprecher der SPD, der spätere Kölner Regierungspräsident Dr. Franz-Josef Antwerpes von Eisheuers Sichtweise. Jost demonstrierte mit einem dicken Bündel positiver Theater-Kritiken der abgelaufenen Spielzeit, dass ein Studium der Presseberichte zu einem anderen Ergebnis führen musste und Antwerpes führte aus, dass „dem Festhallenpublikum ein anspruchsvolles, aber nicht hochgestochenes Programm geboten worden" sei.[356]

Durch die ganzen hier beschriebenen 25 Jahre zieht sich eine Diskussion, ob die Viersener Kulturpolitik zuviel Künstlerisches importiert und darüber „Bodenständiges" vernachlässigt habe. Schon 1950 war hierzu Beherzigenswertes zu lesen:

„Man hat diese Arbeit nicht ganz unzutreffend und nicht ganz ohne Bosheit mit der Tätigkeit einer Konzertagentur

of an article by Fritz Eisheuer in the *Westdeutsche Zeitung* calling for a communal policy:

"More critically than heretofore, the Culture Committee, together with the responsible department head, Town Manager Dr van Kaldenkerken, needs to examine Viersen's cultural programme, if standards and ambitions are to be maintained. Experiences of the season now coming to a close urgently require objective and sober assessment. The attempt to get an equivalent replacement for the high-level Cologne Opera performances and the first-class performances of the Bochum Theatre has not succeeded. Nobody speaks of high standard guest operatic performances anymore. And the replacement with municipal theatre from the provincial Rhine area and Westphalia does not suffice."[355]

The Viersen Council addressed these issues, as could be seen in the *Westdeutsche Zeitung* of 5 June 1965. The Chairman of the Culture Committee Franz Jost and the parliamentary spokesman of the SPD and later Cologne District President Dr Franz-Josef Antwerpes distanced themselves from Eisheuer's viewpoint. Jost demonstrated with a thick bundle of positive theatre reviews from the season which had just ended that a study of the press reports lead to another result, and Antwerpes explained that "an ambitious but not highbrow programme was offered to the Festival Hall audience".[356]

Through the whole 25 years described here there was ongoing discussion about whether the Viersen cultural politics had imported too much art, and in this way had neglected "the home-grown". Already in 1950 the following was worth noting:

"This work was compared not altogether inappropriately, and not completely without malice, with the job of a concert agency. Meaning that the cultural life drew too

verglichen und wollte damit sagen, dass das kulturelle Leben sich zu sehr auf ortsfremde Einrichtungen stützt und dass ihm das notwendige Gegengewicht bodenständiger, musikausübender Körperschaften fehlte. Nun wird eine Mittelstadt, deren Leitung einen gesunden Sinn für Qualität und Kultur künstlerischer Darbietungen hat, niemals ein eigenes Theater und Orchester unterhalten können. Wenn aber der Bürgerschaft für einen Zuschuss von etwa 1 DM pro Kopf eine derartige Fülle hervorragender Veranstaltungen geboten wird, wie das in Viersen der Fall ist und sein wird, dann ist das – von den wirtschaftlichen Erwägungen abgesehen – in rein künstlerischer Beziehung ein unbeschreibliches Positivum. Denn: Gut ausgeführte Kunst ist besser als mittelmäßig oder schlecht ausgeführte Kunst. Darüber gibt es zwischen Einsichtigen kein Debattieren".[357]

Wie setzte sich das Festhallenpublikum zusammen? Die Frage nach „der sozialen Struktur der Besucherschaft der Viersener Kulturveranstaltungen" hat seinerzeit die Verantwortlichen durchaus beschäftigt. Im Protokoll der Kulturausschuss-Sitzung vom 23. Februar 1960 wird eine Analyse vorgelegt:[358]

	Theater	Konzert
Akademiker	11,3 %	17,4 %
Fabrikanten, größere Geschäfte	5,4 %	13,6 %
Höhere Beamte, Angestellte, Geschäftsleute	12,5 %	14,0 %
Mittlere Beamte und Angestellte	21,8 %	18,4 %
Pensionäre und Rentner	4,4 %	8,3 %
Arbeiter und Handwerker	20,2 %	8,5 %
Freischaffende	3,4 %	3,8 %
Schüler, Studenten, Minderbemittelte	21,0 %	16,0 %
Summe:	100 %	100 %

much on non-local institutions, and that the necessary counterbalance of home-grown music-making corporations was lacking. A middle-sized town, led by people with healthy judgement of quality and culture in respect of artistic performances, can never maintain its own theatre and orchestra. When, however, the citizens are offered such a wealth of brilliant performances for a subsidy of 1 DM per person, as is and will be the case in Viersen, then – quite apart from economic considerations – it is incredibly positive from a purely artistic point of view. For good performance in art is better than mediocre or bad performance. There is no debate about that between people of discernment."[357]

The question about "the social make-up of the audience of the Viersen cultural events" definitely occupied the minds of those responsible during that time. In the records of the Culture Committee meeting of 23 February 1960 an analysis was presented:[358]

	Theatre	Concert
Academics	11.3%	17.4%
Manufacturers, larger businesses	5.4%	13.6%
Higher Civil Servants, Employees, Business people	12.5%	14.0%
Civil Servants and Employees	21.8%	18.4%
Pensioners and Retired people	4.4%	8.3%
Workers and Craft-workers	20.2%	8.5%
Freelance	3.4%	3.8%
Pupils, Students, those with reduced means	21.0%	16.0%
Total:	100%	100%

Dass eine solche Statistik Interpretationsspielräume lässt, muss nicht näher erläutert werden. Versucht man, die Gruppen durch die Kategorien „persönliche finanzielle Lage" oder „Bildung" zu charakterisieren, sind die aufgeführten Populationen nur bedingt eindeutig. Akademiker können wohlhabend oder arm sein, Geschäftsleute gebildet oder auch nicht. Trotzdem lohnt es sich, die Tabelle ein wenig aufzuschlüsseln. Fasst man einmal materiell Bedürftige und die üblicherweise finanziell nicht üppig ausgestatteten Schüler und Studenten zusammen und berücksichtigt, dass Arbeiter und Handwerker zumindest damals in der Regel nicht über eine höhere Schulbildung verfügten, dann ergibt sich folgendes Bild:

	Theater	Konzert
Arbeiter und Handwerker	20,2 %	8,5 %
Schüler, Studenten, Minderbemittelte	21,0 %	16,0 %
Summe:	41,2 %	24,5 %

Wie immer man diese Zahlen interpretiert: Dass sich die Viersener Kulturveranstaltungen fast nur an Privilegierte gerichtet hätten, lässt sich nur schwer daraus ablesen, vor allem nicht in der Sparte Theater. Fasst man umgekehrt ausschließlich Akademiker, Fabrikanten, höhere Beamte und Geschäftsleute zusammen, also vorrangig die Gebildeten und die Besserverdienenden, so bleiben sie sowohl beim Theater wie beim Konzert unter 50 %:

That such a set of statistics is open to interpretation needs no further explanation. If one attempts to characterize the groups by the categories of "personal financial situation" or "education", then the listing of the populations offers only limited clarity. Academics may be poor or prosperous, business people educated or not. In spite of this, it is worthwhile to break down the table a little. If you take the materially needy people and the normally financially not well-off pupils and students together, and take into account that workers and craft-workers, at least back then, did not generally have a higher school education, then the following picture arises:

	Theatre	Concert
Workers and Craft-workers	20.2%	8.5%
Pupils, Students, those with reduced means	21.0%	16.0%
Total:	41.2%	24.5%

However one interprets these figures, it would be difficult to infer from them that the Viersen Cultural Events were almost only directed at privileged people, particularly not in the field of theatre. If, on the other hand, one takes exclusively academics, manufacturers, higher civil servants and business people together, therefore predominantly the educated and the higher earners, you will get an outcome of less than 50% for theatre and concerts:

	Theater	Konzert
Akademiker	11,3 %	17,4 %
Fabrikanten, größere Geschäfte	5,4 %	13,6 %
Höhere Beamte, Angestellte, Geschäftsleute	12,5 %	14,0 %
Summe:	29,2 %	45,0 %

Hier die Gegenprobe:

	Theater	Konzert
Mittlere Beamte und Angestellte	21,8 %	18,4 %
Pensionäre und Rentner	4,4 %	8,3 %
Arbeiter und Handwerker	20,2 %	8,5 %
Freischaffende	3,4 %	3,8 %
Schüler, Studenten, Minderbemittelte	21,0 %	16,0 %
Summe:	70,8 %	55,0 %

Auffallend ist bei allen Blickwinkeln der Unterschied zwischen Theater und Konzert. Erklärungen lassen sich vermuten, aber allein anhand der vorliegenden Zahlen nicht stichhaltig belegen. Natürlich wäre hier weiter zu differenzieren, beispielsweise zwischen gut und schlecht situierten Rentnern und Pensionären. Mögen auch die Anteile der hier genannten Gruppen nicht der realen Verteilung in der Bevölkerung entsprechen, so ist doch festzuhalten, dass sich die damaligen Zuhörer der Viersener Kulturveranstaltungen nicht auf die „high society" beschränkten.

Was nun den „Fall Viersen" betrifft, so gibt es ihn heute nicht mehr. Viersen besteht nicht mehr nur aus Alt-Viersen, die Stadtteile müssen in die Betrachtung mit einbezogen werden. Der Sog-Effekt hat sich aus dargelegten Gründen

	Theatre	Concert
Academics	11.3%	17.4%
Manufacturers, bigger businesses	5.4%	13.6%
Higher Civil Servants, Employees, Business people	12.5%	14.0%
Total:	29.2%	45.0%

On the other hand:

	Theatre	Concert
Civil Servants and Employees	21.8%	18.4%
Pensioners and Retired people	4.4%	8.3%
Workers and craft-workers	20.2%	8.5%
Freelance	3.4%	3.8%
Pupils, Students, those with reduced means	21.0%	16.0%
Total:	70.8%	55.0%

What is striking is from all angles the difference between theatre and concerts. Assumptions can be made, but they cannot be validly verified solely on the basis of the available figures. Of course, it must be differentiated, for example, between pensioners and retired people who were in good or bad situations. If the proportion of groups named here does not correspond with the real distribution in the population, then it must be said that the audiences at that time at Viersen cultural events were not restricted just to "high society".

With regard to the "Viersen case", it no longer exists today. Viersen no longer exists only as Alt-Viersen. The other parts of the town must be included. The suction effect has disappeared for the reasons presented. Artists

verflüchtigt, Künstler kommen nicht mehr deshalb nach Viersen, weil gerade hier sich die Koryphäen die Klinke in die Hand geben. Die Abo-Reihen haben ein anderes Gesicht bekommen.

1988 gab Dr. Albert Pauly in einer Festschrift zum 75. Jubiläum der Festhalle zu bedenken:
„Über den heutigen Stellenwert der Festhalle für das städtische Kulturleben muss angesichts des weit verbreiteten und in Viersen weitgehend befolgten Rufs der Kommunalpolitiker des jeweiligen Stadtteils nach Kultur für ihren Stadtteil neu nachgedacht werden".[359]

Es wäre gewiss eine lohnende Aufgabe, das aktuelle Viersener Kulturangebot zu analysieren, mit dem anderer Gemeinden zu vergleichen und zu bewerten. An dieser Stelle würde dies zu weit führen.

Seit 1970 ist ein halbes Jahrhundert vergangen, die Zeiten haben sich erheblich geändert. Überblickt man die Programmentwicklung auf der Festhallenbühne in den letzten 50 Jahren, dann lässt sich eine gute Mischung zwischen Kontinuität und Wandel feststellen.[360]

Was im ersten Vierteljahrhundert nach Ende des Zweiten Weltkriegs auf der Festhallenbühne stattfand lässt heute noch staunen. Von den „Goldenen Jahren" der Viersener Festhalle darf völlig zu Recht die Rede sein. Die Fakten sind so eindrucksvoll,[361] dass für übertreibende Mythen und Legenden kein Bedarf besteht.

no longer come to Viersen just because star performers go in and out the doors. The subscription series look very different.

In 1988, Dr Albert Pauly pointed out in a commemorative publication on the occasion of the 75th anniversary of the Festival Hall:
"There must be renewed reflection about the importance of the Festival Hall today in the cultural life of the town – this, in light of widely distributed, and in Viersen extensively observed, calls of the community politicians of the respective districts for culture in their own part of the town."[359]

It would certainly be a worthwhile exercise to analyse the current cultural offering in Viersen, and to compare it to other communities and evaluate it. But that is beyond the scope of this study.

Since 1970 half a century has passed and times have considerably changed. Programmes shown in the Festival Hall have evolved over the last 50 years. In retrospect one gets the impression of a fine balance between continuity and change. [360]

What was performed on the stage of the Festival Hall in the first quarter of a century after the end of World War II amazes to this very day. This era has rightly been called the "Golden years" of the Viersen Festival Hall. The facts themselves are so impressive,[361] that there is no need for exaggerated myths and legends.

Joana Maria Gorvin und Ernst Deutsch
in „Der Kaufmann von Venedig"
als Aufführung des Düsseldorfer
Schauspielhauses
in Viersen.
Abb. aus „Viersen - Kulturstadt im
Grenzland, Kulturprogramm 1958/59".
Foto: Lieselotte Strelow, Düsseldorf

Joana Maria Gorvin and Ernst
Deutsch in "The merchant of
Venice", performed by Düsseldorf
Schauspielhaus in Viersen.
Picture from "Viersen - cultural
Town in the Borderland, cultural
programme 1958/59".
Photo by Lieselotte Strelow,
Düsseldorf

„Viersen - Kulturstadt im Grenzland", Programmheft des Kulturamts
Viersen, Saison 1955/56. Foto Dolf Siebert.
Am 13. Mai 1955 dirigierte Georg Ludwig Jochum das RIAS-Symphonie-
Orchester in der Festhalle.

"Viersen - the cultural Town in the Borderland", programme of the
Cultural Office Viersen, season 1955/56. Photo Dolf Siebert.
On 13 May 1955 Georg Ludwig Jochum directed the RIAS Symphony
Orchestra in the Festival Hall

7. Quellenverzeichnis, Literatur

7.1 Abkürzungen, Anmerkungen

Verwendete Abkürzungen
gez. gezeichnet
gho Gert Holtmeyer
ibid. ibidem (ebenda)
o. A. Ohne Angabe des genauen Datums in den herangezogenen Quellen
o. J. Ohne Jahresangabe
sic! so (lat.) steht es im Original
StaV Stadtarchiv Viersen

Anmerkungen
Die vollständigen bibliographischen Angaben der im Folgenden in verkürzter Form genannten Quellen befinden sich im Literatur- bzw. im Archivalien-Verzeichnis.

1 Ochs 1966, S. 132
2 Die Musik in Geschichte und Gegenwart
3 Gero von Wilpert: Lexikon der Weltliteratur, 4. Aufl., Tübingen 2004
4 Datenbank / Archiv, Kulturveranstaltungen der Stadt Viersen seit 1947
5 Bürger 1956, S. 9
6 ibid.
7 Viehoff 1966, S. 32
8 StaV, VIE 6338, . 35
9 Benz 1995, S. 10
10 Bürger 1956, S. 20
11 Meusers 1995, S. 27
12 Viersener Mitteilungen vom 16.11.1945 / Nr.16
13 ibid.
14 Viersener Mitteilungen vom 29. 11.1945 / Nr.18
15 Viersener Mitteilungen vom 08.12.1945 / Nr.19
16 Viersener Mitteilungen vom 25.05.1946 / Nr.23
16 Viersener Mitteilungen vom 09.03.1946 / Nr.11
18 Viersener Mitteilungen vom 06.04.1946 / Nr.15
19 StaV, VIE 4265
20 StaV, VIE 5430
21 Viersener Mitteilungen vom 18.04.1946 / Nr.18
22 Plato / Leh 1977, S. 103
23 Viersener Mitteilungen vom 15.12.1945 / Nr.20
24 Viersener Mitteilungen vom 29.11.1945 / Nr.18
25 Viersener Mitteilungen vom 15.12.1945 / Nr.20
26 Viersener Mitteilungen vom 30.10.1945 / Nr.14
27 Viersener Mitteilungen vom 06.11.1947 / Nr.36
28 Viersener Mitteilungen vom 05.07.1947 / Nr.27
29 ibid.
30 Viersener Mitteilungen vom 28.08.1948 / Nr.35
31 Bonzelett / Tillmann 2009, S. 59
32 StaV, VIE 4265, Sitzungsprotokoll vom 07.02.1947
33 Meusers 1995, S. 32
34 Bürger 1956, S. 21
35 Nabrings 1988, S. 52
36 „Goldene" Festhalle 1963
37 Mellen 1988, S. 8
38 Mellen 1988, S. 13
39 Mellen, 1988, S. 13; MGG, 1. Aufl. 1989, Bd. 11, Sp. 44
40 Dreistädte-Zeitung vom 10.06.1950
41 Nabrings 1988, S. 54
42 Eisheuer 1985, S. 17
43 Mellen 1988, S. 16
44 E-Mail von Dr. Karl-Heinz van Kaldenkerken an gho vom 10.12.2009
45 Nabrings 1988, S. 52; Jöris 2006, S. 197
46 Viersener Mitteilungen vom 22.12.1945 / Nr.21
47 Viersener Mitteilungen vom 28.08.1948 / Nr.35
48 Der letzte Mohikaner wird 80. Lothar Schröder interviewt Joachim Kaiser. Rheinische Post vom 03.12.2008
49 StaV, VIE 4265
50 StaV, VIE 4265
51 Viersener Mitteilungen vom 21.08.1947 / Nr. 34
52 Viersener Mitteilungen vom 21.08.1947 / Nr. 34: „Viersen im kommenden Theaterwinter"
53 ibid.
54 StaV, VIE 3545
55 StaV, VIE 3545
56 StaV, VIE 4265
57 Viersener Mitteilungen vom 01.11.1947 / Nr. 44
58 StaV, VIE 4265
59 Eisheuer, Manuskript o. J., S. 23
60 Nabrings 1988, S. 52; Bonzelett / Tillmann 2008
61 23. – 25. Oktober 2009, gemeinsam durchgeführt von der Kulturabteilung und dem Verein für Heimatpflege Viersen – s. „Kultur in Viersen" 09 / 10, S. 54

62 E-Mail von Dr. Karl-Heinz van Kaldenkerken an gho vom10.12.2009
63 StaV, VIE 4265
64 StaV, VIE 4265
65 StaV, VIE 4265
66 StaV, VIE 4265
67 StaV, VIE 4282
68 StaV, VIE 4282
69 ohne Datum und Unterschrift
70 StaV, VIE 4282
71 StaV, VIE 4282
72 StaV, VIE 6325, 6337, 6338
73 StaV, VIE 3545 und 3546
74 StaV, VIE 6338
75 StaV, VIE 6338
76 StaV, VIE 6338
77 StaV, VIE 5260
78 Meusers 1995, S. 4
79 Meusers 1995, S. 40
80 Ewers 2006, S. 176 ff.
81 Viersener Mitteilungen vom 02.03.1946 / Nr. 10
82 Ewers 2006, S. 182 ff.
83 Meusers 1995, S. 5 f.
84 Viersener Mitteilungen vom 10.07.1948 / Nr.28
85 Ewers 2006, S. 177
86 StaV, VIE 6337
87 StaV, VIE 6337
88 StaV, VIE 6337
89 StaV, VIE 6338, S. 34
90 Meusers 1995
91 Meusers 1995, S. 41
92 Eisheuer, Manuskript o. J., S.23
93 Meusers 1995, 41
94 StaV, VIE 5391
95 StaV, VIE 5391
96 StaV, VIE 5391
97 StaV, VIE 5391
98 Viersener Mitteilungen vom 06.12.1947 / Nr. 49
99 Viersener Mitteilungen vom 24.01.1948 / Nr. 4
100 Viersener Mitteilungen vom 07.02.1948 / Nr. 6
101 Viersener Mitteilungen vom 01.11.1947 / Nr. 44
102 Viersener Mitteilungen vom 28.08.1948 / Nr. 35
103 StaV, VIE 5269
104 StaV, VIE 5270
105 StaV, VIE 4265
106 Meusers 1995
107 Meusers 1995, S. 4
108 Viersener Mitteilungen vom 21.12.1946 / Nr. 54
109 Meusers 1995, S. 26
110 Meusers 1995, S. 34
111 Boron, Ewa: E-Mail des Pressearchivs der Berliner Philharmoniker an gho am 08.04.2008
112 Eisheuer, Manuskript o. J., S. 23
113 Meusers 1995, S. 36
114 Meusers 1995, S. 35
115 ibid.
116 Meusers 1995, S. 36
117 ibid.
118 Viersener Mitteilungen" vom 18.10.1947 / Nr. 42
119 Gespräch mit Walter Genenger am 09. 01. 2011
     Conversation with Walter Genenger 09.01.2011
120 Eisheuer, Manuskript o. J., S. 23
121 Meusers 1995, S. 38
122 ibid.
123 Meusers 1995, S. 39
124 Meusers 1995, S. 38
125 Eisheuer, Manuskript o. J., S. 25
126 Thärichen 1987, S. 81 f.
127 Meusers 1995, S. 39 f.
128 Viersener Mitteilungen vom 29.05.1948 / Nr.22
129 Viersener Mitteilungen vom 12.06.1948 / Nr. 24
130 Gespräch mit Egon Looser am 06. 08. 2009
131 Viersener Mitteilungen vom 22.05.1948 / Nr. 21
132 Rheinische Post vom 05.06.1948
133 ibid.
134 Viersener Mitteilungen vom 12.06.1948 / Nr. 24
135 Rheinische Post vom 09.06.1950
136 Dreistädte-Zeitung vom 10.06.1950
137 ibid.
138 Niederrheinische Blätter vom 26.02.1985, S. 17
139 StaV, VIE 3545
140 StaV, VIE 3545
141 Dreistädte Zeitung vom 10.6.1950
142 Dreistädte Zeitung vom 10.6.1950
143 Rheinische Post vom 09.06.1950
144 Der Vater des Johann-Strauß-Orchesterleiters André Rieu
145 Dreistädte-Zeitung vom 10.05.1951
146 Dreistädte-Zeitung vom 10.05.1951

147 Rheinische Post vom 10.05.1951

148 Rheinische Post vom 10.05.1951

149 Dreistädte-Zeitung vom 10.05.1951

150 Rheinische Post 15.05.1952

151 Rheinische Post vom 16.05.1952

152 Tristram in der Rheinischen Post vom 14.10.1952

153 Rheinische Post vom 03.11.1954

154 Rheinische Post vom 16.05.1956

155 Rheinische Post vom 16.05.1956

156 Westdeutsche Zeitung vom 15.05.1956 (Hervorhebungen von gho)

157 Schlüter im Grenzland-Kurier vom 04.03.1958

158 Rheinische Post vom 04.03.1958

159 Tristram in der Rheinischen Post vom 04.03.1958

160 StaV, VIE 4467

161 StaV, VIE 4467

162 Rheinische Post vom 24.10.1964

163 Thärichen 1987, S. 110 f.

164 Thärichen 1987S. 26 ff.

165 Brief von Dr. Hans-Christian Vollert an gho vom 15.02.2011

166 StaV, VIE 5276

167 StaV, VIE 5270

168 StaV, VIE 5278

169 StaV, VIE 5269

170 Dreistädte-Zeitung vom 09.02.1950

171 Dreistädte-Zeitung vom 30.11.1949

172 Dreistädte-Zeitung vom 09.02.1950

173 Dreistädte-Zeitung vom 09.03.1950

174 Gespräch mit Renate Marten (geb. Hirschenkrämer) am 21.2.2011
Conversation with Renate Marten (née Hirschenkrämer) 21.02.2011

175 Rheinische Post vom 22.11.1957

176 Westdeutsche Zeitung vom 17.10.1956

177 Grenzland-Kurier vom 16.10.1956

178 Westdeutsche Zeitung vom 28.04.1964

179 Westdeutsche Zeitung vom 28.03.1961

180 Rheinische Post vom 28.03.1961, gez. mit BO

181 Rheinische Post vom 23.05.1958

182 Grenzland-Kurier vom 23.05.1958

183 So berichtet vom Viersener Heinz Berrisch in einem Gespräch am 12.02.2011.
As reported by the Viersener Heinz Berrisch in a conversation 12.02.2011

184 Westdeutsche Zeitung vom 15.07.1970 – StaV, VIE 6463

185 StaV, NEU-VIE 7362

186 Viersener Mitteilungen vom 04.10.1947 / Nr.40

187 Jöris 2006, S. 189

188 Gründer und Vorsitzender der Internationalen Johann Wilhelm Wilms Gesellschaft (www.ijwwg.com) ist der langjährige Opern- und Schauspiel-Regisseur Dr. Ernst A. Klusen, Sohn des Musikstudienrates „Iwan", wie der Vater von seinen Viersener Gymnasiasten genannt wurde. E. Klusen junior hatte, damals noch in Viersen wohnend, in den 1960er Jahren an der Kölner Universität mit einer Arbeit über den im Bergischen Land geborenen und in Amsterdam erfolgreichen Komponisten Wilms zum Dr. phil. promoviert.
Founder and President of the International Johann Wilhelm Wilms Society (www.ijwwg.com) is the long serving opera and theatre director Dr Ernst A. Klusen, son of the music teacher "Iwan", as the father was called by his Gymnasium pupils. E. Klusen junior, while still living in Viersen, had done his Dr. Phil. in the 1960s at Cologne University with a thesis on the composer Johann Wilhelm Wilms, who was born in Bergisches Land and enjoyed success as a composer in Amsterdam.

189 Rheinische Post vom 03.04.1954, Beitrag ohne Nennung des Autors

190 Westdeutsche Zeitung vom 09.05.1956

191 Rheinische Post vom 09.05.1956, gez. mit Sn

192 Rheinische Post vom 11.02.1958, gez. mit Ekl

193 Rheinische Post vom 24.04.1958

194 StaV, VIE 3545

195 Rheinische Post vom 13.12.1963; StaV, NEU-VIE 6443

196 StaV, VIE 5278

197 StAV, VIE 5393

198 Grenzland-Kurier vom 06.12.1967

199 Brief von Dr. Vollert an gho vom 15.02.2011
Letter of Dr Vollert to gho 15.02.2011

200 Grenzland-Kurier vom 24.10.1967

201 StAV, VIE 5270

202 StAV, VIE 5272

203 StAV, VIE 5271

204 Badenhausen 1982, S. 99

205 Badenhausen 1982, S. 102

206 Badenhausen 1982, S. 103

207 ibid.

208 Badenhausen 1982, S. 104

209 Badenhausen 1982, S. 114

210 Eisheuer, Manuskript o. J., S. 26

211 Rheinische Post vom 09.10.1953

212 Rheinische Post vom 29.04.1950, gez. Ekl

213 Badenhausen 1982, S. 115 ff.

214 Dreistädte-Zeitung vom 25.10.1954, gez. mit W. S.

215 Rheinische Post vom 18.05.1955

216 ibid.

217 VIE 5273

218 StaV, VIE 5260 und VIE 5274

219 StaV, VIE 5275

220 StaV, VIE 5277

221 StaV, VIE 5393

222 Viersener Mitteilungen vom 07.06.1947 / Nr.23

223 StaV, VIE 4265

224 Rheinische Post vom 09.05.1951

225 ibid.

226 Rheinische Post vom 07.12.1954

227 Dreistädte-Zeitung vom 20.05.1952

228 Rheinische Post vom 07.12.1954

229 ibid.

230 ibid.

231 Rheinische Post vom 15.04.1955

232 Rheinische Post vom 09.12.1965

233 ibid.

234 Westdeutsche Zeitung vom 20.11.1963; StaV, NEU-VIE 6248

235 Rheinische Post vom 25.11.1955, gez. mit sr

236 StaV, VIE 3545

237 StaV, VIE 6249

238 Rheinische Post vom 10.04.1965

239 ibid.

240 Westdeutsche Zeitung vom 06.01.1965

241 Rheinische Post vom 13.12.1964; StaV, NEU-VIE 6443

242 Westdeutsche Zeitung vom 05.06.1965; StaV, NEU-VIE 6443

243 ibid.

244 Aufgrund seiner unkonventionellen Amtsführung wurde Antwerpes gelegentlich auch scherzhaft „letzter Kurfürst von Köln" genannt.
Because of his unconventional style as an administrator Antwerpes was on occasion jokingly referred to as the "last Elector of Cologne".

245 StaV, VIE 6252

246 Westdeutsche Zeitung vom 20.02.1970

247 Westdeutsche Zeitung vom 01.11.1969

248 Grenzland-Kurier vom 15.01.1968, gez. mit Au

249 StaV, VIE 5264

250 StaV, NEU-VIE 6250

251 ibid.

252 StaV, NEU-VIE 6251

253 ibid.

254 Grenzland-Kurier vom 18.11.1969; StaV, NEU-VIE 6250

255 ibid.

256 Rheinische Post vom 09.09.1963; StaV, NEU-VIE 6248

257 StaV, NEU-VIE 6248

258 Rheinische Post vom 12.10.1963; StaV, NEU-VIE 6443

259 Rheinische Post 12.10.1963; StaV, NEU-VIE 6443 – Hervorhebungen durch Sperren in der Rheinischen Post

260 Reich-Ranicki 1999, S. 123

261 Rheinische Post vom 12.10.1963; StaV, NEU-VIE 6443

262 Westdeutsche Zeitung vom 03.04.1965; StaV, NEU-VIE 6443

263 ibid.

264 Westdeutsche Zeitung vom 15.07.1970

265 Westdeutsche Zeitung vom 03.09.1970

266 Viersener Mitteilungen vom 11.1.1947 / Nr. 2

267 Viersener Mitteilungen vom 07.6.1947 / Nr.23

268 Kultur in Viersen 09/10, S. 8 und 9

269 StaV, VIE 5278

270 StaV, VIE 3545

271 StaV, VIE 5278

272 Grenzland-Kurier vom 28.03.1970; StaV, VIE 6252

273 StaV, VIE 5277

274 StaV, VIE 3545

275 StaV, VIE 5280

276 StaV, VIE 5393

277 StaV, VIE 5281

278 StaV, VIE 5280

279 Kultur in Viersen 09/10 und 10/11

280 Westdeutsche Zeitung vom 01.10.1963

281 Grenzland-Kurier vom 30.10.1963

282 Rheinische Post vom 08.05.1951

283 StaV, VIE 5274

284 StaV, VIE 3545

285 StaV, VIE 5393

286 ibid.

287 StaV, NEU-VIE 6250

288 StaV, NEU-VIE 6250

289 Grenzland-Kurier vom 14.10.1969

290 StaV, VIE 6250

291 Rheinische Post vom 03.12.1969

292 Westdeutsche Zeitung vom 02.12.1969

293 Viersener Mitteilungen vom 21.06.1947 / Nr. 25

294 Viersener Mitteilungen vom 14.06.1947 / Nr. 24

295 StaV, VIE 3545

296 Rheinische Post vom 29.04.1950, gez. mit Ekl

297 ibid.

298 Rheinische Post vom 29.05.1956, gez. mit „W"

299 Rheinische Post vom 09.04.1957

300 StaV, VIE 3545

301 ibid.

302 ibid.

303 ibid.

304 StaV, VIE 3546

305 Grenzland-Kurier vom 01.04.1970

306 Westdeutsche Zeitung vom 24.03.1970

307 Grenzland-Kurier vom 01.04.1970, gez. mit „E"

308 Westdeutsche Zeitung vom 23.03.1970

309 Westdeutsche Zeitung vom 20.12.1966

310 Grenzland-Kurier vom 21.12.1966

311 StaV, VIE 3545

312 ibid.

313 ibid.

314 ibid.

315 ibid.

316 ibid.

317 ibid.

318 Rheinische Post vom 19.09.1969

319 ibid.

320 StaV, NEU-VIE 6316

321 ibid.

322 ibid.

323 ibid.

324 Grenzland-Kurier vom 28.10.1969, gez. mit „L. O."

325 Rheinische Post vom 15.05.1958

326 Eisheuer, Manuskript o. J., S. 27

327 WDR, Zwanzig Jahre Musik, S. VIII

328 Internet-Darstellung des WDR: Aufnahmeräume/Rahmendaten zur Entwicklung:www.dpmusik.de/straw/aa-wdr.html (Hervorhebung von gho)

329 Viersener Mitteilungen vom 14.08.1948 / Nr. 33

330 E-Mail der Leiterin der Fachgruppe „Historisches Archiv und Medieninformation" des WDR Petra Witting-Nöthen an gho vom 11.05.2010

331 Programmheft
Programme Notes

332 Programmheft
Programme Notes

333 StaV, 5276

334 StaV, 5278 (Hervorhebung von gho)

335 StaV, 5393 (Hervorhebung von gho)

336 Viersener Mitteilungen vom 14.08.1948 / Nr. 33

337 ibid.

338 ibid.

339 Rheinische Post vom 29.04.1950

340 ibid.

341 Viersener Mitteilungen vom 14.08.1948 / Nr. 33

342 Rheinische Post vom 15.05.1958

343 ibid.
Auch unter deutschen Berufsmusikern war Viersen allgemein bekannt. Der aus Viersen stammende Cellist Andreas Lichtschlag wurde 1974 Mitglied des Radio-Symphonie-Orchesters Berlin (von 1946 – 1956 „Rias Symphonie-Orchesters Berlin", seit 1993 „Deutsches Symphonie-Orchester Berlin"). Wo Viersen liegt, musste er seinen Kollegen nicht erklären. Sie wussten sofort Bescheid: „Viersen – da haben wir in der Festhalle gespielt". Was sich einigen Orchestermitgliedern neben der guten Akustik besonders eingeprägt hatte: das Aquarium im Festhallenkeller (Gespräch mit Andreas Lichtschlag am 26.03.2011).
Ibid. Viersen was also widely known among German professional musicians. In 1974 the cellist from Viersen, Andreas Lichtschlag, was a member of the Radio Symphony Orchestra Berlin (from 1946-1956 "Rias Symphony Orchestra Berlin", from 1993 "German Symphony Orchestra Berlin"). He did not have to explain to colleagues where Viersen is. They knew exactly: "Viersen – we've played in the Festival Hall there." What some members of the orchestra particularly remember, along with the acoustics, is the aquarium in the cellar of the Festival Hall (conversation with Andreas Lichtschlag 26.03.2011).

344 Rheinische Post vom 24.04.1958

345 Rheinische Post vom 15.05.1958

346 ibid.

347 ibid.

348 ibid.

349 Rheinische Post vom 13.10.1956

350 Eisheuer, Manuskript o. J., S. 27

351 Rheinische Post vom 15.05.1958

352 ibid.

353 Rheinische Post vom 24.04.1958

354 Westdeutsche Zeitung vom 21.06.1965, gez. mit R. T.; StaV, NEU VIE 6443

355 Westdeutsche Zeitung vom 24.04.1965; StaV, NEU VIE 6443

356 Westdeutsche Zeitung vom 05.6.1965; StaV , NEU VIE 6443

357 Rheinische Post vom 29.4.1950, gez. mit Ekl (wahrscheinlich Ernst Klusen)

358 StaV, VIE 3545

359 Albert Pauly in seinem Nachwort zu „Die Festhalle", 1988, S. 59

360 *) Übertragen von den Sendern des NWDR bzw. des WDR
**) Übertragen vom Rundfunk Brüssel
***) Übertragen von Radio Hilversum (Katholieke Radio Omroep) und vom Westdeutschen Rundfunk

361 Die Veranstaltung fand statt in Kaiser's Tonhalle, Brückenstraße.

362 Wladyslaw Szpilman war „Der Pianist", dem Roman Polanski 2002 den Film widmete.

363 Aktenvermerk von G. Ochs, 24.02.1964 (StaV, VIE 6249)

364 StaV, VIE 6249

7.2 Archivalien

Archivalien/Nr. -	Titel
Datenbank/Archiv	Kulturveranstaltungen der Stadt Viersen seit 1947 (Zusammengestellt für die Stadtverwaltung Viersen von Axel Greuvers)
StaV, DS 945	Programmhefte des Kulturamtes Viersen
StaV, NEU-VIE 2031	Gästebuch der Festhalle
StaV, NEU-VIE 467	Programmheft 1. Sinfoniekonzert am 18.9.1950
StaV, NEU-VIE 6250	Veranstaltungen im Abo, 1.10–30.11.1969
StaV, NEU-VIE 6251	Veranstaltungen im Abo,. 3.12.1969–13.2.1970
StaV, NEU-VIE 6316	Konzerte 1969/70 – Konzertveranstaltung im Freien Verkauf
StaV, NEU-VIE 6406	Sinfonie und Kammerkonzerte, Programme (und Pressestimmen) 1948–1970 (enthält tatsächlich weder die Programme der Kammerkonzerte noch die Pressestimmen)
StaV, NEU-VIE 6407	Programmhefte Konzert, 1964 – 24.3.1976
StaV, NEU-VIE 6408	Programmhefte Konzert, 1969–70
StaV, NEU-VIE 6409	Programmhefte von 1962–1968
StaV, NEU-VIE 6410	Programmhefte Theater, 1967–69
StaV, NEU-VIE 6413	Programmhefte 1970
StaV, NEU-VIE 6443	Zeitungsausschnitte: VHS, Kritiken, Theater und Konzert, Vereine. 1962–1965
StaV, NEU-VIE 6460	Verträge mit Städt. Theatern u. a. (1969/70)
StaV, NEU-VIE 6463	Werbung und Presse(Band 1 von 2)
StaV, NEU-VIE 666	Programme: Theater – Konzerte. Spielzeit 1969/70
StaV, NEU-VIE 7362	Veranstaltungen – Statistische Auswertung 1945/46 – 1988/89
StaV, VIE – Viersener Mitteilungen	Viersener Mitteilungen – Amtsblatt für den Stadtkreis Viersen, 1945 – 1948 (Titel der ersten 15 Hefte 1945: Mitteilungen für den Stadtkreis Viersen
StaV, VIE 11457	Programme 1949–1963, vorwiegend Sinfoniekonzerte (Sammlung Ursula Witzheller)
StaV, VIE 2376	Veranstaltung am 28.01.1965
StaV, VIE 2736	Arbeitsunterlagen für Verwaltungsberichte . Vierjahresberichte
StaV, VIE 3386	Ausstellung „Lebendiges Viersen". Darin: Was bietet Viersen, Oktober 1949
StaV, VIE 3545	Sitzungsniederschriften Kulturausschuss 6.3.1950–17.9.1963
StaV, VIE 3546	Sitzungsniederschriften Kulturausschuss 8.11.1950–17.12.1969
StaV, VIE 4265	Kulturausschuss-Protokolle von 1947 bis 1948
StaV, VIE 4282	Korrespondenz des Oberbürgermeisters mit Bürgern, Verwaltungen und Verbänden, etc. (A–J), Bd. 1
StaV, VIE 4435	Veranstaltung am 27.10.1965

StaV, VIE 4436	Veranstaltung am 12.11.1965
StaV, VIE 4437	Veranstaltung am 18.11.1965
StaV, VIE 4439	Veranstaltung am 02.12.1965
StaV, VIE 4440	Veranstaltung am 15.12. 1965
StaV, VIE 4443	Veranstaltung am 16.01.1966
StaV, VIE 4446	Veranstaltung am 08.02.1966
StaV, VIE 4447	Veranstaltung am 28.02.1966
StaV, VIE 4449	Veranstaltung am 20.03.1966
StaV, VIE 4450	Veranstaltung am 25.03.1966
StaV, VIE 4451	Veranstaltung am 13.04.1966
StaV, VIE 4452	Veranstaltung am 14.04.1966
StaV, VIE 4454	Veranstaltung am 07.05.1966
StaV, VIE 4456	Veranstaltung am 25.05.1966
StaV, VIE 4457	Veranstaltung am 01.04.1965
StaV, VIE 4458	Veranstaltung am 06.04.1965
StaV, VIE 4464	Veranstaltung am 09.06.1965
StaV, VIE 4467	Konzerte Berliner Philharmoniker
StaV, VIE 4469	Veranstaltung am 15.11.1964
StaV, VIE 4470	Veranstaltung am 12.01.1965
StaV, VIE 4473	Veranstaltung am 07.04.1965
StaV, VIE 4476	Veranstaltung am 14.11.1965
StaV, VIE 4477	Veranstaltung am 11.01.1966
StaV, VIE 4480	Veranstaltung am 10.03.1966
StaV, VIE 4483	Veranstaltung am 10.05.1966
StaV, VIE 4493	Veranstaltung am 08.10.1966
StaV, VIE 4494	Veranstaltung am 21.10.1966
StaV, VIE 4494	Veranstaltung am 21.10.1966
StaV, VIE 4495	Veranstaltung am 19.10.1966
StaV, VIE 4496	Veranstaltung am 28.10.1966
StaV, VIE 4497	Veranstaltung am 31.10.1966
StaV, VIE 4498	Veranstaltung am 11.11.1966
StaV, VIE 4499	Veranstaltung am 15.11.1966
StaV, VIE 4499	Veranstaltung am 15.11.1966

StaV, VIE 4500	Veranstaltung am 27.11.1966
StaV, VIE 4501	Veranstaltung am 06.12.1966
StaV, VIE 4502	Veranstaltung am 28.12.1966
StaV, VIE 4503	Veranstaltung am 10.01.1967
StaV, VIE 4504	Veranstaltung am 21.01.1967
StaV, VIE 4505	Veranstaltung am 19.02.1967
StaV, VIE 4506	Zwei Veranstaltungen: 26.02.1967 und 27.02.1967
StaV, VIE 4507	Veranstaltung am 11.03.1967
StaV, VIE 4508	Veranstaltung am 13.03.1967
StaV, VIE 4509	Veranstaltung am 28.03.1967
StaV, VIE 4510	Veranstaltung am 03.04.1967
StaV, VIE 4511	Veranstaltung am 12.04.1967
StaV, VIE 4512	Veranstaltung am 18.04.1967
StaV, VIE 4513	Veranstaltung am 25.04.1967
StaV, VIE 4514	Veranstaltung am 16.05.1967
StaV, VIE 4515	Veranstaltung am 24.05.1967
StaV, VIE 4516	Veranstaltung am 02.06.1967
StaV, VIE 4517	Veranstaltung am 03.05.1967
StaV, VIE 4519	Veranstaltung am 19.11.1966
StaV, VIE 4521	Veranstaltung am 30.11.1966
StaV, VIE 4523	Veranstaltung am 23.02.1967
StaV, VIE 4533	Sonderveranstaltungen Viersener Kammerorchester – Rheydter Kammerchor
StaV, VIE 4541	Veranstaltung am 17.10.1967
StaV, VIE 4549	Veranstaltung am 13.01.1968
StaV, VIE 4550	Zwei Veranstaltungen: 01.02.1968 und 02.02.1968
StaV, VIE 4553	Veranstaltung am 06.03.1968
StaV, VIE 4555	Veranstaltung am 19.03.1968
StaV, VIE 4556	Veranstaltung am 27.03.1968
StaV, VIE 4559	Veranstaltung am 30.04.1968
StaV, VIE 4565	Veranstaltung am 22.10.1967
StaV, VIE 4567	Veranstaltung am 29.11.1967
StaV, VIE 4569	Veranstaltung am 24.01.1968
StaV, VIE 4571	Veranstaltung am 23.03.1968

StaV, VIE 4595	Veranstaltung am 19.01.1969
StaV, VIE 4608	Veranstaltung am 29.10.1968
StaV, VIE 4609	Veranstaltung am 12.11.1968
StaV, VIE 4613	Veranstaltung am 16.03.1969
StaV, VIE 4614	Veranstaltung am 02.04.1969
StaV, VIE 5097	Informationsbroschüren zum Theaterprogramm, Spielzeit 1964/65
StaV, VIE 5099	Informationsbroschüren zum Theaterprogramm, Spielzeit 1963/64
StaV, VIE 5101	Informationsbroschüren zum Theaterprogramm, Spielzeit 1965/66
StaV, VIE 5106	Informationsbroschüren zum Theaterprogramm, Spielzeit 1967/68
StaV, VIE 5108	Informationsbroschüren zum Theaterprogramm,Spielzeit 1968/69
StaV, VIE 5110	Informationsbroschüren zum Theaterprogramm,Spielzeit 1969/70
StaV, VIE 5111	Programme zu Konzertveranstaltungen, Spielzeit 1969/70
StaV, VIE 5133	Veranstaltung am 11.10.1964
StaV, VIE 5254	Programme zu Theater- und Konzertveranstaltungen, Spielzeit 1949/50
StaV, VIE 5255	Programme zu Theater- und Konzertveranstaltungen, Spielzeit 1950/51
StaV, VIE 5256	Programme zu Theater- und Konzertveranstaltungen, Spielzeit 1951/52
StaV, VIE 5257	Programme zu Theater- und Konzertveranstaltungen, Spielzeit 1952/53
StaV, VIE 5258	Programme zu Theater- und Konzertveranstaltungen, Spielzeit 1953/54
StaV, VIE 5259	Programme zu Theater- und Konzertveranstaltungen, Spielzeit 1954/55
StaV, VIE 5260	Programme zu Theater- und Konzertveranstaltungen, Spielzeit 1955/56
StaV, VIE 5261	Programme zu Theater- und Konzertveranstaltungen, Spielzeit 1956/57
StaV, VIE 5262	Programme zu Theater- und Konzertveranstaltungen, Spielzeit 1957/58
StaV, VIE 5263	Programme zu Theater- und Konzertveranstaltungen, Spielzeit 1958/59
StaV, VIE 5264	Programme zu Theater- und Konzertveranstaltungen, Spielzeit 1959/60
StaV, VIE 5265	Programme zu Theater- und Konzertveranstaltungen, Spielzeit 1960/61
StaV, VIE 5266	Programme zu Theater- und Konzertveranstaltungen, Spielzeit 1961/62
StaV, VIE 5267	Programme zu Theater- und Konzertveranstaltungen, Spielzeit 1962/63
StaV, VIE 5268	Programme zu Theater- und Konzertveranstaltungen, Spielzeit 1963/64
StaV, VIE 5269	Kulturelle Veranstaltungen 1950–1951
StaV, VIE 5270	Viersen - Kulturstadt im Grenzland 1951–1952
StaV, VIE 5271	Viersen - Kulturstadt im Grenzland 1953–1954
StaV, VIE 5272	Viersen - Kulturstadt im Grenzland 1952–1953
StaV, VIE 5273	Viersen – Die Kulturstadt im Grenzland 1954–1955

StaV, VIE 5274	Viersen – Kulturstadt im Grenzland 1955–1956
StaV, VIE 5275	Viersen – Kulturstadt im Grenzland 1956–1957
StaV, VIE 5276	Viersen – Kulturstadt im Grenzland 1957–1958
StaV, VIE 5277	Viersen – Kulturstadt im Grenzland 1958–1959
StaV, VIE 5278	Viersen ladet ein – Spielzeit 1959–1960
StaV, VIE 5279	Viersen – Spielzeit 1961–1962
StaV, VIE 5280	Die Spielzeit in Viersen 1962–1963
StaV, VIE 5281	Die Spielzeit 1963 – 1964 in Viersen
StaV, VIE 5391	Kulturelle Veranstaltungen der Stadt Viersen 1948/49 (Programmheft)
StaV, VIE 5392	Kulturelle Veranstaltungen der Stadt Viersen 1949/50 (Programmheft)
StaV, VIE 5393	Viersen ladet ein – Spielzeit 1960–1961
StaV, VIE 5421	Programme Spielzeit 1945/46
StaV, VIE 5430	Programme Spielzeit 1946/47
StaV, VIE 5431	Programme Spielzeit 1948/49
StaV, VIE 5434	Programme Spielzeit 1947/48
StaV, VIE 6248	Theater 1963/64 I
StaV, VIE 6249	Theater 1963/64 II
StaV, VIE 6250	Pressemitteilung des Kulturamtes
StaV, VIE 6252	Veranstaltungen im Abo, 16.2–10.4.1970
StaV, VIE 6325	Beschlussbuch des Rates vom 21. November 1952 bis 2. Oktober 1956
StaV, VIE 6337	Ratsprotokolle von 1945 bis 1950
StaV, VIE 6338	Ratsprotokolle von 1951 bis 1952
StaV, VIE 6464	Werbung und Presse (Band 2 von 2)
StaV, VIE 7575	Veranstaltung am 10.02.1965
StaV, VIE 7576	Veranstaltung am 14.02.1965
StaV, VIE 7734	Veranstaltung am 30.10.1964
StaV, VIE 7743	Veranstaltung am 05.12.1964
StaV, VIE 7745	Veranstaltung am 03.01.1965
StaV, VIE 7746	Veranstaltung am 15.01.1965
StaV, VIE 7747	Veranstaltung am 09.02.1965
StaV, VIE 7751	Veranstaltung am 27.03.1965

7.3 Literatur

Badenhausen, Rolf (Hg.)	Gustaf Gründgens: „Lass mich ausschlafen". Neue Quellen zur Wirklichkeit und Legende des großen Theatermannes. München und Wien 1982.
Benz, Wolfgang (Hg.):	Die Vertreibung der Deutschen aus dem Osten. Frankfurt/M. 1995, 4. Aufl. 1997.
Bonzelett, Karl-Hans und Werner Tillmann	Prof. Dr. Ernst Klusen 1909 – 1988. In: Heimatbuch des Kreises Viersen 2009, S. 56 – 64.
Bürger, Rolf	Viersen, 100 Jahre Stadt, Köln 1956. Darin Kap. 2, S. 18 ff: Siedlungsentwicklung, Wiederaufbau nach 1945.
Die Festhalle	Hg.: Verein für Heimatpflege e. V. Viersen (Viersen – Beiträge zu einer Stadt, Bd. 14.) Viersen 1988.
Die Musik in Geschichte und Gegenwart (MGG)	1. Auflage (1989), neubearbeitete Auflage (ab 1994).
Eisheuer, Fritz	Manuskript zu Festhallenveranstaltungen, Viersen o. J., ca. 1985, nicht veröffentlicht.
Eisheuer, Fritz	Erinnerungen an Furtwängler und Celibidache. In: Niederrheinische Blätter, 26. 2. 1985, S. 17.
Ewers, Marcus	Die Viersener Bürgermeister 1800–1969. In: Blickpunkte. Zwischen Kaiserreich und Republik. Entwicklungen in Alt-Viersen 1856–2006. Viersen 2006. S. 149–186.
„Goldene" Festhalle. In:	Viersener Mosaik, III/1963 (Ohne Nennung des Autors und ohne Seitenzählung). Verantwortlich für Inhalt lt. Impressum: Helmut Darmstadt.
Jöris, Hans Herbert	Musik und Theater in Viersen von 1848 bis 1945. Hg.: Verein für Heimatpflege e. V. Viersen (Viersen – Beiträge zu einer Stadt, Bd. 30.) Viersen 2006.
Löhr, Wolfgang:	Viersen – so wie es war. Düsseldorf 1979.
Mellen, Werner	Der Festhallenbau in Viersen: ein Anfang ohne Ende, in: Die Festhalle, Viersen 1988, S. 6–17.
Meusers, Richard	Bericht über den Wiederaufbau der Stadt Viersen ab März 1945. Redaktionell bearbeitet von Arie Nabrings. Viersen 1995.
Nabrings, Arie	Der kulturelle Wiederaufbau, in: Die Festhalle, Viersen 1988, S. 52–56.
Ochs, Günter	Die ganze Welt zu Gast. Die Festhalle: Mittelpunkt des kulturellen Lebens. In: Das ist die Stadt Viersen. Porträt einer Stadt. Krefeld 1966, S. 130–132.
Plato, Alexander von und Almut Leh	„Ein unglaublicher Frühling". Erfahrene Geschichte im Nachkriegsdeutschland 1945 – 1948. Bonn 1977.
Reich-Ranicki, Marcel	Mein Leben. Stuttgart 1999.
Schepping, Wilhelm und Jutta Pitzen: Zum 100. Geburtstag von Prof. Dr. Ernst Klusen	Beiträge zu einer Stadt, hg. vom Verein für Heimatpflege e. V. Viersen 2010, Band 36.
Thärichen, Werner	Paukenschläge. Furtwängler oder Karajan. Berlin 1987.

Tillmann, Hildegard und Walter	Professor Hans Herbert Jöris (1925–2008). In: Heimatbuch des Kreises Viersen 2009, S. 65–68.
Tristram, Richard	Lockender Dreiklang. In: Viersen, eine Stadt stellt sich vor. Viersen 1973, S. 90–92.
Tristram, Richard	Der Fall Viersen. In: Rheinische Post, 15.5.1958
Tristram, Richard	Gladbachs neues Theater und die Viersener. In: Rheinische Post, 24.4.1958.
Viehoff, Willy	Vor und nach der schwersten Stunde in Viersens Geschichte. In: Das ist die Stadt Viersen. Porträt einer Stadt. Krefeld 1966, S. 32–36.
WDR	Zwanzig Jahre Musik im Westdeutschen Rundfunk. Eine Dokumentation der Hauptabteilung Musik 1948–1968. Köln 1968.
Zum 100. Geburtstag von Prof. Dr. Ernst Klusen – Veranstaltungen der Viersener Kulturabteilung in Zusammenarbeit mit dem Verein für Heimatpflege Viersen"	Kultur in Viersen 09/10, S. 54.

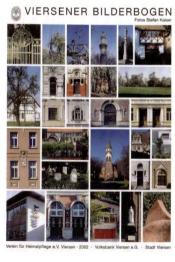

www.heimatverein-viersen.de

www.skulpturensammlung-viersen.de

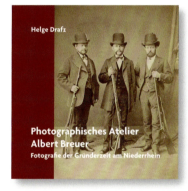

www.viersener-salon.de

„Flügelaltärchen für meine Stadt", Schwarzweiß-Fotografie, 190 x 388 mm, Ruth Kaiser, Viersen

Die Fotografie zeigt im Einzelnen jeweils von oben nach unten bzw. von links nach rechts:

Dülkener Notgeldschein, 1923; Narrenmühle, Stadtwall und Stadtmauer mit Gefangenenturm, Dülken; St. Remigius, Viersen; Nellessenhof, Boisheim; Wasserhochbehälter, Süchteln; Zucker-Kaffeebohnen-Dose der Fa. Kaiser's Kaffee; Mispelzweig mit Mispelfrucht.

Versteinerte Muschel aus dem Oligozän, 35 Mill. Jahre, Freudenbergsche Formsandgrube, Süchteln; Eiserne Hand, Viersen; Honigtopf, römisch, 2. Jh. n. Chr., gefunden auf dem Helenenberg in Helenabrunn; Plakette aus einer Viersener Schützenkette; Helenabrunner Kachel, 18./19. Jh.; Maschinenbauteile; Schaltplatine; Geigenhals; Weberschiffchen und Spinnflügel; Dülkener Münzen.

Eligiusplatz mit St. Cornelius, Dülken; Kapelle in Lind; St. Maria Hilfe der Christenheit, Dornbusch; Orden der Dülkener Narrenakademie; Stadtbad Viersen; Propsteistraße, Süchteln; Hauptstraße, Viersen; Eichmarke eines Fasses.

Viersen – Beiträge zu einer Stadt

Schriftenreihe des Vereins für Heimatpflege e.V. Viersen

Band 1 – vergriffen –

Viel Ziegen gab's und wenig Brot, Jochem Ulrich - Eine alte Süchtelner Moritat, Günter Perdelwitz - Die Dülkener Bürgerhausgesellschaft, Willy Bours - Die Entwicklung der Süchtelner Siedlungsnamen und ihre Bedeutung, Karl L. Mackes - Meester, Oss Vierscher Wappe, Niersch, Hubert Busch - Gast- und Schenkwirtschaften in Viersen zu Beginn unseres Jahrhunderts, Theo Zart
Vorzugsausgabe: Stefan Kaiser - vergriffen -

Band 2 – vergriffen –

Der Kalvarienberg des alten Kirchhofes in Süchteln, Gisela Schmiemann/Inge Breidenbach - Kengerfroege, Jakob Engels - Ausgrabungen in der Remigiuskirche 1982, Heinrich Hesse - John on Greet, Jan on Minke, Helena Siemes - Professor Theodor Frings, Willy Bours - Die ältesten urkundlichen Erwähnungen der Viersener Ortsteile, Karl L. Mackes - Rechtsdenkmäler Viersens aus unvordenklicher Zeit, Wilhelm Vosdellen.
Vorzugsausgabe: Inge Breidenbach - vergriffen -

Band 3 – vergriffen –

Josef Meger: Hoppeditz - Aeten on drenke hält Liev on Siel desamme - Rezepte niederrheinischer Gerichte und des Mispellikörs - Josef Meger und die Viersener Kirchen: Der Zeichner, Holzschneider, Schriftkünstler, Notenschreiber und Dichter.
Vorzugsausgabe: Josef Meger - vergriffen -

Band 4 – vergriffen –

Städt. Galerie im Park Viersen: Die wechselvolle Geschichte des Hauses, Werner Mellen.
Vorzugsausgabe: Bernd Bohmeier - vergriffen -

Band 5 – vergriffen –

Auf dem Wege zur Stadt - Viersen im 19. Jahrhundert.
Die bauliche Entwicklung, Werner Mellen - Die gewerblich-industrielle Entwicklung, Karl L. Mackes - Menschen in ihrer Zeit, Jochem Ulrich.
Vorzugsausgabe: Gerhard Wind - vergriffen -

Band 6 – vergriffen –

Die Viersener Festhalle, Albert Pauly - Süchteln im Rheinischen Städteatlas, Karl L. Mackes - Mein Vater Kornelius Feyen, Lene Havenstein - Wallfahrt na Kaevele, Theo Sillekens - Der Viersener Orgelbauer Johann Müller, Eberhard Bons/Ulrich Bons.
Vorzugsausgabe: Udo Steneberg - vergriffen -

Band 7 – vergriffen –

Agnes Neef-Winz zum 100. Geburtstag: Von der Geburt bis zum Tod - Feste im Jahreskreis - Die Küche - Skizzen: Menschen im Alltag.
Vorzugsausgabe: Harm Hermann Hoffmann - vergriffen -

Band 8

Geschichte der Stadt Viersen - Daten und Fakten in Kurzfassung: Viersen - Dülken - Süchteln - Boisheim.
Vorzugsausgabe: Dieter Groß - vergriffen -

Band 9 – vergriffen –

Niers - Porträt einer Flußlandschaft: Eine Landschaft mit Zukunft, Ulrich Schäfer - 2000 Jahre Niers, Herbert Feilke - Die Niers und ihr Tal, Karl N. Thome - Landschaft der Bäche und Gräben, Günter Wessels - Eis aus dem tiefen Loch, Illa Martin - Musikalisches Fest zu Mühlhausen an der Neers anno 1822 - „Da wuchert üppiges Gestrauch", Wilhelm Lichtschlag - „Kann et örges schönder sien?", Herbert Hubatsch - Von Landkärtchen, Hornissen und Schwärmern, Norbert Gries - Heimat von Krickenten und Bekassinen, Viktor Klosinki - Freizeit am Stadtrand, Günter Wessels - Chancen für Natur und Menschen, Günter Wessels.
5 Grundlagenkarten von Günter Wessels zur Freiraumplanung in Viersen sowie eine Wanderkarte.
Vorzugsausgabe: Peter Zimmermann - vergriffen -

Band 10

Mespilus germanica (L.). Die Deutsche Mispel, Porträt einer Wappenblüte, Wilhelm Lichtschlag - Die alten Lokomotiven, Gedicht, Hans F. Busch - Die „Rheinische Dokumenta", Ingrid Wolters - Duuve, Mönchengladbacher Mundart, Maria Haupenthal - Di Schwalftere, Klörather Mundart, Aenne Pasch - Die Blütezeit der Narrenstadt Dülken vor 50 Jahren (1935 - 1939), Gustav Fetten - Dülkener Vereinsleben an der Wende vom 19. zum 20. Jahrhundert, Arie Nabrings - Vorchristliche Brand- und Urnengräber, Kirchhöfe und Friedhöfe, sowie

Viersen – Beiträge zu einer Stadt

Schriftenreihe des Vereins für Heimatpflege e.V. Viersen

Begräbnisbräuche im Raum Viersen, Herbert Sticker - Frühe Poststempel von Viersen, Dülken, Süchteln und Boisheim, Leo Fiethen.
Vorzugsausgabe: Toni Torrilhon - vergriffen -

Band 11

Geschichte der Gemeinde Boisheim - Drei Bände im Schuber - Band 1: Kirche und Gemeinde in ihrer Entstehung und Entwicklung bis zur französischen Revolution, Karl Aymanns, bearbeitet von Arie Nabrings; Band 2.1. und 2.2. : Boisheim im 19. und 20. Jahrhundert, Karl Fonyo.
Vorzugsausgabe: Susanne Csertan-Fonyo - vergriffen -

Band 12 – vergriffen –

Hermann Schmitz. Ein rheinischer Maler (1904 - 1931), Angelika Pack.
Vorzugsausgabe: Hermann Schmitz - vergriffen -

Band 13 – vergriffen –

Viersen, Dülken, Süchteln und Boisheim auf alten Postkarten, Jochem Ulrich.
Vorzugsausgabe: Georg Ettl - vergriffen -

Band 14

Die Festhalle 1913 - 1988. Der Festhallenbau in Viersen, Ein Anfang ohne Ende, Werner Mellen - 20 Jahre Viersener Kulturleben (1913 - 1933), Arie Nabrings - Der nationalsozialistische „Weihetempel", Arie Nabrings - Der kulturelle Wiederaufbau, Arie Nabrings.
Vorzugsausgabe: Jochem Pechau - vergriffen -

Band 15

Rolf Sachsse: August Sander in Viersen.
Mit einem bebilderten Werksverzeichnis der Viersener Photographien.
Vorzugsausgabe: Rolf Sachsse - vergriffen -

Band 16

Hommage à Gustav René Hocke. Die Welt als Labyrinth.
Vorzugsausgabe: Ludwig Valentin Angerer d.Ä. - vergriffen -

Band 17 – vergriffen –

„Ein Land der Bilder, in dem wir uns heimisch fühlen können."
Ruth und Hanns-Josef Kaiser, Arbeiten aus vierzig Jahren.
Vorzugsausgabe: Stefan Kaiser - vergriffen -

Band 18 – vergriffen –

Viersen, Wege zur Geschichte und zur Kunst, Werner Mellen und Paul-Günter Schulte
Vorzugsausgabe: Ruth Kaiser - vergriffen -

Band 19 – vergriffen –

Niederrheinische Küche. Alte Rezepte gesammelt von Maria Franken.
Vorzugsausgabe: Maria Franken - vergriffen -

Band 19 a – vergriffen –

Niederrheinische Küche, 2., erweiterte Auflage. Alte Rezepte gesammelt von Maria Franken.
Vorzugsausgabe: Maria Franken - vergriffen -

Band 20 – vergriffen –

Das Stadtbad an der Burgstraße.
Vorzugsausgabe: Katrin Berger - vergriffen -

Band 21

Viersener Industriegeschichte am Beispiel des Textilwerkes Pongs & Zahn, Walter Tillmann
Vorzugsausgaben: Joachim Ickrath

Band 22 – vergriffen –

Seide, Sammet und Soziales, Friedrich Freiherr von Diergardt (1795-1869), Ein Wegbereiter der wirtschaftlichen Entwicklung im Rheinland, Walter Tillmann
Vorzugsausgabe: Heinz Stenmanns

Band 23 – vergriffen –

Die Alt-Viersener Straßennamen, Ihre Entstehung, Erklärung und Deutung, Ein Beitrag zur Geschichte und Topographie der Stadt, Karl L. Mackes
Vorzugsausgabe: Plan von Viersen - vergriffen -

Viersen – Beiträge zu einer Stadt

Schriftenreihe des Vereins für Heimatpflege e.V. Viersen

Band 24 – vergriffen –

Der Siegfried in Dülken, Annäherung an ein Denkmal,
Gunnar Schirrmacher
Vorzugsausgabe: Martin Lersch

Band 25 – mit Doppel-CD – vergriffen –

Wirke und Läeve vröer, Texte des Arbeitskreises Mundart, in der Rheinischen Dokumenta - Der Frisör, Hella von den Berg - Fon et Schnapsbräne, Marieluis Boes - De Kruutparsch, Gertrud Bohnen - En de Schuel, Kathi Damjacob - Täratsomaake, Walter Feld - Dä Fuurman, Herbert Gehnen - Fon et Hüüserbaue, Rosmarie Gorissen - En der Wengkel, Ria Herbrand - Woe blief vröer der Mül?, Anneliese Kallen - Der Aanstriiker, Kurt Kallen - Der Jlaaser, Gisela Krienen - Klompe en min Kengerjoare, Margarete Löckertz- Günther - Schrangkewärter on Schtälwärk, Marlene Neumann - en de Bäkerei, Helena Siemes - Fon et Fuergeschäf, Irmgard Terporten.
Vorzugsausgabe: Heinrich G. Görtz

Band 26 – mit Doppel-CD – vergriffen –

Wirke on Läeve vröer, Band II, Texte des Arbeitskreises Mundart, in der Rheinischen Dokumenta - Fon der Schtandesbeamte, Hella von den Berg - De Heäversche, Marieluis Boes - De Läktrisch tösche Dölke on Viersche, Gertrud Bohnen - En de Apeteek, Kathi Damjacob - Dä Mileksman, Walter Feld - Fon de Färver, Herbert Gehnen - Der Schriftsätser, Ria Herbrand - Schtroetemusikante, Anneliese Kallen - De Foierwäer, Kurt Kallen - Et Krüpelhaim en Söötele, Gisela Krienen - De Hailand en de Prengk, Margarete Löckertz-Günther - Fon der Modälschloser, Marlene Neumann - Huusmedelkes, of wän Kenger krank woerte, Helena Siemes - Min Mäsdeenertiid, Irmgard Terporten - Fon de Melek on de Molkerai, Manfred Thyssen.
Vorzugsausgabe: Peter Kastner

Band 27

Hermann Schmitz zum 100. Geburtstag (1904-1931),
Jutta Pitzen
Vorzugsausgabe: Hermann Schmitz - vergriffen -

Band 28 – vergriffen –

Niederrheinische Küche, Alte Rezepte, gesammelt von Maria Franken
3. Auflage: mit 35 zusätzlichen Rezepten, neu sortiert und bebildert.
Vorzugsausgabe: Maria Franken - vergriffen -

Band 29 – vergriffen –

Viersen in Text und Bildern
Walter Tillmann (Text), Stefan Kaiser (Fotos)
Mit englischer und französischer Übersetzung
Vorzugsausgabe: Hanns Josef Kaiser

Band 30

Musik und Theater in Viersen von 1848 bis 1945
Hans Herbert Jöris, red. Bearbeitung Jutta Pitzen
Vorzugsausgabe: Erwin Heerich - vergriffen -

Band 31

Die Alt-Süchtelner Straßennamen, Ihre Entstehung, Erklärung und Deutung, Ein Beitrag zur Geschichte und Topographie der Stadt.
Karl L. Mackes, Marcus Ewers, Fred Pollmanns
Vorzugsausgabe: Thomas Virnich - vergriffen -

Band 32 – vergriffen –

Flachsspinnen und Not - jedoch Arbeit und Brot
Walter Tillmann
Die Recherchen dehnen sich auf ganz Europa aus, kommen aber immer wieder auf die ehemalige Aktienspinnerei in Viersen und auf die Dülkener Flachsspinnerei zurück. Tillmanns Nachforschungen gewähren Einblicke in die schwer erträglichen Bedingungen der Fabrikarbeit, die trotz aller Probleme den arbeitenden Menschen ihren Lebensunterhalt sicherte.
Vorzugsausgabe: Martha Kreutzer-Temming

Band 33 – vergriffen –

Die Mispel - Viersens Wappenpflanze
Historisches - Botanisches - Schmackhaftes
Zusammengestellt von Maria Franken und Fred Pollmanns
Vorzugsausgabe: Barbara Wichelhaus

Band 34

Viermal Kaiser - Ruth · Hanns-Josef · Reinhard · Stefan
Begleitbuch zur Ausstellung in der Städtischen Galerie im Park Viersen
21. August bis 27. September 2009
Vorzugsausgabe: Stefan Kaiser - vergriffen -

Viersen – Beiträge zu einer Stadt

Schriftenreihe des Vereins für Heimatpflege e.V. Viersen

Band 35 – mit Doppel-CD

Wirke on Läeve vröer, Band III, Texte des Arbeitskreises Mundart, in der Rheinischen Dokumenta - De Niersche, Hella von den Berg - En Rees möt os Jrup na Amsterdam, Hildegard Bex - Et Pängke, Marie-luis Boes - De Verwaarschuele en Dölke, Gertrud Bohnen - De Bäek-mänkes, Walter Feld - Van dä Duejräever, Herbert Gehnen - De Huus-niersche, Ria Herbrand - Van de Rainijung, Anneliese Kallen - Der Jeräsbauer, - on wat ich als Aanschtrieker sue ales möt öm erläf hab, Kurt Kallen - Et Pangsjonaat en Söötele, Gisela Krienen - Os ärschde Rees na der Kreech, Marlene Neumann - Kirek-schpiele, Helena Sie-mes - De Schöte träke op, Hermine Siemes/Irmgard Terporten
Vorzugsausgabe: Marianne Reiners-Maaz

Band 36

Zum 100. Geburtstag von Ernst Klusen (1909-1988), Volksmusikfor-scher - Musikpädagoge - Komponist
Wilhelm Schepping, Jutta Pitzen
Vorzugsausgabe: Felix Droese - vergriffen -

Band 37 – vergriffen –

Viersen schrieb Kulturgeschichte - Europäische Musik- und Theater-prominenz nach 1945 in der Festhalle
Gert Holtmeyer
Vorzugsausgabe: Norbert Prangenberg - vergriffen -

Band 38

Viersen in Text und Bildern, 2. erweiterte Neuauflage von Band 29
Walter Tillmann (Text), Stefan Kaiser (Fotos)
Mit englischer und französischer Übersetzung
Vorzugsausgabe: Stefan Kaiser

Band 39 – vergriffen –

Rintgen im Wandel der Zeiten - Unveröffentlichte Fotos ab 1890
Vorzugsausgabe: Norbert A. Ciernioch - vergriffen -

Band 40

Die Dülkener und Boisheimer Straßennamen - Ihre Entstehung, Erklärung und Deutung
Marcus Ewers, Fred Pollmanns, Kurt Schroeren, Karl Thoer
Vorzugsausgabe: Situationsplan von „Dülken als Großstadt", 1893

Band 41 – vergriffen –

Viersen-Dorf im Wandel der Zeiten - Die Entwicklung eines Viersener Stadtteils. Mit zahlreichen unveröffentlichten Fotos ab 1880

Band 42

Niederrheinische Küche - Alte Rezepte, gesammelt von Maria Franken 4. Auflage: mit 24 neuen Rezepten und vielen neuen Abbildungen

Band 43 – vergriffen –

Der Bismarckturm in Viersen – „eine hochpolitische Angelegenheit"
Gunnar Schirrmacher

Band 44 – vergriffen –

Viersen im Wandel der Zeiten - Straßenbilder. Mit zahlreichen histori-schen Fotos, Postkarten, Luftbildern und Stadtplänen

Band 45

Seide, Sammet und Soziales, Friedrich Freiherr von Diergardt (1795-1869), Ein Wegbereiter der wirtschaftlichen Entwicklung im Rhein-land, Walter Tillmann - 2. Auflage mit zusätzlichen Texten von Walter Tillmann, Leo Peters

Band 46

Viersen schrieb Kulturgeschichte - Europäische Musik- und Theater-prominenz nach 1945 in der Festhalle
Gert Holtmeyer
Mit englischer Übersetzung